U0649706

高等院校航空运输类专业教材精品系列

民航乘务服务

CABIN SERVICE (2nd EDITION)

赵 影◎主编

第2版

人民交通出版社股份有限公司
China Communications Press Co.,Ltd.

内 容 提 要

本书以民航乘务员初级培训为基础，系统介绍了民航乘务服务的相关内容。全书分为机型与客舱设备、客舱服务、机上急救与应急处置三个模块，共十四章，内容包括：民航客机主要型号、民航客机客舱布局（B737-800型客机）、客机舱门及自备梯、客舱服务设备操作、客舱应急设备操作、客舱乘务员资质与管理、飞行乘务工作职责与流程、客舱服务技能、特殊旅客服务、客舱安全与旅客管理、机上紧急救治、机上常见医疗事件、应急撤离处置和机上各类紧急情况处置。同时，本书附录还列出了客舱服务常用广播词。

本书可作为高等院校交通运输、空中乘务等相关专业教材，亦可供行业相关从业人员学习使用。

图书在版编目（CIP）数据

民航乘务服务 / 赵影主编. —2版. —北京：人民交通出版社股份有限公司, 2019.8
ISBN 978-7-114-15591-8

Ⅰ. ①民…　Ⅱ. ①赵…　Ⅲ. ①民用航空－旅客运输－商业服务　Ⅳ. ①F560.9

中国版本图书馆CIP数据核字（2019）第124916号

全国高等院校航空运输类专业教材精品系列

书　　　名：	**民航乘务服务**（第二版）
著 作 者：	赵　影
责任编辑：	吴燕伶
责任校对：	张　贺　宋佳时
责任印制：	张　凯
出版发行：	人民交通出版社股份有限公司
地　　　址：	（100011）北京市朝阳区安定门外外馆斜街3号
网　　　址：	http://www.ccpress.com.cn
销售电话：	（010）59757973
总 经 销：	人民交通出版社股份有限公司发行部
经　　　销：	各地新华书店
印　　　刷：	北京建宏印刷有限公司
开　　　本：	787×1092　1/16
印　　　张：	16.75
字　　　数：	385千
版　　　次：	2019年8月　第2版
印　　　次：	2023年8月　第2次印刷
书　　　号：	ISBN 978-7-114-15591-8
定　　　价：	49.00元

（有印刷、装订质量问题的图书，由本公司负责调换）

前言

自 2006 年我国民航定期航班周转量跃居世界第二位以来,我国航空运输市场不仅成为目前全球范围内增长最快的市场,也是未来发展潜力最大的市场。航空运输周转量的增长对航空公司服务水平的提升提出了更高的要求,而航空公司服务水平的提高很大程度上依赖于乘务员服务水平和质量的提高。民航乘务服务的对象是不同国家、地区,不同文化层次,不同职业、年龄、地位,不同风俗习惯的旅客,为了满足国内外不同旅客的服务需求,乘务员只有不断提高自身的文化修养,掌握丰富的专业知识和服务技能,努力学习掌握不同旅客的服务需求及心理特点,才能做好乘务工作,为旅客提供更为优质的服务。更重要的是,乘务工作应以安全为本,在任何情况下,都要把旅客及机组人员的生命安全放在第一位,确保旅客安全地到达目的地。

国内外航空公司竞争越发激烈,提升民航乘务员的客舱服务能力也是航空公司提升市场竞争力的重要举措。本教材的编写旨在提升民航乘务员的客舱服务能力及综合素质,以国内航空公司对民航乘务员初级养成培训的内容为基础,结合了民航乘务员职业技能鉴定标准、国内各航空公司的业务要求以及高校空中乘务专业的教学需求。教材以模块化课程设置为编写理念,全书共分三个模块:机型与客舱设备、客舱服务、机上急救与应急处置。三个模块之间既相互衔接,又相对独立,使用时既可作为客舱服务能力培养的综合教材,也可以一个模块为主,其他模块作为补充进行教学。

本教材在编写过程中,参考借鉴了许多专家学者的优秀研究成果,参考和引用了他们的部分资料,极大地丰富了本书的内容;与此同时,也得到广大专家和民航从业人员的支持与指导,在此特作说明并谨致谢忱。由于时间及水平所限,本书难免有错漏之处,希望业内专家及读者不吝赐教,以便在以后的修订中改正。

编者

2019 年 1 月

目录

模块一

机型与客舱设备

　　机型与客舱设备模块包括民航客机主要型号、民航客机客舱布局、客机舱门及自备梯、客舱服务设备操作及客舱应急设备操作五部分内容。通过本模块的学习,能够了解民航客机的型号及飞机客舱布局;掌握飞机各类客舱设备的使用方法及操作规程;能在航班发生紧急情况时快速准确地操作客舱应急设施设备,保障旅客安全。

第一章　民航客机主要型号

学习目标

通过本章的学习,应了解民航客机的主要型号,熟悉各型号的特征及适用航线。

重　难　点

重点:波音系列民航客机、空客系列民航客机。

难点:公务机。

民航客机是指体型较大、载客量较多的集体飞行运输工具,用于国内、国际商业航班。民航客机一般由航空公司运营,主要分为干线客机和支线客机。民航客机是区别于全部装载货物的全货机而言,并非仅载运旅客,一般客机上层载客,下层装载货物或行李。目前,世界上最大的客机生产商是美国波音公司和欧洲空中客车公司。

第一节　波音系列民航客机

美国波音公司是世界上最大的民用飞机和军用飞机制造商之一,成立于1916年,建立初期以生产军用飞机为主,并涉足民用运输机。公司历经多次更名及拆分,于1961年改名为波音公司,主要业务由军用飞机转向商用飞机,逐步确立了全球主要的商用飞机制造商地位。1997年,波音公司兼并麦道公司,使其在民用飞机领域的传统优势因麦道系列飞机的加入而进一步加强。

波音系列飞机是美国波音公司拥有的一个非常成功的民用运输机产品系列,目前该系列已拥有B40、B80、B211、B247、B307、B314、B377、B707、B717、B727、B737、B747、B757、B767、B777、B787型客机。

1930年,波音公司开始了全金属客机(即B247客机)的研制,这是波音系列飞机的开始。 1958年,波音公司生产了B707客机,并投入航线飞行,这是第一代喷气民用运输机。1963年,波音公司生产了第二代喷气民用运输机,即B727飞机,其耗油率低、发动机噪声小,具有较好的起飞着陆性能和中短程使用经济性,包括727-100/100C/100QC/200等。1967年,波音公司根据对短程航线市场的分析,生产了B737短程运输机。1968年,首架B747客机出厂,于1969年试飞并获得通航证。它是一种装有四台涡轮风扇发动机的宽机身远程客机,其客舱内座椅安排为双过道,最多可载旅客550人,属于以宽机身为主要特征的第三代喷气民用运输机。1978年,波音公司相继研制了B757、B767系列具有中等运载能力和供中等航程使用的民用运输机,并于20世纪80年代进行生产和投入航线飞行。1990年,波音公司研制出的B777飞机是民用航空历史上最大的双发动机(简称双发)喷气飞机。

2007年，B787梦想飞机正式下线，这标志着波音系列飞机进入一个新的阶段。

一、B737系列客机

B737系列客机是双发中短程窄体运输机，被称为世界航空史上最成功的民航客机。1967年原型机试飞，同年12月取得适航证，1968年投入航线运营。根据项目启动时间和技术先进程度，B737系列分为传统型B737和新一代B737（最初被称为B737 NG，NG是Next Generation的缩写）。

传统型B737包括第一代的B737-100/200（由于机龄太老，中国民航已经没有这两种机型，其他国家也少见）、第二代的B737-300/400/500，共五种机型。传统型B737在2000年停止生产，共计生产了3132架。

新一代B737包括B737-600/700/800/900四种型号，是第二代B737（737-300/400/500）的改进型，采用了新的先进技术，不但增加了载油量，而且提高了效率，这些都有利于延长航程，更易于维护，故障率更低、更经济。其中B737-700（简称B73G）是基本型，B736是缩短型，B738和B739是加长型，其中B739是B737各型号中最长的。

B738是B737-700的加长版，直接代替了B734，可以载客162~189名，典型两级客舱配置可载客162名，典型单级客舱配置可载客189名。其机身长度为39.5m，不带翼梢小翼的翼展为34.3m、带翼梢小翼的翼展为35.7m，高度12.5m，客舱宽度3.53m，空重41413kg，最大起飞重量70500kg，最大载油量26020L，航程5665km。

二、B747系列客机

B747系列客机又称为"珍宝客机"（Jumbo Jet），是一种双层客舱四发动机飞机，是世界上最易识别的客机之一，亦是全世界首款生产的宽体民航客机。B747系列客机包括747-100/200/300/400/8五种机型。B747飞机原型大小是20世纪60年代被广泛使用的B707飞机的两倍。其于1965年8月开始研制，自1970年投入服务后，一直是全球最大的民航飞机，垄断着民用大型运输机的市场，到空客A380客机投入服务之前，波音B747保持全世界载客量最高飞机的纪录长达37年。1990年5月起，除B747-400和B747-8外，其他型号均已停产。

B747-100系列是B747基本型，1969年首飞，1986年停产，具体包括最初生产型号的B747-100、引入200型设计方案的B747-100B（商务载重及航程均增加）、全货运机型B747-100F（Freighter）、对上层客舱进行加长的B747SR（Short Range）（针对日本国内短航程高客流量航线设计）、客货可转换多用型B747-100C（Convertible）。B747-100C在左翼后部可选装一个大型侧壁货舱门，航空公司可根据业务需求调整内部配置，在全客机、客货混合机、全货机之间转换。

B747-200系列（也称747B）是100型的改进型，提高了商务载重，增加了航程，于1971年投入使用，1990年停产。具体型号有标准全客型号B747-200、增加起飞重量和航程的B747-200B、客货可转换型B747-200C（Convertible），在标准型基础上增加了可开启机鼻货舱门、左机身后侧选装大型货舱门、客货混合型的B747-200M Combi（可在全客机、客货混合之间转换），全货运型B747-200F（可载货90t）。

B747-300系列是200型的改进型，于1983年交付使用，1990年停产。B747-300型在200型的基础上将上层客舱加长7.11m，并增设一个舱门。具体型号包括标准全客型号B747-300、为日本国内短航程高客流量航线设计的B747-300SR、客货混合型B747-300 Combi（可在全客机、客货混合之间转换）。

B747-400系列属于第二代B747，是在300型的基础上做了较大改进，于1989年交付使用。与300型相比，B747-400型安装了新型电子仪表设备、加装了翼梢小翼、在水平安定面增设油箱，是1990年5月后唯一生产的B747型号。具体型号包括标准型B747-400、高客容量型B747-400D（可载客568名）、客货混合型B747-400 Combi、全货机型B747-400F。

B747-8系列是B747洲际型（Intercontinental），在典型三级舱布置下载客量达467人，于2012年交付使用。B747-8客机比B747-400多出了51个座位，同时货舱空间增加21%，燃油效率提高了16%，每座位英里❶成本比B747-400低9%，航段成本低2%；航程可达8000海里（14816km），几乎能连接世界上所有的城市。B747-8货机型号是B747-8F，是747-400ERF的衍生型号。其总业载能力可达154t；与747-400货机相比，收益货运空间增加了16%，航程也更远。

🛫 三、B757系列客机

B757系列是双发窄体中程运输机，于1983年投入航线运营，1986年获准双发延程飞行，2005年停产。B757拥有亚音速窄体客机中最大的航程，航程超过7200km，足以横越大西洋的续航距离，亦是最早获得双发延程飞行（ETOPS）的民航客机之一。B757通过降低机场交通拥堵程度而体现出的运营灵活性，既可用于较长的航线，也可用于较短的航线，而且适用于枢纽辐射式（或称毂辐式）航线网络中。B757虽然是一款窄体客机，但由于其尾流紊流度（Wake Turbulence）较其他窄体客机大，因此在航空交通管制上被列为需要额外间隔空间和时间的"重型飞机"级别。

B757系列客机只有两种型号：B757-200和B757-300。B757-200的机身比B757-300的短，但航程较长。波音公司原本设计了757-100型和757-200ER型，但从未投产。

B757-200系列（简称B752）的具体型号包括基本型B757-200、基本型的加大航程型B757-200ER、为美国联合包裹公司（UPS）设计的全货运型B757-200PF、客货混合型B757-200M、为敦豪航空货运公司（DHL）设计的特殊货运型B757-200SF。

B757-300系列（简称B753）飞机比B757-200系列机身加长了7.1m，载客量增加20%、货运空间增加50%，安装了增强型近地警告系统（EGPWS）等先进的新型电子设备，最大起飞总量增大到123600kg（272500磅）。为了适应增加的重量，B757-300对机翼、起落架和机身都进行了加强。B757-300是目前单通道双发客机中机身最长的机型，机身长达54.5m。因此，B757-300还加装了可收放的尾撬，机组可通过机身触地显示器知道机尾是否触地。

🛫 四、B767系列客机

B767系列客机是双发半宽体、中远程运输机，于1982年投入运营。客舱采用双通道布局，主要面向200~300座级市场，大小介于单通道的B757和双通道的B777之间。B767机身宽5.03m，比单通道飞机宽1.2m以上，这个宽度适合采用舒适的双过道客舱布局，标准为一

---

❶：1英里（mi）≈1.6km。

行7个座位,按2-3-2排列,且能适应当时已有的标准集装箱和货盘。

B767系列客机包括三种基本型号:B767-200、B767-300和B767-400（ER）。B767-200/300基本型号都对应着一种延程型（Extended Range，ER），在767-300ER基础上还研制生产了货运机型B767-300F。B767三种客运机型的区别主要在机身长度上,B767-300比B767-200长6.43m；B767-400比B767-300长6.43m。B767根据运营需要可选择每排4~8座等几种客舱布局。载客量根据客舱布局而定:在B767-200ER的三级客舱布局情况下可载客181人,在B767-400ER的高密度包机布局情况下最多可载客375人。

由于B767的机体内部直径只有4.7m,是宽体客机中最窄的客机,因此舒适度不如空中客车A300（直径5.64m）。其货舱容积也较小,只能容纳窄体机惯用的航空用LD2集装箱,而不能使用较大的宽体客机常用的LD3集装箱。最终B767在与A300的竞争中让出了中级双发客机市场的主导地位。

✈ 五、B777系列客机

B777系列客机是远程双发宽体客机,于1995年投入运营。B777三级舱布置的载客量为283~368人,航程为9695~17500km（5235~9450海里）。B777采用圆形机身设计,主起落架共有12个机轮。

B777飞机的机身横切面呈圆形,机舱横切面宽达6.2m（244in）,客舱宽5.86m,为双过道客舱,每排6~10座。客舱地板下分为前舱和后舱,可装载LD1~LD6以及LD10、LD11集装箱,也可装2.44m×2.44m的货盘,货舱可容纳14个LD-3货柜。部分B777在机舱上部设置了乘务员休息区,飞行员也有独立的休息区。

为了方便开发,波音公司将市场按航程划分成三大类,分别为能够横越美国内陆的A型市场[7223~9630km（3900~5200海里）]、能够横越大西洋的B型市场[10741~14260km（5800~7700海里）]和能够横越太平洋的C型市场[14816km（8000海里）或以上]。已投入运营的B777型号包括B777-200/300与全货机B777F。

B777-200系列具体包括B777-200基本型（简称B772）、B777-200ER和B777-200LR。基本型属于A型市场,是777家族中第一个机型,最大起飞重量229270~247430kg（505000~545000磅）,最大航程达9695km（5235海里）。B777-200ER又名-200IGW（Increased Gross Weight）,属于B型市场,主要增加了油缸容量和把最大起飞重量提升至263320~286474kg（580000~631000磅）,航程增加至14260km（7700海里）。B777-200LR提高了起飞重量和增加油箱容量,翼展增加了3.9m,采用强化型起落架。在2006年投入服务时成为世界上航程最长的客机,因此波音把它命名为"World liner",以突显其性能。虽然如此,但B777-200LR仍受ETOPS限制,航程达17501.4km（9450海里）,能连续飞行18h。

B777-300属于B型市场,是B777-200的延长版,机身延长了10.13m,B777-300系列主要用来取代早期的B747系列,最高载客量可达550人,维护成本比早期747系列节省40%。B777-300型在三级舱布置下能载368人,航程达11140km（6015海里）。B777-300ER（Extended Range,又称77W）属于C型市场,机身每边设有五道登机门,其机身、机翼、尾翼、前起落架和发动机吊舱等部分都做出修改,增加了油箱容量,提高了最大起飞重量至35185kg（775000磅）,航程达14686km（7930海里）。

✈ 六、B787系列客机

B787系列客机是航空史上首架超远程中型客机,典型的三舱座位设计,能容纳242~335名旅客。B787大量采用先进复合材料建造飞机骨架,具有超低燃料消耗、较低的污染排放、高效益及舒适的客舱环境。B787是宽体客机,采用双通道,比其他民航客机拥有更大的窗户,窗户的位置也更高,旅客可以看见地平线。窗户中以液晶体调校机舱的光暗,减少窗外射入的眩光及维持透明。

B787系统中额外引入了一种新型气体过滤系统,用以去除异味、刺激物及气态污染物,能减少旅客头疼、头昏,以及因干燥引起的咽喉刺激与眼部刺激,使客舱的空气更清新。B787的客舱可以制造更高的客舱空气湿度,加上机身物料的空气密封功能,其比旧款民航客机更能保持机舱湿度,提升了旅客舒适度。B787客舱比金属机身飞机客舱的空气湿度更高,且与载客率的大小无关。机舱气压以电动的空气压缩机维持,不使用发动机放气带入的空气。客舱最高压力高度为1228m,而不是其他飞机的2438m。高压氧舱试验表明,置身于压力高度为1228m的B787客舱还能让旅客的血液多吸收8%的氧气,从而减少头疼与头昏,疲劳感减轻。B787客舱内用发光二极管（LED）提供照明,取代传统使用的荧光管,营造出头顶即是天空的感觉,天空特色的舱顶贯穿整个客舱,机组还可以在飞行中控制天空特色舱顶的亮度和颜色。需要时,乘务员可以为旅客提供白天的感觉,而当旅客需要休息时,舱顶则可模拟夜色。机舱以重复的大弧度拱形结构、动态照明以及飞行中可以由旅客调整透明度的电子遮光帘为特色,并利用可以变幻色彩及明亮度的LED数组营造出仿真"天空"的天花板效果。

B787系列飞机当前共推出四种机型（包括正在研制）,即787-3（因最终没有订单而取消）、787-8、787-9、787-10。B787-8是波音787的基本型号,按标准三级客舱布局有223座位,航程达15700km（8500海里）,于2011年首次交付使用。B787-9是787-8的加长型,机身加长了6m,采用标准三级客舱布局有259座位,于2014年交付使用。B787-10于2013年开始研发,是B787-8的加长版本,载客量可达300~330人,航程为12984km（7010海里）。

第二节　空客系列民航客机

空中客车公司（Airbus）是欧洲一家飞机制造、研发公司,于1970年12月在法国成立。1967年9月,英国、法国和德国政府签署谅解备忘录,开始进行空中客车A300的研制工作。这是继协和飞机之后欧洲的第2个主要的联合研制飞机计划。其生产的系列机型包括单通道窄体客机A318、A319、A320、A321,双通道宽体客机A300、A310、A330、A340、A380。

✈ 一、A300系列客机

A300客机是世界上第一架双发中短程宽体客机,也是空中客车公司第一款投产的客机。其于1972年投入生产,2007年7月停产,共生产561架飞机。A300飞机采用了许多其竞争对手机型所没有的技术。这些技术改善了飞机的可靠性,降低了运营成本,并且为双发延程飞行（ETOPS）铺平了道路。

A300的机身横截面直径5.64m（222in），宽度足以容纳8个座椅和2条走道，货舱可以并排放下LD3标准集装箱，而且比B747安排更紧凑，空间利用率更高。A300确保所有头等舱和公务舱的旅客可获得首选的靠窗或过道的座位，同时，经济舱客舱布局2-4-2，舒适的一排8个座位的经济舱布局提供了比其他任何竞争机型更大的空间，每个旅客离过道的距离都不会超过一个座位。飞机机舱非常安静，受到旅客的喜爱。该系列飞机具有良好的燃油经济性，非常环保。A300系列具体包括如下型号：

A300B1：仅制造了2架，第一架是原型机，第二架后来卖给航空公司。机身长50.97m。载客259人，最大起飞重量132000kg。

A300B2：第一种量产型号。根据航空公司的要求机身加长2.6m，可增加3排座位，载客量270人，航程2500km，于1974年5月投入航线运营。

A300 B2-100：最初生产型。在B1型的基础上机身加长3段（2.65m），增加3排座位，载客量增加到331人。

A300B2-200：类似于A300B2-100，只是在翼根前缘装有克鲁格襟翼，于1977年1月投入航线飞行。

A300B4：主要生产型号，增加航程的改进型，类似于B2，重量增加到157t，航程增加到4000km。A300B4-200型是A300B4-100型的改进型，其机体结构进行了加强。

A300B4-100：远程型。外形尺寸和商载与A300B2-100相同。为了加大航程，增加了燃油量和起飞总重，航程从4261km增加到5930km，于1975年6月交付航线使用。

A300B4-200：在A300B4-100的基础上增加了起飞总重，加强了机翼、机身和起落架，在后机身货舱中增加了LD3集装箱的容积。满载旅客和货物时的航程也可达到5930km。

A300C4：B4的货运型，主要变化是货舱门加大，加强了主舱地板。主舱内有烟雾报警系统。全机总载货量42t，于1980年交付使用。

A300C：客货两用型。在客舱前部增加一个高2.57m、宽3.58m的大货舱门，加强了上层客舱地板。可用于全客型和客货混合运输。全客型布局每排8座，可载297名旅客；或载145名旅客和6个2.44m×3.17m集装货盘；或载83名旅客和9个集装货盘；或全部装货，可装载20个集装货盘。总载重量47395kg。

A300F：A300C的全货型。上层货舱标准载货方案为15个2.24m×3.17m集装货盘，下层舱总载货量50695kg。主货舱地板上加装滚棒和导轨系统。

A300FFCC：A300FFCC是第一款双人机组型号，首先卖给了印度尼西亚航空公司和巴西航空公司。

A300-600：拥有和B2、B4相同的长度，但是增加了机身尾段内部空间，在典型的两级客舱布局时能载客266人，航程可达7408km（4000海里）。A300-600同时有客机和货机型号，以及在此基础上改型的"大白鲸"货机（SATIC A300-600ST）。A300-600R型是加大航程型，尾部加装了油箱。

✈ 二、A310系列客机

A310客机是在A300B基础上研制的200座级中短程客机，于1983年交付使用，2007

年停产。最初相当于A300B的缩短型，命名为A300B10，后来经过重新设计命名为空中客车A310（衍生型）。机身缩短，改用新设计的高长宽比机翼，缩小尾翼尺寸。A310有标准型A310-200（航程6800km）和远程型A310-300（航程9600km）。A310-300的航程超越了所有A300系列的型号，A310-200的航程超越了除A300-600之外所有A300系列其他型号。通过双发延程飞行（ETOPS），A310可用于跨越大西洋的航线。

A310-200是基本型。A310-200C是200型的客货转换型，仅生产一架，侧面有改装货舱门。A310-200F是200型的货运机型，为联邦快递（FedEx）制造，由A310-200型改装而成。

A310-300是200型的加大航程型，外形上与200型几乎相同。A310-300通过附加的中央和水平尾翼油箱增加了最大起飞重量和续航能力。其中A310-300F是300型的货运机型，客机改装型。

✈ 三、A320系列客机

A320系列是单通道双发中短程150座级客机，其竞争机型是波音公司的737系列和麦道公司的MD-80系列，旨在满足航空公司低成本运营中短程航线的需求。A320系列客机在设计上提高了客舱适应性和舒适性。A318、A319、A320和A321组成了单通道飞机系列，为运营商提供了100~220座级飞机中最大的共通性和经济性。

A320系列客机拥有单通道飞机市场中最宽敞的机身，这一优化的机身截面为客舱灵活性设定了新的标准，通过加宽座椅，提供了最大限度的舒适性。优越的客舱尺寸和形状可以安装宽大的头顶行李舱，一方面更加方便，同时也可以加快上下旅客的速度。A320系列包括150座的A320、186座的A321、124座的A319和107座的A318四种基本型号，这四种型号的飞机拥有相同的基本座舱配置，可从107座到221座。具有相同的驾驶舱、相同的飞行操作程序、相同的客舱截面和相同的系统。

A321是A320加长型，是A320系列飞机中最大的飞机成员。与A320相比，A321的机身加长了6.94m，机翼前加长4.27m，机翼后加长2.67m，增加了24%的座位和40%的空间，机翼面积略微扩大，在机翼前后各增加两个应急出口，起落架被加固，高密度客舱布局可容纳多达220名旅客。常见有两种型号：基本型A321-100、远程型A321-200。

A319是A320缩小更改的版本。与A320相比，A319机身截面尺寸与A320相同，机身短3.73m，机翼上应急出口减少一个，机身后部散货舱取消。二级客舱布局情况下可载客124名，高密度单一座位布局可载客148名。由于A319使用与A320-200相同的燃料容积，加之较低的载客量，其航程可以达到7222km（3900海里），是A320系列中航程最长的型号。

A319CJ（Corporation Jet），缩写为ACJ，是在A319基础上研制的公务机。A319CJ在货舱格间附加燃料箱，续航能力达到12038km（6500海里），达成10000km跨洲飞行的门槛。这种公务机具有宽敞的内部空间和灵活的内部设施，能提供任何竞争公务机所没有的运营灵活性。A319CJ能以12000m的最大高度飞行，巡航速度达0.78马赫，而成本只有3600万美元。

A319LR是48座商务型，在国际航线上提供高级商务服务。与A319CJ相比，A319LR的机身油箱由6个减至4个，其典型巡航距离为8334km（4500海里）。

A318是100座级客机，是A320家族里面最小的成员，也叫"迷你空中巴士"，在开发阶段时使用代号"A319M5"，是A319缩短型。这一类型比A320标准型短了6m，轻了14t，在二级客舱配置下可以搭载107名旅客。A318不同配置最大起飞重量为59~68t，巡航距离2778~6019km（1500~3250海里）。

四、A330系列客机

A330是高载客量电传操纵喷气式双发中长程双通道宽体客机，用于取代A300、A310，与四发的A340同期研发。

A330飞机在客舱的灵活性和舒适性方面进行了优化。A330飞机采用横截面积为5.64m（222in）的宽体机身，能够满足不同运营商对客舱座位数和分级布局的各种需求，如从一排6座的头等舱和公务舱到高效的一排9座的经济舱。A330的横截面允许公务舱进行2-2-2的座椅布局，只有靠窗或靠过道的座位，消除了其他客机上一排7座布局时人们不喜欢的中间座位。经济舱能多出12%的靠窗座位，减少40%的中间座位。

A330系列飞机的主要型号包括A330-200/300。A330-300于1993年年底投入运营，其机身设计是在A300-600的基础上加长，使用了新款机翼、稳定装置及新的电传飞行控制系统。在典型的三级客舱布局下可载客335人，三级客舱布局时可载客295人，全经济舱则可载客440人。A330-300航程达10464km（5650海里），具有适应各种航线飞行的灵活性。货机的容量也颇高，一些航空公司会在通宵时段执行载货航班。

A330-200飞机于1998年4月开始交付投入运营，该机型从机身较长的A330-300衍生而来，是A330的远程、短机身型。A330-200型较A300-300型机身短5.3m，垂直尾翼比A300-300型高，加强了机翼结构。其特点是具有更大的业载，其最大起飞载量为275t，载油容量加大。二级客舱布局下载客量为293人，采用标准三级客舱布局时载客量为253人。A330-200航程达12500km（6750海里）。

五、A340系列客机

A340是四发远程双过道宽体客机，基本设计上类似于A300，但是发动机多了2台，共装备有4台发动机。A340载客量较少，适宜远程客运量少的航线。A340最初设计的目的是要在远程航线与波音B747竞争，但其后期目标是要与波音B777飞机竞争远程与超远程的飞机市场。

A340面向295~380座级远程和超远程飞机市场，配备4台发动机的布局可使航空公司灵活开辟远程和超远程航线。A340拥有更安静的客舱，更大的旅客舒适度，头等舱采用每排4个座位布局；公务舱的布局可确保每位旅客的座位不是临窗就是靠过道；经济舱一般采用每排8个座位的布局，可确保旅客距过道最远不超过一个座位。空中客车公司为A340开发了宽大的底舱，一方面可提高货运运营效益；另一方面，航空公司可以用新的方法来增加客舱座位数，改进飞行中的服务，提供创新的旅行产品，如A340-600飞机的客户可以选择将洗手间、厨房和机组人员休息设施设在底舱，为主客舱节省出额外的乘坐空间。

A340系列飞机包括A340-200/300/400/500/600五个型号。A340起初只有A340-200及A340-300两款。

A340-200型于1993年交付使用，其机身比A340-300型短，载客量亦较低，但航程较长。

A340-200在三级客舱布局共261名旅客的情况下，航程可达13797km（7450海里）；在239座布局下，其续航距离更可达14816km（8000海里）。

A340-300于1993年交付使用，是高载客量型，在单客舱布局共595名旅客的情况下，航程可超过12433km（6708海里）。A340-300经常被飞友们戏称为"5APU"（因为单台CFM56-5C发动机推力过小，且体积较小，所以被称为APU。）

A340-400是延长航程型，研制不久后即放弃。A340-400曾计划采用许多现代化技术，如电传操纵和多功能座舱显示装置。由于采用先进机翼、高效率发动机及大量的复合材料，飞机重量减轻，飞机每座千米油耗和每座直接使用成本都有较大下降。但空中客车公司后来把上述技术用在了A340-500型上。

A340-500于2002年交付使用。与A340-300相比，其机身加长3.3m，具有较大的机翼面积、较小的垂直控制面和较大的水平控制面；运载燃油量大幅增加（比A340-300型多出近50%）；在机身底部及垂直控制面上附设摄录机，滑行时让飞机驾驶员容易控制飞机。A340-500型开始首次商业飞行时，是当时续航距离最长的商业民航客机（KC-10空中加油机为历史上续航距离最长的飞机），直至2006年初才被B777-200LR World liner所取代。A340-500能在运载313名旅客的情况下飞越超过16000km（8650海里），可开辟扩展距离目的地更远的不经停航线。

A340-500HGW（High Gross Weight）续航距离达16668km（9000海里），最大起飞重量为380t，是A340系列客机中航程最远的型号。

A340-600是历史上机身最长的民航客机，机身长74.8m，比A340-300型延长超过10m，比波音B747-400长4m，甚至比空中客车公司的新型超大型远程宽体客机A380长2.3m，因此A340-600有着"法式大长棍"这一美称。A340-600设计为与早期的波音B747竞争，能在三级客舱布局共380名旅客（二级客舱布局419名）的情况下飞越超过7500海里（13890km）。其载客能力与波音B747的载客量相近，但底舱的货盘装运能力是B747的2倍，而平均旅程及座位成本比B747低。

A340-600HGW续航距离达14631km（7900海里），最大起飞重量达380t，于2006年交付使用。

六、A350系列客机

A350是空中客车的新世代中大型中程至超远程用双发宽体客机，以取代较早期推出的A330及A340系列。A350是在A330的基础上进行改进的，主要是为了增加航程和降低运营成本，同时也为了与全新设计的波音B787进行竞争。

A350-800采用三级客舱布局，可以载客253人，航程达16298km（8800海里）。它被看作是适用于远程商业运营的、最小的经济型飞机。它同时还可以用于开辟新航线，为那些需求较弱的航线或者与空中客车其他机型组成混合机队提供优化的航空运输网络解决方案。A350有60%的结构采用多种先进的、经过技术验证的轻质混合材料制造。拥有更多的放置随身行李的空间；首创了独立而完整的驾驶舱机组休息区，既方便飞行员休息，又可以增加客舱放置旅客座椅的空间。

A350系列飞机包括三种不同机型，分别是A350-800、A350-900和A350-1000，其航程都可覆盖全球各个角落。在典型三级客舱布局下，A350-800飞机可以搭载276名旅客，A350-900和A350-1000则分别可搭载315名和369名旅客。

✈ 七、A380系列客机

A380是四发、550座级超大型远程宽体客机，投产时也是全球载客量最大的客机，在单机旅客运力上有无可匹敌的优势，航程达14816km（8000海里），于2007年交付使用。A380在典型三级客舱布局下可承载555名旅客（其中上层机舱199人，下层客舱356人），采用最高密度座位安排时可承载861名旅客。A380典型经济舱座位布局为下层3-4-3形式，上层2-4-2形式。A380的机舱配备了为客机研发的最先进的机上娱乐系统，光纤配电网络使电影、视频游戏和电视节目的选择更加灵活完备。A380有更多的开放空间，底舱可选择设置为休息区、商务区、酒吧或其他娱乐区，按照不同航空公司的需求，还可安排其他设施，如理发店、卧铺、赌场、按摩室或儿童游戏场。宽大的空间可供头等舱内安排私人套间，甚至包括装有淋浴设施的浴室。

A380客机可从基本机型衍生出加长型、缩短型和货运型机型。A380-800是基本型，标准三级客舱布局555座，航程为14816km（8000海里）。A380-800F是全货运型，商载为150t情况下航程10371km（5600海里）。A380-700是基本型的缩短型，标准客舱布局460座。A380-900是基本型的加长型，标准客舱布局656座。

第三节　支线客机与公务机

✈ 一、支线客机

支线客机按座位多少，形成不同的档次，主要有10座级（一般为8~9座）、20座级（15~21座，一般为19座）、30座级（28~40座）、50座级（40~65座）、80座级（70~85座）、100座级（90~110座）。各航空公司可以根据不同航线的距离和客源情况，选择最佳机型。

支线航空是20世纪60年代才开始兴起的，但发展速度很快，特别是在1978年美国对民航运输业采取"放松管制"政策以后，发展更加迅速。20世纪70年代后期以来，支线运输有了很大发展，出现了多种专为支线运输研制的支线客机。20世纪80年代使用的支线客机大多采用涡轮螺旋桨发动机。支线飞机全球主要制造商为加拿大庞巴迪公司和巴西航空工业公司，近年来中国商用飞机有限责任公司、中航工业西安飞机工业（集团）有限责任公司也占据了一定的市场份额。

1. 翔凤客机

翔凤客机是中国商用飞机有限责任公司研制的70~90座级的中短航程、双涡扇发动机支线客机。ARJ21是英文名称"Advanced Regional Jet for the 21st Century"的缩写，意为21世纪新一代支线喷气式客机，于2015年交付使用。ARJ21通过公开向社会公众征集中文名字而得名——"翔凤"。ARJ21是我国首架拥有自主知识产权的涡扇支线飞机，适应以我国西部高原机场起降和复杂航路越障为目标的运营要求。ARJ21翔凤客机为单通道客舱，经济舱每排5座，采用3-2布局，满座航程3704km（2000海里）。客舱宽度为3.14m（123.7in），比庞巴迪CRJ700、CRJ900和巴西ERJ170、ERJ190宽0.381~0.635m（15~25in），是支线飞机中客舱最宽敞的飞机之一。ARJ21飞机还将向系列化方向发展，拥有ARJ21基本型、加长型、货机和公务机四种机型。

2. 新舟60客机

新舟60飞机（Modern Ark 60，MA60），最初称为Y-7-200A型，是中国航空工业集团公司下属西安飞机工业（集团）有限责任公司在运-7短/中程运输机的基础上研制、生产的50~60座级双涡轮螺旋桨发动机支线客机。新舟60飞机是中国首次按照与国际标准接轨的中国民航适航条例CCAR-25进行设计、生产和试飞验证的，于2005年交付使用。新舟60飞机可承载52~60名旅客，航程2450km；可在高温、高原状态下起飞，适应不同航路、跑道的特性；还可进行多用途改装，如改装为货物运输机、海洋监测机、航测机、探测机等。

3. 多尼尔328客机

多尼尔328（Fairchild-Dornier 328）是由德国多尼尔公司研发的可分别采用涡桨及涡扇发动机的双发支线客机，1992年取得适航证，2005年停产。Do 328是唯一一款同时拥有涡桨和涡扇发动机型号的飞机，载客量32名，航程1850km。具体型号包括基本型Do 328-100、增加了航程及重量的Do 328-110、降低了所需跑道长度的Do 328-120、改良了性能的Do 328-130、改用涡轮扇叶发动机的Do 328JET、换装涡轮风扇喷气式发动机的衍生机型Do 328-300。

4. CRJ系列客机

CRJ系列客机是由庞巴迪宇航公司提供的民用支线喷气飞机，该系列是历史上最畅销的支线喷气飞机，具有舒适性高、速度快及维护方便的特点。CRJ系列客机包括50座的CRJ-100/200、70座的CRJ-700、90座的CRJ-900。庞巴迪宇航公司也是目前唯一能提供40~90座支线喷气飞机系列的公司。

CRJ-100/200属于50座级支线喷气飞机。CRJ-100的原型机为挑战者CL601，在其基础上，CRJ-100机身加长6.10m，机翼部分做了较大改进，于1992年10月交付使用。CRJ-200是目前的标准生产型，于1996年1月交付使用，具体型别有CRJ-200标准型、加大航程的CRJ-200ER以及航程更大的CRJ-200LR（航程可达3700km）。

CRJ-700型是70座级支线喷气飞机，是在CRJ-200大受欢迎的基础上，顺应市场要求更大承载能力支线客机的趋势而推出的新型飞机，其最大航程3124km，于2000年1月交付使用。

CRJ-900型是90座级支线喷气飞机，为CRJ-700型的加长型，是CRJ系列中最大、最新的成员，于2001年2月21日首飞。

5. Dash 8系列客机

Dash 8（冲-8）系列客机是加拿大庞巴迪宇航公司最畅销的机种，共有Q-100、Q-200、Q-300及Q-400等四种民用型号和CC-142、CT-142、E-9A等三种军用型号。

Q-100为基本型，可载客36人，Q-200为其衍生型，对跑道条件要求低，仅需800m即可起飞，高巡航速度（537km/h）、低速可控能力及坚固的机身结构也是其优点；适宜在炎热、高海拔地区使用。Q-300型是Q-100的加长型，较Q-100/200型增长了3.43m，载客量增加到50~56座，于1989年交付使用。Q-400型又称冲8-Q-400，是在Q-300型的基础上再次加长机身，在中段加长6.3m，并相应改进了机翼、加强了起落架等，采用了新的动力系统、电子系统，此外还加装庞巴迪独有的噪声和振动抑制系统（NVS），Q-400的巡航速度可达650km/h，在800km内的航线上与喷气客机相差无几。DASH8Q系列是世界上客舱内部最安静、振动最小的涡桨支线飞机。这些飞机配备了噪声和振动抑制系统（NVS）。

6. ERJ系列客机

ERJ系列飞机是由世界第三大商用飞机制造商、世界第一大支线飞机制造商——巴西航空工业公司研制的系列飞机。其包括ERJ-135/140/155及E系列四款机型E170（70~78座）、E175（78~88座）、E190（98~114座）、E195（108~122座）。

ERJ-135是ERJ系列最小的型号，最大载客量为37人，采用喷气式发动机，这种低载客量、高运营成本的飞机型号，使其不受航空公司欢迎，故销量一直不佳。传奇600型是ERJ-135的公务机版本，在ERJ-135的基础上增加了小翼及加大了油箱，2001年投产，其规格与庞巴迪宇航公司生产的挑战者差不多，最大航程为6000km，最高载客量是16人。

ERJ-145最高载客量为50人，采用2-1的座位排列及T形尾翼，发动机位置更改为尾翼，取消了小翼，其后又推出了ERJ-145LR及ERJ-145XR的加长航程型号，航程2500km。

ERJ-140是ERJ-145的缩小型，机身缩小了1.42m，最大载客量为44人，最大航程为2200km；其后又推出了加长航程型号ERJ-145LR，其最大航程可达3000km，其他与ERJ-145相差不大。

E系列是为填补支线飞机和小型单通道干线喷气飞机之间的空白而推出的飞机。E-Jets系列由两个主要的商业飞机和商务喷气机组成，使用四排座椅（2-2）。较小的E170和E175组成了基础型飞机；E190和E195是拉伸型，与E170和E175相比，它们具有不同的发动机、水平稳定器、起落架结构和较大的机翼。

7. ATR系列客机

ATR系列客机由法意合资的区域运输机公司研制生产。主要型号有ATR42系列与ATR72系列。

ATR42系列客机于1985年12月开始交付。ATR42-200是基本型，载客数42；ATR42-300在ATR42-200型基础上仅有很小的结构改动，飞机增加了起飞重量、商载与航程能力；ATR42-320在ATR42-300型基础上采用功率更大、性能更好的发动机；ATR42-500采用加强型机翼和坚固的起落架，提高了飞行速度，增加了飞行重量。

ATR72系列客机于1989年10月开始交付，原型机与ATR42结构相同，机身加长4.5m，载油量更多、航程更远。ATR72-200是基本型，载客数为72；ATR72-210是ATR72-200的改进型，采用高空和高温性能较好的发动机；ATR72-500是ATR72-210的改进型，或称ATR72-210A，在动力装置、系统设计、零部件和维修等多方面与ATR42-500型一样具备很强的通用性。

二、公务机

公务机是在行政事务和商务活动中用作交通工具的飞机，也称行政飞机或商务飞机。高级公务机多采用涡轮风扇发动机，一般装在机身尾部和两侧的短舱内，以降低机舱的噪声。豪华公务机机舱内有现代通信设备，供乘用人员办公用，飞行性能与支线客机差不多。公务机对租户而言，具有高效、安全、隐私性强、彰显尊贵等特点；对航空公司来说，公务机市场前景广阔。

公务机按照价格、航程、客舱容积等因素，可分为超大型、大型、中型、轻型、超轻型五种类型。

超大型公务机也称重型公务机，价格在6800万美元以上，超远航程，客舱容积超过85m^3。超大型公务机是高贵的象征，一般改装自运输机，其价格也是公务机中最昂贵的。主要机型有空中客车公司生产的ACJ318、ACJ319、ACJ320、ACJ321、ACJ350、ACJ380，波音公司生产的BBJ、BBJ2、BBJ3，巴西航空工业公司生产的世袭1000等。

大型公务机价格在4600万~6800万美元，航程超过9260km，客舱容积为42.5~85m^3。在所有机型分类中，大型公务机能提供最好的航程、速度和客舱舒适度。主要机型有庞巴迪宇航公司生产的环球快车5000、环球快车6000、挑战者850，达索猎鹰公务机公司生产的猎鹰7X，湾流宇航公司生产的湾流G550、湾流G650等。

中型公务机价格在1800万~4200万美元，航程为5741~9260km，客舱容积为19.8~42.5m^3。中型公务机的价值主要靠增强客舱舒适性和优异的航程来体现，一般是大型企业的首选公务机类型。主要机型有庞巴迪宇航公司生产的挑战者300、挑战者604、挑战者605，达索猎鹰公务机公司生产的猎鹰900DX、猎鹰900EX、猎鹰2000DX、里尔85，巴西航空工业公司生产的莱格赛600、莱格赛650，湾流宇航公司生产的湾流350、湾流450，豪客比奇公司生产的豪客4000、豪客850、豪客850XP，塞斯纳飞机公司生产的奖状X、奖状XLS等。

轻型公务机价格为700万~1800万美元，航程为3148~5741km，客舱容积为8.5~19.8m^3。与其他公务机相比，轻型公务机主要靠较低的价格、低廉的运营成本、在较短航程内的高效率来取得竞争优势。主要机型有庞巴迪宇航公司生产的里尔40、里尔45，塞斯纳飞机公司生产的奖状CJ、奖状CJ2、奖状550、奖状560，巴西航空工业公司生产的飞鸿300，罗格布飞机公司生产的GROB SPN，豪客比奇公司生产的首相一号，EPIC飞机公司生产的Epic Elite、Epic Victory，本田技研工业株式会社生产的Honda Jet，Piper飞机公司生产的Piper幻影，华洋·史灵威公司生产的SJ30-2等。

超轻型公务机比轻型公务机更小，主要机型有亚当飞机公司生产的A700，西锐飞机设计制造公司生产的西锐SF50，塞斯纳飞机公司生产的奖状野马，康普艾公司生产的康普艾Jet，钻石飞机公司生产的D-Jet，日蚀飞机公司生产的Eclipse400、Eclipse500，巴西航空工业公司生产的飞鸿100，Spectrum公司生产的S33独立、S40自由等。

❓ 练 习 题

1. 选择题
下列属于窄体单通道客机的是（　　）。

  A. B767　　　　　　B. A320　　　　　　C. A340　　　　　　D. A380

2. 填空题
（1）1997年兼并麦道公司的飞机制造公司是（　　）。

（2）航空史上首架超远程中型客机是（　　）。

（3）中国首架拥有自主知识产权的涡扇支线飞机是（　　）。

（4）世界第一大支线飞机制造商是（　　）。

第二章 民航客机客舱布局（B737-800型客机）

学习目标

通过本章的学习,应了解民航客机客舱的整体结构,掌握客舱内各类储藏空间的位置及使用要求;了解乘务员的工作岗位及飞机服务系统的构成;了解民航客机的电力来源,掌握客舱空调系统的操作方法。

重难点

重点:客舱布局及设施、客舱储藏空间、旅客服务单元与应急氧气。

难点:民航客机的电力。

客舱是旅客乘坐飞机时所乘坐的区域,也是民航乘务员工作的场所。由于空间所限,同时也为方便工作,客舱还需划分出各个区域,为旅客留出合理的乘坐空间,装配必需的应急与服务设施设备。民航乘务员要熟悉客舱布局,熟练掌握各个客舱区域的用途及适用规范。不同飞机的客舱布局会存在差别,一是由于飞机制造企业的设计方案不同,不同系列民航客机的客舱布局存在一定的差别,但基本布局差别很小;二是各航空公司选购飞机时的需求差异,各航空公司根据所投入使用航线的不同,对飞机内部布局也会提出自己的需求。本章主要以B737-800型客机为例来介绍客舱布局,并适当兼顾B737全系列机型的客舱布局。

第一节 客舱内部结构及外部保障设备

民航客机的机身部位是旅客乘坐及乘务员工作的区域,包括前后服务间、客舱、前后洗手间,双通道客机的客舱中部还会设置一个服务间,乘务员的工作岗位位于服务间内。用于分隔客舱内各个空间的主要是隔板,如公务舱和经济舱之间、前服务间和公务舱之间都是用隔板分隔的;经济舱与后服务间之间由两个洗手间自然做出分隔。

一、服务间

单通道客机有两个服务间,前服务间紧邻驾驶舱,后服务间位于机尾处(图2-1)。按照以面向机头方向来定义客舱左侧和右侧的标准,B737-800型客机前服务间的左右两侧各1个舱门,洗手间位于前服务间左前侧、紧邻驾驶舱门,厨房位于前服务间右前侧,衣帽间位于前服务间的左后侧,2个乘务员座椅位于前舱旅客入口处,乘务员座椅上方是前乘务员控制面板。

B737-800型客机的后服务间内包括后厨房、2~3个洗手间(根据航空公司需要配置),左右侧各1个舱门,两侧舱门处各有2个乘务员座椅,后舱共有4个乘务员座椅。左侧舱门乘务员座椅上方是后乘务员控制面板。

前、后旅客入口处,包括乘务员控制面板、乘务员工作灯、耳机(话筒)和乘务员座椅在内的全部设施称为乘务员工作岗位。乘务员工作岗位配置有含明显标记的应急设备和含有氧气面罩的一个服务单元。乘务员座椅是可弹跳的,无人坐时会自动返回原位,所以又称"Jump Seat"。座椅配有安全带、肩带和一个柔软的防冲撞头垫。肩带是一种防惯性设备,座椅不用时肩带会缩回原位。座椅的肩带和安全带可以调节,锁口中有一个释放扳手,必须将其旋转90°才能放开。乘务员在飞机起飞、下降、滑行时必须回到自己座位上坐好并系好安全带。

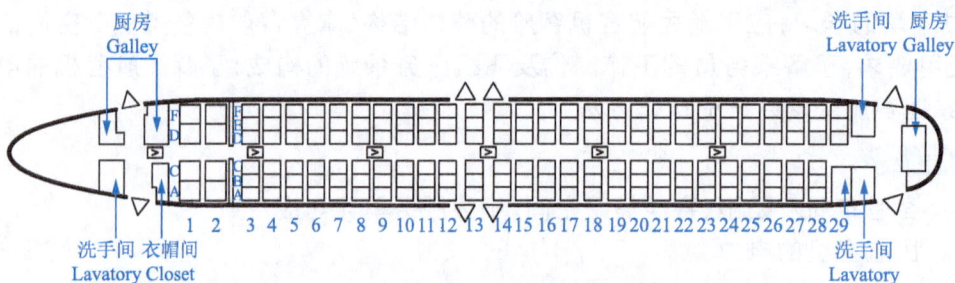

图2-1 B737-800型客机客舱布局图

前乘务员控制面板(FAP)位于飞机前舱入口处的壁板上,能够进行灯光照明控制、地面服务控制和旅客娱乐系统控制。面板上设有自备梯控制开关、内话机(广播器)、入口灯开关、顶灯开关、窗灯开关、工作灯开关和地面服务灯开关等设施,如图2-2所示。

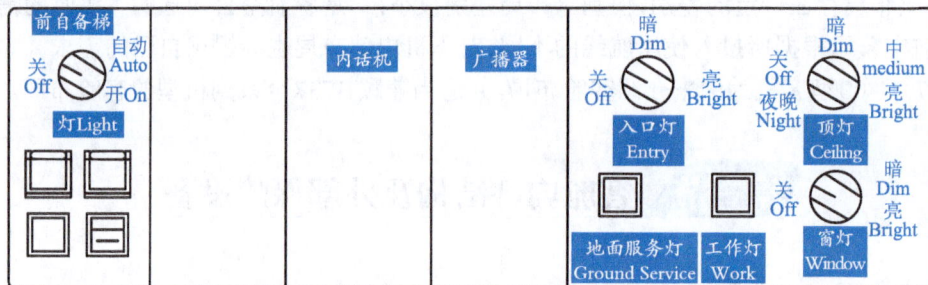

图2-2 前乘务员控制面板

后乘务员控制面板(AAP)位于飞机后舱入口处的壁板上,能够进行后登机口灯光控制,设有后乘务员工作区灯光按键、客舱应急灯电门和水量显示系统设施,具体包括:净水水量指示器、污水水量指示器、内话机(广播器)、入口灯开关、工作灯开关、应急灯开关等设施,如图2-3所示。

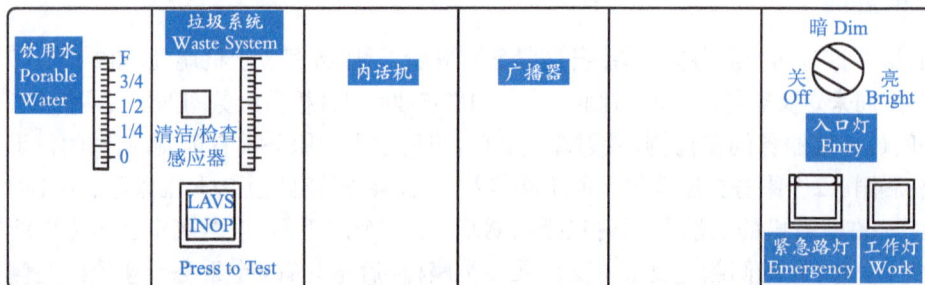

图2-3 后乘务员控制面板

　　应急手电筒储藏在每个乘务员座椅上面或行李架上，如图2-4所示。应急手电筒为高强度电筒，当从储存位置上取下时会自动亮起，其电池不可充电。

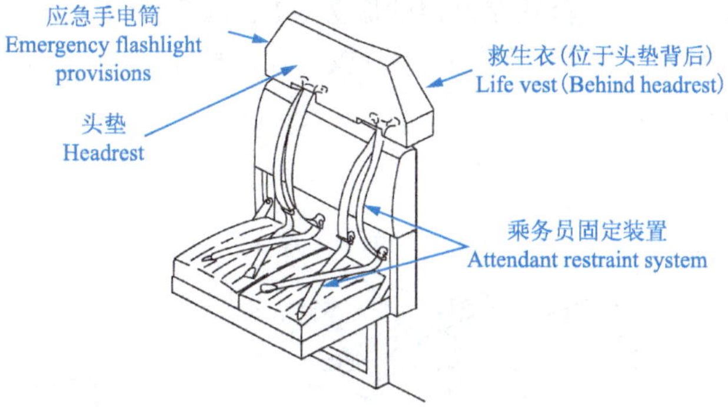

图2-4　乘务员座椅

二、客舱内布局及设施

　　根据不同机型、不同的客舱布局和航空公司的不同需求，B737系列客机旅客座位的具体数量可以进行适当调整，一般在126~189个之间。B737系列客机均为单通道客舱布局，以客舱通道为界，经济舱中通道左右各有3个旅客座椅；公务舱中通道左右各有2个旅客座椅（其他机型的座椅布局参见本书第一章）。

1. 隔板与隔离帘

　　每个舱位之间设置有隔板和隔离帘，起隔离分舱作用。飞机在起飞、下降、紧急撤离时需要将隔离帘收起、扣好；平飞阶段隔离帘才可拉开，以分隔出相对独立的空间。

2. 旅客座椅

　　旅客座椅扶手上装有调节座椅靠背角度的按钮，当按下座椅靠背调节按钮时，座椅靠背可向后倾斜15°角，再按一次按钮，座椅靠背复位收回。飞机在起飞、下降、应急撤离时座椅靠背必须调直。紧急出口处的座椅靠背是固定的，不能调节角度，以便发生紧急情况时能够快速撤离。

　　每一座椅背后均装有供后排旅客使用的椅背网袋（除最后一排外）和可折叠的小桌板。椅背网袋用于放置航空公司宣传杂志、机上读物、安全须知卡、清洁袋、耳机、报纸等物品。小桌板供旅客用餐时使用，当飞机处于起飞、下降、遇有空中颠簸、紧急撤离时，需将小桌板收起、扣好。经济舱第一排、头等舱的小桌板位于座椅扶手内。

　　安全带是安装在座椅上的一套安全设备。在飞机滑行、起飞、颠簸、着陆的过程中，"系好安全带"信号灯亮及紧急撞击时，所有人员都要将安全带系好，特殊旅客需在安全带与腹部之间垫上枕头或毛毯。安全带有三种：成年人安全带，供正常的成年人使用；未成年人安全带，供2岁以内幼儿使用，其用法是将未成年人安全带穿过成年人安全带上的环内并系好；加长座椅安全带，是为延长安全带长度而接在现在座椅安全带上的一条带子，专门供给标准座椅安全带长度不够用的旅客使用。

　　旅客座椅的扶手可以抬起，同一排的3个座椅可以联通使用，用于因身体原因需要额外多占用座位的旅客、担架旅客或生病的旅客使用。座椅上的坐垫可在水上撤离时作为漂浮物使用。每位旅客座椅下方或座椅扶手旁的口袋里均备有一件救生衣，用于水上撤离逃生时使用。在正常飞行中，乘务员要注意监督旅客不要随便拆开救生衣或将救生衣充气。

商务舱座椅扶手上配置一套独立自控的服务设施，包括音频、视频和座椅调节按钮，增设放置茶杯的杯托板和用于休息时使用的脚踏板。在飞机起飞、下降、应急撤离时，杯托板、脚踏板和小桌板必须收回。

旅客座椅如图2-5所示。

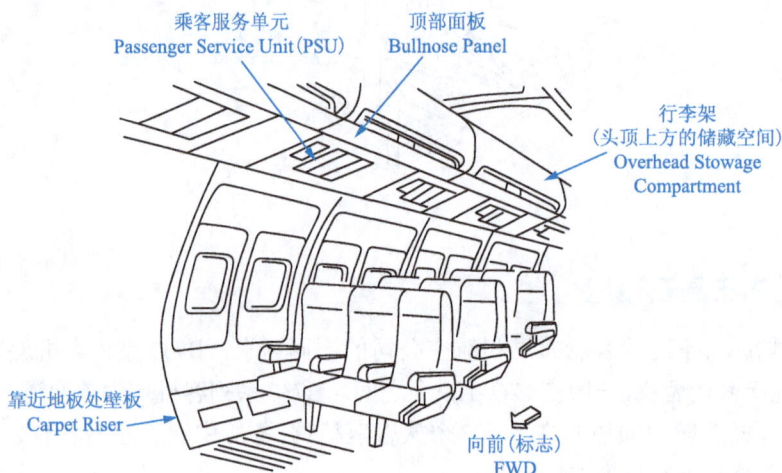

图2-5　旅客座椅

3. 舷窗

客舱两侧的壁板上每隔约0.5m（20in）设置有观察窗，也称为舷窗，其上缘与旅客视线平行，由三层玻璃和遮光板组成。里面一层是有机玻璃，防止碰撞；外面两层是抗压玻璃，中间一层的抗压玻璃上有小通气孔。遮光板供旅客休息或观看飞机外部景色、遇有紧急情况时可判断外部状况。向下滑动，遮光板关上；向上滑动，遮光板打开，但是紧急出口处的遮光板开关方向与上述相反。飞机在起飞、下降过程中必须将遮光板全部打开。

4. 婴儿摇篮

有些飞机在相应舱位的第一排前方的壁板上会设置有悬挂婴儿摇篮的装置。在飞机平飞阶段可悬挂婴儿摇篮；但在飞机起飞和降落过程中，婴儿摇篮必须收起，乘务员将其放在妥善的储藏空间内（一般放置于前舱衣帽间内）。婴儿摇篮由框架、盖布、2个插销、支架和摇篮底部组成，使用时拿住婴儿摇篮框架有插销的一边，将框架上的2个插销分别插入客舱壁板的插口内，支开摇篮，使底部支架支撑在隔板上，在摇篮内铺上毛毯。插销无论是插入还是拔出时，都需要按住顶部释放按钮，摇篮插好后必须确认牢固完好方能让旅客使用。在飞机下降之前需收起摇篮，收回前要认真检查有无旅客遗落的奶瓶、奶嘴、婴儿玩具等物品。

三、客舱储藏空间

为方便旅客安放随身携带行李及安置客舱内的服务设施，客舱内配置了大量的储藏空间。这些空间主要包括行李架、衣帽间、隔板书包袋及旅客座位下方的空间。

行李架位于客舱内旅客座椅上方的天花板上，可储存客舱休息用的毛毯、枕头和旅客随身物品。部分应急设备也储藏在行李架中,储藏应急设备的行李架侧面会标有应急设备图标。旅客登机前乘务员会将供旅客使用的行李架全部打开;未打开的行李架内储藏机供品,尤其是储藏应急设备的行李架,乘务员要特别注意,防止旅客自行打开。每个行李架上有一个标牌,注明了行李架的最大承受重量,乘务员应在旅客登机时监督行李的储放,确保这些储藏区域的重量值未超出限制。取放完物品后,必须随手盖好锁定行李箱盖板,不得有物体外露。当在客舱行走遇有颠簸时,行李架打开行李箱手柄下方的边缘,可起到帮助人的身体保持平衡的作用。

衣帽间位于飞机的前半部,主要用于为商务舱旅客挂衣物。一般分为有门的衣帽间和无门的衣帽间两类。每个衣帽间里都有灯,当正常客舱灯光提供的照明不足时,乘务员可以打开衣帽间灯。当客舱其他储藏空间已满时,旅客的大件行李可放入有门的衣帽间内。

有些用于分隔各个空间的隔板上配有装印刷品的书包袋,可以装报纸、杂志等物品。

旅客座椅下方有行李挡杆限制,放置于此处的行李不能超出行李挡杆。行李挡杆保证了行李在紧急着陆的极限惯性力的撞击下不会从侧面滑到过道上。

四、旅客服务单元和应急氧气

1. 旅客服务单元

旅客服务单元(PSU)位于客舱内旅客头顶上方的行李架的底部。每个旅客服务单元都配备了阅读灯及其开关、呼叫铃/灯、通风孔、"系好安全带"和"禁止吸烟"信号牌以及座椅定位标志。

阅读灯的开关是同一个按钮,阅读灯熄灭状态下,按一次按钮打开阅读灯,按第二次按钮关闭阅读灯。飞机在夜航阶段时,客舱灯光比较暗,乘务员巡视客舱时,如果发现有旅客正在阅读,要主动询问旅客是否需要打开阅读灯,如旅客需要,乘务员应主动帮助旅客打开;如果发现旅客的阅读灯打开,但该旅客已经休息时,乘务员要主动将该旅客的阅读灯关闭。

呼叫铃及呼叫灯是同一个装置,当旅客按下呼叫灯按钮时,该按钮会亮起,同时呼叫铃也会响起。乘务员通过亮起的呼叫灯定位到需要帮助的旅客,边询问该旅客的服务需求,边按下呼叫灯,此时呼叫灯会熄灭。

通风孔可以调节空气,使用时转动通风孔即可。

"系好安全带"信号牌由驾驶舱根据飞机飞行状态进行控制。

由于全球的民航客机均是全程禁止吸烟,"禁止吸烟"信号牌在飞机有电力期间会一直亮起。

座椅定位标志位于该排座椅的行李架下方,各公司的座椅定位顺序均有不同。就单通道客机而言,常见的排列方式是:排数从前向后排列,公务舱为第一排、第二排,经济舱从第三排开始排列;每一排客舱左侧一般排列为"ABC"座、右侧排列为"DEF"座。

2. 应急氧气

民航客机设有两套完全独立的氧气系统,一套供飞行的机组使用,另一套供客舱乘务员和旅客使用,每个飞行机组成员都有单独的面罩和调节器。旅客氧气面罩位于每一排旅客座椅上方氧气面罩储藏室内、前厨房区域(如适用)、洗手间马桶上方及客舱乘务员座椅上方。

每个座椅上方具有标准尺寸的行李架处都储藏有氧气面罩。在经济舱中,客舱左侧有

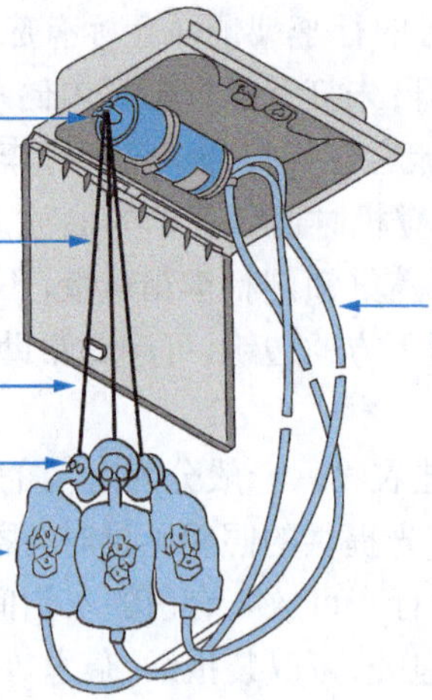

化学氧气
发生器

门

供气
软管

牵索

氧气面罩

存储袋

图2-6　化学氧气发生器系统

4个氧气面罩，客舱右侧有3个氧气面罩。在客舱的每个旅客服务单元的氧气面罩储藏箱内装有1个化学氧气发生器（图2-6），波音飞机可提供大约12min的氧气，空客A320飞机可提供大约15min的氧气。当客舱高度升高、客舱中氧气含量不能使旅客正常呼吸时，氧气面罩会自动脱落，用于旅客吸氧。

旅客用应急氧气有自动、电动、人工三种供氧方式。

自动方式：如果客舱高度超过4267m（14000ft）、客舱失压后，氧气面罩储藏箱的门自动打开，氧气面罩自动脱落。

电动方式：当自动方式失效或在任何高度层，由机组操纵驾驶舱内的旅客供氧电门，也可以打开氧气面罩储藏箱的门，使氧气面罩自动脱落。

人工方式：当自动方式和电动方式都无法打开氧气面罩储藏箱时，可采用人工方式，即使用尖细物品，如笔尖、别针、发夹等打开氧气面罩储藏箱的门，使氧气面罩脱落。空客A320飞机配备有专用的人工释放工具，该工具存放在乘务员座位下方。

使用氧气面罩时应注意：化学氧气发生器只有在拉动面罩后才有氧气流出，拉动一个面罩就可使该氧气面罩储藏室内所有的面罩都有氧气流出，期间不能进行调节和关断。氧气流入面罩，导管有绿色流动器显示，旅客将面罩罩在口鼻处就可以正常呼吸。氧气面罩不能作为防护式呼吸装置使用。用氧开始后，客舱内严禁吸烟和一切明火。化学氧气发生器工作时，不要用手触摸，以免烫伤；氧气发生器组件发热，会增加客舱的温度；有燃烧的气味和烟雾出现，是正常现象。供氧结束后，由于氧气发生器使用后会很热，不宜将面罩放回。使用完后，乘务员要在客舱记录本上做好记录。飞机落地后，机务人员通过客舱记录本上的信息检查氧气设备并进行补充。

部分空客飞机（如A319）的氧气储存在相互连接的气瓶内，气瓶位于后货舱的右侧。当旅客将面罩拉向旅客座位时供氧开始，氧气供应所持续的时间长短取决于氧气瓶的数量、氧气面罩的使用数量和飞机的飞行姿态。供氧时间最少可持续55min。供氧期间，驾驶舱可以控制关断。A319机型适合高原、高原机场运行。当座舱高度达到约4267m（14000ft）时，氧气系统开始工作，使用时需用力拉动每一个面罩，拉动的面罩内才会有氧气流出。当座舱高度在3048m（10000ft）以下时，氧气供应会自动关断，也可由驾驶舱人工关断。

所有机型的驾驶舱的紧急氧气系统，都是由机载氧气瓶供氧，可提供100%纯氧气，并可以随时关断。

五、机场地面保障设备

飞机在经停时，一般需要在30~45min内完成上下旅客、装卸货物、供应食品和其他用品、加油加水、清除垃圾以及进行必要的检查和维修等工作。机场地面保障设备（图2-7），是指为保障飞机的正常运行，机场上为之服务的设备总称，机坪上的地面保障设备包括进行卸载和加载（旅客、货邮、行李）、加油、清理、检查和维修、充电、供应（水、食品）以及推拉飞机的设备，如飞机牵引车、加油车（栓、井）、供水车、空调车、升降平台车、摆渡车、气源车、电源车、地面电源、客梯车、自动升降登机车、登机桥、特种运货车、食品供应车、污水车等。

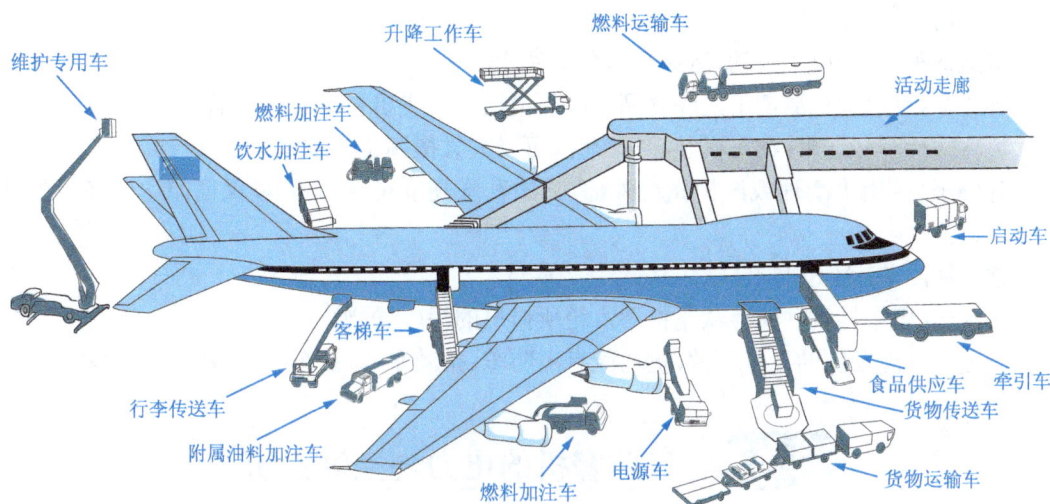

图2-7　机场地面保障设备

1. 加油设备

为给飞机加油，机场设置有固定加油装置和机动加油车。加油车分为两种：一种是油箱车，一般可装10t以上燃油，车上面有加油臂，每分钟可泵油4000L；另一种是油栓车，其本身不装载燃油，它把机场供油系统在机坪上的供油栓和飞机加油口连在一起，每分钟泵油10000L以上。

液压油车可供飞机液压系统补充液压油；也可对液压系统进行地面试验之用，包括地面收放起落架、收放襟翼和减速板等。

2. 电气设备

为对飞机进行地面通电检查、试验和发动机起动，机场停机坪都设有固定的交、直流电源装置，还有不同功率的机动电源车，并设有充电站，供电源车和机载电源充电之用。

机场均设有制冷站、制氧站（气态和液态氧等），冷气和氧气分别由机动的冷气车、氧气车向飞机填充。对于大型客机，用地面空调车向座舱提供冷气或暖气，保证飞机停放在地面上时旅客的舒适性。

3. 推出拖车

当飞机头向里停放时，飞机必须倒退出机位，而飞机的发动机不具备此能力，这时需要使用推出拖车将飞机推出机位。推出拖车通常低矮，以适应飞机机体高度。推出拖车与飞机之间采用硬式牵引杆连接，牵引不同机型有不同长度的牵引杆。

4. 登机设备

登机设备包括登机廊桥和客梯车。登机廊桥是机场用以连接候机厅与飞机之间的可移动、可升降的通道。每个机场都有多个登机桥位，登机廊桥一端连接候机楼的某个登机口，一端扣在飞机舱门上，旅客由相应登机口进入飞机。

在没有登机桥的机坪上，由客梯车供旅客上下飞机，客梯车可以在一定范围内调节登机梯的高度，以适应不同机型。客梯车由汽车底盘、转动梯和升降梯构架、升降机构、伸缩平台、翻转尾梯、支撑等组成。

5. 其他勤务车辆

货运拖车：由牵引车拖动，运送行李和小件货物。

补给车：可以运载清洁工人和食品供应人员以及为飞机补给各种物品。

可移式行李传送带：在飞机装卸行李时，可以大大提高工作效率。

升降平台：用于清理或维护飞机外部，它的升降高度可达12m，以保证能达到飞机外部各个部位。

饮水加注车：为飞机加注饮用水。

污水车：用于接收并储存从飞机污水箱所排出的污（水）物。

为处理可能发生的飞行事故，机场配有消防车、抢救车、救护车和便携式消防器材。

第二节 民航客机的电力与空调系统

一、民航客机的电力系统

民航客机上除了照明设备用电外，还有多达上万件的设备都需要使用电力，其中仪表等设备对电压和频率的稳定性要求极高。民航客机的电力系统为飞机提供115V交流电（AC）和28V直流电（DC）。飞行锁系统使用28V直流电，其他电气设备使用115V交流电。在地面时，也可由辅助动力系统或外动力车提供电力。如果电力系统的一个或多个发电机不能工作，厨房电力会自动切断。

民航客机的供电手段主要有以下五种。

1. 主发电机供电

当飞机发动机启动后，发动机中的发电机组利用发动机燃烧时产生的多余能量发电，飞机的电力大部分时候来源于此。大型双发客机采用两台发动机来带动两台发电机，每一台发电机所产生的电力都可以保证全飞机的需要。在正常供电中，两台发电机一起工作，但每台都不是满负荷运转；如果一台发电机发生故障，另一台立刻进入满负荷工作状态。

2. 辅助动力装置供电

飞机尾部装有一个小型的涡轮发动机和发电机，它就是辅助动力装置（APU）。这个小型发动机的目的只是为了带动APU发电机，其发电机的功率要比机上其他两台发电机的功率还大。当飞机主发电机出现故障时，APU发电机就要接替主发电机为全飞机提供电力。APU在地面和空中都可以使用，在地面如果没有外接电源，APU可以提供电力和引气；在空中，飞机在5182m（17000ft）高度，APU可以作为后备设备提供引气。

3. 冲压空气涡轮（RAT）发电机提供应急动力

当主发电机和APU发电机均出现故障时，飞行员需要根据飞机的飞行速度及时按下RAT释放按钮，释放后，RAT就像风筝一样在气流的驱动下旋转，带动与它相连的电机或液压泵，为飞机提供备用电能及液压能等，保证飞机的安全飞行。当飞机发动机空中停车时，应急动力系统为飞机提供紧急动力及电源，用于重新启动发动机、保证飞机操作系统、液压系统和电子设备的应急供能、供电。

4. 蓄电池供电

现代客机设有直流电系统，设置有大容量的蓄电池。在发电机正常工作时，通过变流器向飞机提供直流电，并且为蓄电池充电。假设当出现极端情况时，发电机都发生故障，此时就需要使用蓄电池供电。但蓄电池存储的电量毕竟有限，只能保证向重要的设备和仪表提供电力。

5. 外置电力

当飞机处于停稳并固定状态时，由机场的地面工作人员将电线插头插至飞机机头下部（部分飞机在前起落架上）的外接电源插头上，由外置电力设备提供电力。

二、飞机空调系统

气压随着飞机高度的升高而降低，随着高度的升高空气中的氧气含量也随之下降，为了保证飞机上人员在高空中的生存需求，飞机座舱采用密封增压结构。飞机空调系统向座舱提供空气，通过控制外流活门的开度来控制座舱压力，使舱内压力高于外界大气压力。

由于高度与气压有特定对应关系，飞机一般以座舱高度来表示座舱压力。一般起飞前，会将座舱预增压，将座舱高度降低大约57.6m（189ft），即增压0.1psi（$1b/in^2$，0.69kPa），防止飞机起飞时不舒适的压力波动。飞机爬升时，座舱高度随飞行高度缓慢平稳增加。巡航时或飞机高度不变时，飞机的座舱高度也保持恒定不变，压差一般为8.35psi（47.09kPa）。一般飞机的座舱高度不超过2438m（8000ft），超过3048m（10000ft）会有高度警告，超过4267m（14000ft）氧气面罩会自动脱落。飞机爬升时，座舱高度变化率不超过152m/min（500ft/min），下降不超过107m/min（350ft/min）。着陆时，座舱高度比目标机场高度低91m（300ft），增压1kPa（0.15psi），这个增压用于防止着陆期间压力颠簸的发生。飞机机内压力过大时，打开安全释压活门进行释压，以防止损坏飞机结构，影响安全。飞机机内压力低于外界压力时，打开负压活门来防止这一情况出现。

飞机的空调组件主要包括热交换器、空气循环机（包括涡轮和压气机）、水汽分离器等部分，其中空气循环机是空调组件的核心。空调组件是飞机系统中的重要部分，保持适宜的客舱温度，给飞机客舱增压，都是通过空调系统来完成的。发动机或者辅助动力装置（APU），均可以为空调组件提供引气。高能量的引气不单可以用于空调系统，还可以用于飞机增压，防冰等。但引气不能直接为客舱空调所使用，因为这些气体是高温高压气体，压强通常有193kPa（28psi），相当于1.9个大气压，温度可达150℃。高温气体主要通过空气循环机制冷，在空中也可以使用冲压空气来冷却引气。引气先进入热交换器，进行初步的冷却。冷却后的引气进入空气循环机的离心压气机，气体被压缩温度升高后，再次进入热交换器降温，随后气体进入涡轮室，在涡轮室气体快速膨胀释放能量同时还带动涡轮转动做功，涡轮轴另一端连着离心压气机，压气机叶片在其驱动下高速旋转。通过以上环节可以使气体温度降到0℃甚至以下。空气循环机使引气温度降低，而且整个过程不需要氟利昂来进行热交换，气体没有蒸发与冷凝。引气冷却后可直接供客舱空调和电子设备冷却使用。

巡航时，对空气循环机的冷却需求最小，因为高空中温度低，经过与外界空气进行热交换，可以使温度降得足够低，甚至不需要空气循环机来冷却了。而当飞机停在炎热的地面机坪时，没有了冲压空气，空调组件靠辅助动力装置（APU）提供高压引气为动力。夏天温度高时，空气循环机在最大工作状态以满足在地面时的冷却需求。当冬天温度低时，只需通过调节温度控制活门混入更多热气即可满足温度需求。APU在其运转时排气口有高速气流排出，会产生一定的噪声。许多机场都为飞机提供地面电源和空调引气保障，减少、限制APU的使用，更加节能与环保。

空调组件是飞机系统中的重要部分，保持适宜的客舱温度，给飞机客舱增压，都是通过空调系统来完成的。而空气循环机又是空调组件的核心。采用空气循环制冷系统的优点是：系统的重量轻、维护成本低、可靠性高，而且冷却的空气可以输入客舱为之增压，客舱的通风、增压和温度控制都可以通过同一系统来完成。满足飞机客舱环境控制的需要，使高空飞行更加舒适、安全。

客舱的温度调节器位于驾驶舱内，由飞行员控制调节，温度调节范围为18~29℃，一般白天飞行调节到21~23℃，夜间飞行调节到22~24℃。驾驶舱的温度与客舱的温度调节分开进行控制。客舱的温度感应器位于前服务间，乘务员要注意客舱内旅客对温度的反馈情况，及时通知驾驶舱将客舱温度调节到适宜程度。

练 习 题

1. 选择题

客舱高度超过（　　　　）时，客舱内的氧气面罩会自动脱落。

  A. 10000ft　　　　　　B. 14000ft　　　　　　C. 18000ft　　　　　　D. 20000ft

2. 填空题

B738-800型客机共有（　　　　）个客舱舱门。

3. 判断题

（1）被称为"Jump Seat"的是客舱中的乘务员座椅。　　　　　　　　　　　（　　　）

（2）客舱中的隔离帘，在飞机起飞和下降阶段必须拉开。　　　　　　　　　（　　　）

（3）座椅坐垫在水上撤离时可作为漂浮物设备使用。　　　　　　　　　　　（　　　）

（4）在飞机起飞和降落过程中，婴儿摇篮必须收起。　　　　　　　　　　　（　　　）

（5）当客舱其他储藏空间已满，旅客的大件行李可放入有门的衣帽间内。　　（　　　）

（6）乘务员巡视客舱时，如果发现有旅客正在阅读，要马上帮助旅客打开阅读灯。（　　　）

（7）APU也能为飞机提供电力。　　　　　　　　　　　　　　　　　　　　（　　　）

（8）在飞行中，当旅客提出客舱温度过低时，乘务员可直接调节客舱温度。　（　　　）

第三章 客机舱门及自备梯

学习目标

通过本章的学习,了解B737-800型及A320型客机客舱舱门的结构,掌握客舱舱门的操作程序及操作方法;了解撤离滑梯的结构,掌握滑梯预位及解除的程序;了解飞机自备梯即紧急出口的结构,掌握其操作程序与使用限制。

重难点

重点:B737-800型飞机舱门操作、A320型飞机舱门操作。

难点:飞机自备梯操作。

民航客机的舱门可以按照客舱地板分为地板以上舱门和地板以下舱门。地板以上舱门主要是客舱舱门,分登机门、服务门和翼上应急门(也称翼上紧急出口);地板以下舱门是货舱舱门。飞机舱门对飞机安全有着直接影响:客舱内舱门作为应急出口直接影响旅客应急撤离时间;舱门作为机身最大的开口直接影响结构完整性和安全性,历史上有多起飞行事故是由舱门引发的。客舱舱门是机组和乘员直接操纵的部件,规范操作舱门对飞行安全具有重要意义。本章主要以B737-800型及A320型客机为例,介绍民航客机舱门的结构及操作。

第一节 B737-800型客机舱门

B737-800型客机共有4个客舱舱门,分别位于客舱前后部左右两侧,4个舱门的操作方式均相同。正常情况下,左侧舱门作为登机门,供旅客和机组人员上下飞机使用,左前门代码为L1,左后门代码为L2;右侧舱门为服务门,供装卸食品、垃圾、病人升降梯等日常勤务使用,右前门代码为R1,右后门代码为R2。紧急情况下,4个舱门均作为逃生出口使用。

一、客舱舱门结构

B737-800型客机舱门由红色示警带、观察窗、舱门操作手柄、辅助手柄、滑梯包、滑梯压力指示表、滑梯杆、滑梯挂钩、阻拦绳、阵风锁等组成,如图3-1所示。

1. 观察窗

观察窗可用于观察飞机外部情况,为机组或旅客提供向下大视角,能够观察到应急撤离时滑梯可能到达的地面情况。当在飞机起落架折断引起机身倾斜的情况下,应能观察到滑梯末端位置。

2. 舱门操作设施

舱门操作手柄用于开关舱门。开门时,沿箭头方向转动舱门操作手柄;关门时,反方向转动舱门操作手柄。

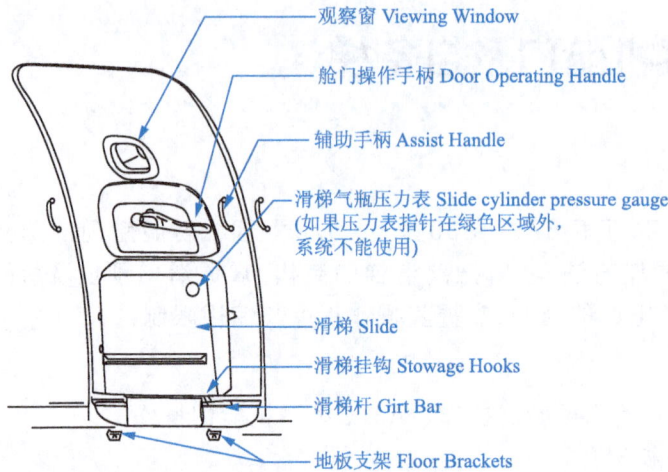

图3-1　客舱舱门

辅助手柄用于将舱门从舱外拉回。

舱门阻拦绳也称黄色警示带，位于每个舱门左侧门框，当客梯车或其他外接设备尚未完全与飞机对接时，阻拦绳起到为工作人员和旅客提供安全警示的作用。B737系列客机的阻拦绳分为拉出式和按扣式两种，拉出式阻拦绳使用时将其拉出、挂在舱门另一侧挂钩上；按扣式阻拦绳使用时解开搭扣、将其挂在舱门另一侧挂钩上。B737-700/800型客机的阻拦绳是拉出式，B737-300/400型客机的阻拦绳是按扣式。

3. 阵风锁

当舱门打开时，阵风锁起到固定舱门的作用。阵风锁分为向下按压扳机式、向上按压扳机式、向下按压弹簧式和向上抬起滑块式四种类型。向上按压扳机式阵风锁和向下按压扳机式阵风锁一般配备于L1门和R1门，向下按压弹簧式阵风锁和向上抬起滑块式阵风锁一般配备于L2门和R2门。

向下按压扳机式阵风锁位于舱门的上部导向臂上，扳机一旦按下，阵风锁即解除，随即可以关闭舱门，无须一直按压。

向上按压扳机式阵风锁位于舱门的上部导向臂上，此种构型比较少见。解除方法也是向上按压扳机，阵风锁即解除，随即可以关闭舱门，无须一直按压。

向下按压弹簧式位于舱门的上部导向臂上。当关闭装置弹簧式阵风锁的舱门时，需一手按住阵风锁，一手关舱门，当舱门松动能往回拉时，方可松开阵风锁。因装配有此类阵风锁的舱门在关闭时需双手操作，所以操作时需要注意将身体的重心靠后，以免发生危险。

向上抬起滑块式阵风锁位于舱门一侧门框上，此种构型比较少见。解除方法是：一手将滑块往上提，一手回拉舱门，当舱门松动时，松开滑块，拉回舱门。注意操作时将身体重心靠后，以免发生危险。

乘务员在操作舱门前要确认阵风锁的操作方式，按标准程序作业；在开启舱门前，应一手紧握舱门把手，待舱门推开后，另一手紧握舱壁把手，始终保持身体重心平衡；在关闭舱门前,应一手紧握舱壁把手,另一手解除阵风锁,始终保持身体重心平衡;乘务员操作舱门时应集中注意力,独立完成,严禁替代操作。

4. 舱门滑梯

舱门滑梯也称撤离滑梯,装在每个入口处,包括滑梯包、充气瓶、滑梯压力指示表、滑梯杆、滑梯挂钩和地板支架。

滑梯包是应急滑梯的存放处。滑梯充气是靠一次性气瓶向内充气,气瓶上有一个压力表,正常情况下压力表上的指针必须指示绿色区域,如果压力指针在绿区外,滑梯将无法正常充气。

滑梯杆与滑梯挂钩位于滑梯包下方,非预位状态滑梯杆挂在滑梯挂钩上,预位时将滑梯杆从滑梯挂钩上取下与地板支架连接,此时开舱门后可将滑梯释放并充气,如图3-2所示。飞机每次关门后均需将滑梯预位,落地打开舱门前,需将滑梯解除预位。滑行前,从挂钩上取下滑梯杆,放在飞机地板的支架上。飞行过程中滑梯杆应该一直放在支架上,直到飞机完全停稳时才能取下。

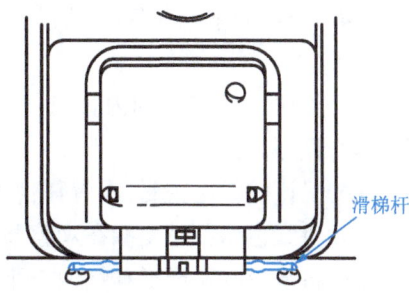

图3-2　充气滑梯预位状态

当飞机遇到紧急情况时,乘务人员打开舱门的同时,滑梯自动充气冲出舱外,约5s即可完成充气过程,供旅客和机组人员快速撤离飞机。飞机充气滑梯充气后的恢复,是一个非常复杂的过程。首先需要送车间检查滑梯有无损伤漏气,如有损伤需要报废处理;如无破损,还需恢复所配备高压气瓶规定的压力,将滑梯折叠复原。滑梯折叠打包成型后,还需要用专门的重物施压使之达到标准尺寸,仅该流程就需4~5天。

释放出滑梯,对飞机本身没有伤害,但是会延误航班,而且修复期间,没有滑梯的机舱门不能使用,也就意味着需要减少承运的旅客,会对航班运营产生严重的负面影响。

5. 红色示警带

红色示警带安装在每个入口紧靠观察窗的地方(图3-3)。在示警位时,任何人都可从机外透过机窗清晰地看到示警带。这是一个非常明显的示警,表明滑梯杆已放在地板支架上,此时开启舱门,充气滑梯会自动放出。取下红色示警带时意味着滑梯已处于解除预位状态。

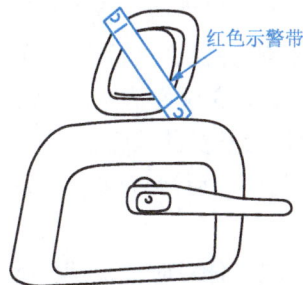

图3-3　红色示警带

在非紧急状态时,舱门滑梯杆在"预位"位置,即将滑梯杆从滑梯挂钩上取下,搭到地板支架上,此时从内部、外部开启舱门均会使滑梯自动充气,滑梯展开区域的人员会受到充气滑梯的撞击而受伤乃至伤亡。只有解除滑梯预位状态,即将滑梯杆从地板支架上取下放回滑梯挂钩上时,才可以将红色示警带取下,舱外人员从观察窗看不见红色示警带时才能从舱外打开舱门。

二、客舱舱门的操作

客舱舱门从内外部均可进行开关。一般乘务员均是从内部进行开关门;如需机务人员开关门，则是从外部操作。从内部开关客舱舱门时，各号位乘务员要按照该机型乘务员岗位职责实施，B737-800型客机的舱门操作责任人分别是：L1门——1号乘务长；R1门——3号乘务员；L2门——2号乘务员；R2门——4号乘务员。各号位乘务员要按照乘务长指令做好开关舱门及滑梯预位或预位解除操作。

1. 内部关舱门及滑梯预位程序

（1）将阻拦绳收回扣好。

（2）确认舱门内外无障碍物。

（3）按住阵风锁，待舱门拉动后再松开。

（4）握住舱门辅助手柄，将舱门拉回至舱内；要注意前舱门移入舱内的速度很快，力量很大。

（5）当舱门不能再向内拉时，抓住舱门操作手柄，按箭头反方向旋转180°，直至舱门完全关闭，锁好。

（6）确认舱门已密封，没有任何夹杂物。

（7）将红色示警带斜扣在观察窗上。

（8）将滑梯杆从滑梯挂钩内取下，扣在地板支架内。

关闭舱门前，乘务长要确认旅客已上齐，与客舱舱单人数一致。向机长报告，得到允许后方可关舱门。乘务长通过客舱广播系统下达"滑梯预位"指令，各号位乘务员依照乘务长指令操作滑梯预位，并做交叉检查。各舱门滑梯预位后，乘务员依照乘务长指令，通过内话系统向乘务长报告滑梯预位情况；乘务长得到所有舱门均已预位完成的信息后，向机长报告滑梯预位情况。

2. 内部开舱门及解除滑梯预位程序

（1）将滑梯杆从地板支架上取下，挂在舱门的滑梯挂钩上。

（2）将红色示警带平扣在观察窗上方。

（3）再次确认滑梯杆在滑梯挂钩上（处于解除预位状态），确认舱门外无障碍物。

（4）按箭头方向旋转舱门操作手柄180°（逆时针旋转）。

（5）将舱门向外推至与机身平行，直至舱门被阵风锁锁住。

飞机到达停机位，"系好安全带"指示灯熄灭后方可开门。乘务长通过客舱广播系统下达"解除滑梯预位"指令，各号位乘务员依照乘务长指令解除滑梯预位，并做交叉检查；各舱门解除滑梯预位后，乘务员依照乘务长指令，通过内话系统报告解除滑梯预位情况，例如2号乘务员报告"L2门已解除滑梯预位"。乘务长在得到所有舱门责任乘务员的报告后，向机长报告滑梯预位解除情况。然后打开客舱灯光，得到地面人员的开门许可后，两人监控开启舱门，确认客梯车或廊桥对准飞机后方可让旅客下机。

充气滑梯意外充气最容易发生在内部开舱门时，乘务员在执行航班任务时需保持头脑清醒，思维清晰，完成滑梯预位、解除操作时必须保证注意力不分散，操作之前做一次"深呼吸"，保证每一操作动作都能"眼随手动""心随手动"，全神贯注；严格按照规定步骤操作，避免意外事件发生。

滑梯预位解除状态和滑梯预位状态如图3-4、图3-5所示。

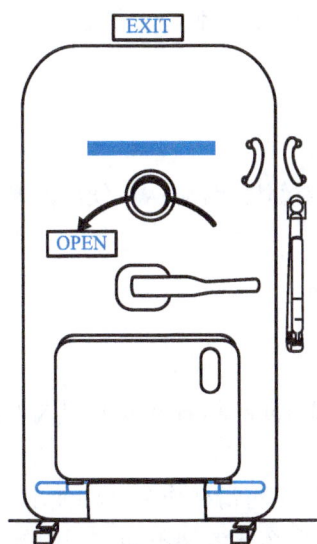

图3-4 滑梯预位解除

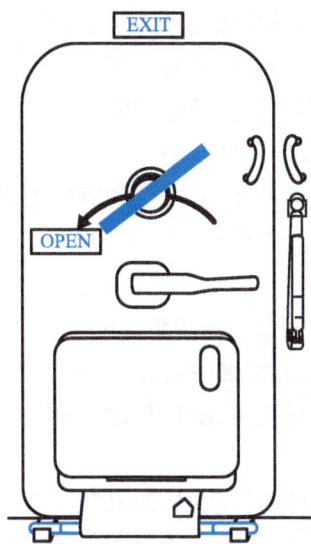

图3-5 滑梯预位

3.外部打开舱门操作

（1）确认舱门外无障碍物。

（2）从观察窗处确认红色示警带没有斜挂在观察窗前。

（3）从外部拉出外部控制手柄，将手柄沿箭头方向旋转180°。

（4）将舱门向机头方向拉至全开位置，直至被阵风锁锁住。

舱门外部手柄旋转时，内部手柄会随之旋转，所以旋转外部手柄时要慢，以防内部手柄旋转太快或意外移动，造成机内人员受伤。

4.外部关闭舱门操作

（1）将阻拦绳收回。

（2）确认舱门内外无障碍物。

（3）按下阵风锁，并保持住，直到舱门拉动后再放开。

（4）将舱门推回至舱内。

（5）将舱门外部手柄拉出，按箭头反方向旋转180°，将舱门关好，将舱门操作手柄复位至与舱门平齐。

（6）检查舱门关闭状况，确认舱门没有任何夹杂物。

舱门外部手柄装有弹簧，手柄会自动弹回手柄槽，所以放开手柄时一定要小心，以防夹手。

三、撤离滑梯的使用

当滑梯杆放在地板支架上时，打开门，滑梯杆的拉力能打开滑梯包的锁，打开滑梯包，释放出滑梯。滑梯充气约需5s的时间。如果滑梯不能自动充气，可拉动人工充气手柄为滑梯充气，人工充气手柄位于滑梯顶部右侧。如果滑梯还是不能充气，那么此滑梯不能使用，可作软梯使用。

撤离滑梯并非救生筏,但是水上迫降时可作为漂浮设备使用。提起边缘的皮带,拉动手柄,即可从飞机上解下滑梯。

1. 陆地撤离时舱门滑梯的操作

此时滑梯处于预位状态。

(1)观察撤离路线的情况;观察客舱内部,飞机外部情况,确认可使用的撤离路线。确保飞机已停稳,发动机熄火。

(2)确定滑梯杆固定在地板支架上。

(3)将舱门操作手柄转到开位。

(4)推开舱门,滑梯脱落、展开并充气。

(5)如果滑梯没有充气,拉动门槛右侧标有"Pull Inflate（Handle）"的人工充气手柄也可使滑梯充气。

(6)确认滑梯充气状况,如果漏气或充气失效时,可将滑梯作为软梯使用。

如果自动方法和人工方法都不能为滑梯充气,那么此滑梯不能使用。指挥旅客使用其他出口。乘务员指挥两名援助者抓住滑梯侧面的拉手,将滑梯拉住,机内滞留旅客从滑梯撤离,每次滑下一个。

2. 水上撤离时舱门滑梯的操作

水上撤离除与陆地撤离时的操作方法相同外,滑梯充气后,还应拉"快速释放手柄",使滑梯与机体分离,并将滑梯翻过来推入水中作为浮艇使用,旅客跳入水中抓住浮艇两边的带子,浮在水面上。一旦在水上迫降滑梯展开后堵塞出口,应迅速拉动释放手柄,使滑梯与飞机分离。

充气滑梯内部状态如图3-6所示,外部状态如图3-7所示。充气滑梯尺寸见表3-1。

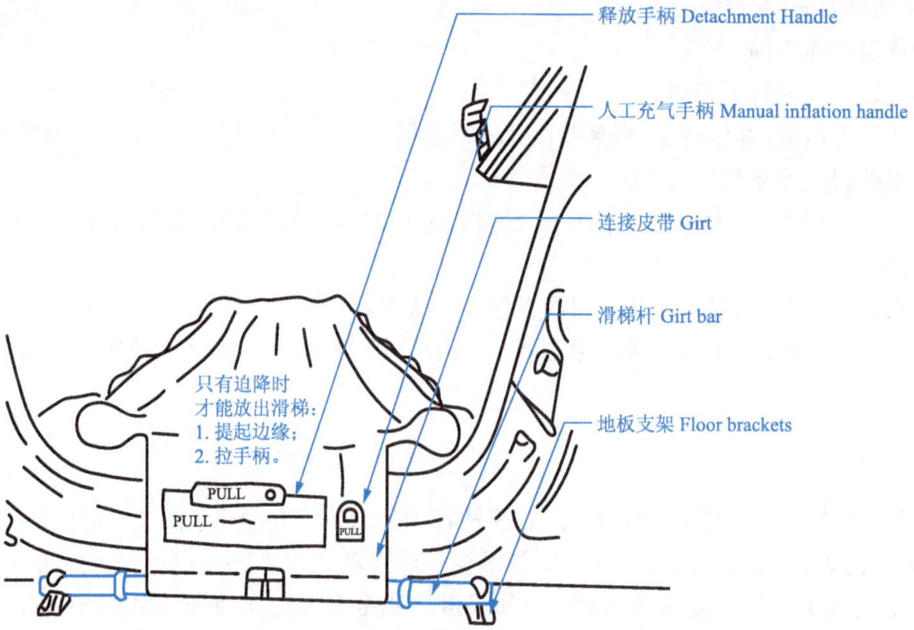

图3-6　充气滑梯内部状态

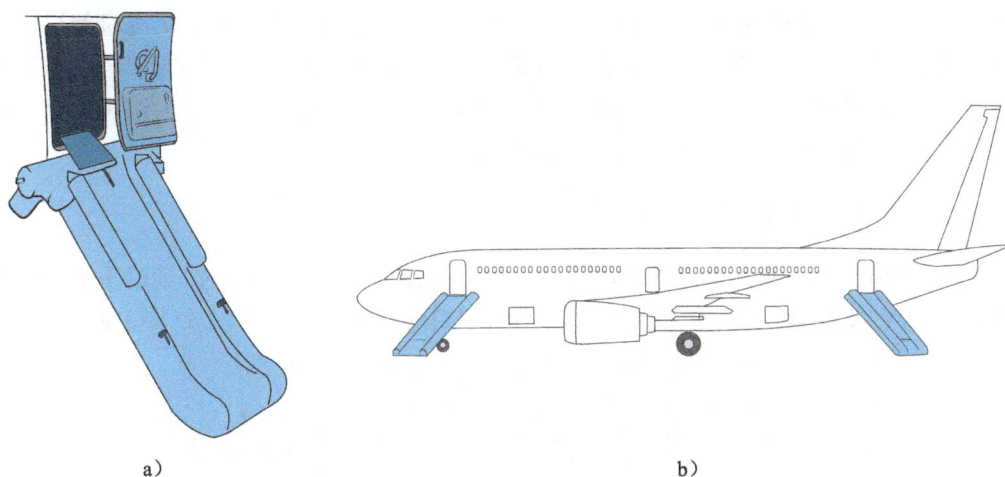

a)　　　　　　　　　　　　　　　　　　　b)

图3-7　充气滑梯外部状态

B737-800型飞机滑梯尺寸　　　　　　　　　表3-1

滑梯位置	滑梯长度 （约）	滑梯宽度 （约）	门槛高度 （所有起落架放下；约）
前部左和右	5.08m（200in）	1.52m（60in）	2.67m（105in）
后部左和右	5.08m（200in）	1.52m（60in）	3.36m（115in）

第二节　A320型客机舱门

　　A320 机型一共有 10 个出口，其中，客舱有 8 个出口（图3-8）。驾驶舱两侧窗可作为应急出口，并在驾驶舱 2 号窗顶上两侧各存放有一条逃生绳。客舱出口包括4个"I"型舱门和4个翼上出口，4个舱门分别位于客舱前后部左右两侧，4个舱门的操作方式相同；翼上出口

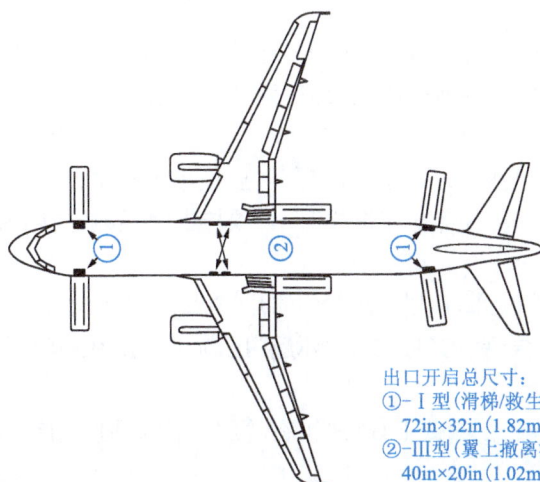

出口开启总尺寸：
①-I型（滑梯/救生艇）
　　72in×32in（1.82m×0.81m）
②-III型（翼上撤离滑梯）
　　40in×20in（1.02m×5.08m）

图3-8　A320型客机出口示意图

位于客舱中部。正常情况下，左侧舱门作为登机门，供旅客和机组人员上下飞机使用，左前门代码为L1，左后门代码为L2；右侧舱门为服务门，供装卸食品、垃圾、病人升降梯等日常勤务使用，右前门代码为R1，右后门代码为R2。紧急情况下，4个舱门均作为逃生出口使用。"I"型舱门在机舱内有一个开门机构，开门时向上提起。

一、客舱舱门结构

空客A320型客机舱门由滑梯包、安全销、舱门操作手柄、舱门观察窗、辅助手柄、舱门状态指示牌、舱门支撑臂、阵风锁、安全销、安全销存放插孔、分离器组件组成（图3-9）。

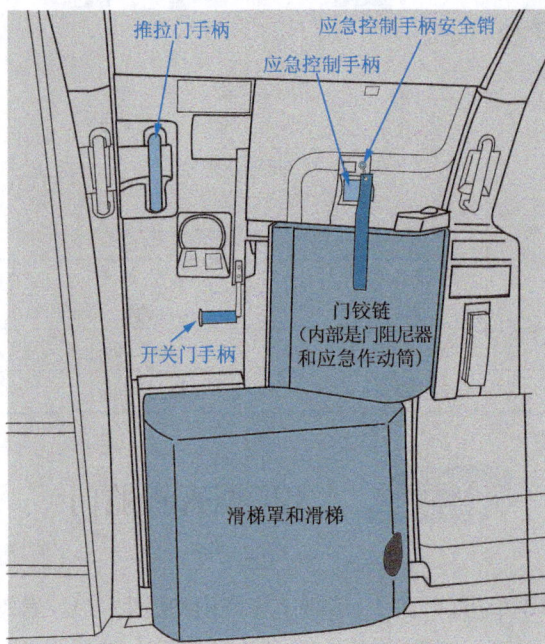

图3-9 A320型客机I型舱门

1. 舱门操作手柄

舱门操作手柄用于打开和关闭舱门。舱门操作手柄分为内部手柄和外部手柄。内部手柄位于舱门中部；外部手柄位于手柄槽内，底部有手柄松锁板。

2. 阻拦绳

阻拦绳是一条黑黄色相间的布带，位于门框一侧，使用时拉出挂在另一侧门框内的挂钩上。当舱门打开，舱门外无廊桥或客梯车衔接时，必须挂上阻拦绳，关门前需收回。

3. 舱门锁定指示器

舱门锁定指示器位于舱门上部，可以显示舱门的开关状态。指示器显示红色"UNLOCKED"，表示舱门未锁定；指示器显示绿色"LOCKED"，表示舱门已锁定。如图3-10所示。

4. 阵风锁

阵风锁解除按钮位于舱门支撑臂上，阵风锁在舱门全开位置时，能锁定舱门。

5. 观察窗

观察窗位于舱门中部，直径约15cm，用于观察窗外情况。

6.警告灯

警告灯位于舱门中部、观察窗下面,分为客舱未释压警告灯和滑梯预位警告灯。客舱未释压警告灯为红色三角形突起,灯上印有"CABIN PRESSURE"(客舱压力);当发动机已关闭、滑梯预位已解除,但客舱内外压差没有完全解除时,未释压警告灯闪亮(图3-11)。滑梯预位警告灯为白色平面长方形;当滑梯预位,拉动舱门操作手柄时警告灯亮起。

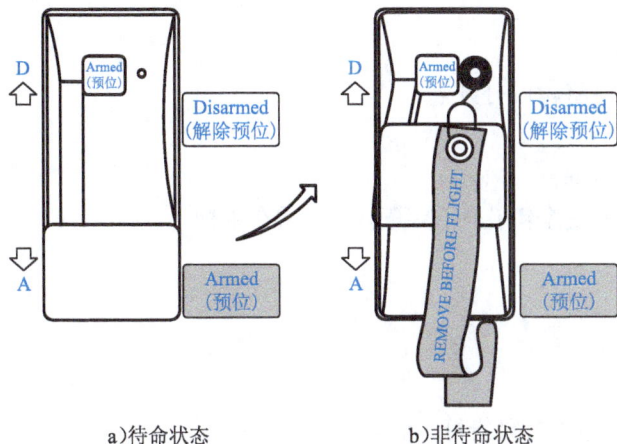

a)待命状态   b)非待命状态

图3-10 舱门锁定指示器状态

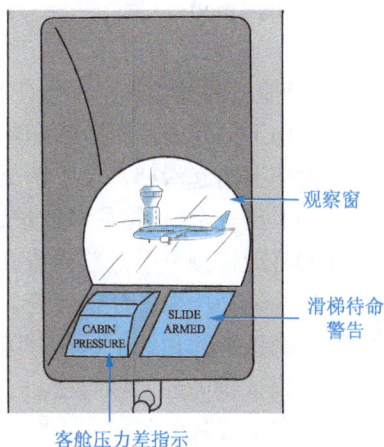

图3-11 舱门压力差指示

7.滑梯分离器组件

滑梯分离器位于舱门中部,由分离器舱罩、手柄(端部为黄色或灰色)、安全销、红色警示带、手柄位置指示牌和分离器观察窗组成。

安全销用于阻止滑梯充气,当分离器处于人工位时,插入安全销,滑梯不能充气。

将操作手柄向下滑动,指向红色的"Armed"位置,此时充气滑梯处于预位状态;将操作手柄向上滑动,指向绿色的"Disarmed"位置,此时滑梯解除预位。

分离器观察窗用于观察分离器状态,红色表示滑梯预位,绿色表示滑梯解除预位。

二、客舱舱门的操作

客舱舱门从内外部均可开关,一般乘务员均是从内部开关门,如需机务人员开关门则是从外部操作。从内部开关客舱舱门,各号位乘务员要按照乘务长指令做好开关舱门及滑梯预位或预位解除操作。

1.内部关舱门及滑梯预位程序

(1)将阻拦绳收回扣好。

(2)确认舱门内外无障碍物。

(3)按住阵风锁按钮。

(4)一手抓住辅助手柄,一手向内拉门。

(5)压下舱门操作手柄直至舱门关闭。

(6)确认舱门指示牌处于锁定状态。

(7)确认舱门完全关闭,没有任何夹杂物。

（8）向上抬起滑梯预位手柄舱罩。

（9）按住安全销顶部释放按钮，将安全销拔出，插入安全销存放孔内，展平警示带。

（10）向下按住滑梯预位手柄至舱门平齐。

（11）将滑梯预位手柄舱罩盖好。

如果滑梯预位手柄处于预位位置（Armed）时，从外面开门，滑梯预位手柄将自动回到解除预位（Disarmed）位置。

2. 内部开舱门及解除滑梯预位程序

打开舱门前要先将滑梯预位解除，再将舱门打开。

（1）向上抬起滑梯预位手柄舱罩。

（2）向上抬起滑梯预位手柄至与舱门垂直。

（3）取出安全销，按住释放按钮，插入安全销孔内，使警示带垂放在手柄上。

（4）将滑梯预位手柄舱罩盖好。

（5）确认释压警告灯未闪亮。

（6）确认滑梯预位手柄在解除位。

（7）确认舱门外无障碍物。

（8）向上提起舱门操作手柄，确认滑梯预位警告灯未亮。

（9）将舱门操作手柄向上开启。

（10）将舱门向外推到全开位，直至舱门被阵风锁锁住。

打开舱门过程中，一旦发现释压警告灯闪亮，应立即停止开门，并报告给机长。

3. 外部打开舱门操作

（1）确认舱门外无障碍物。

（2）从观察窗处确认客舱未释压，警告灯没有闪亮。

（3）按进手柄解锁板。

（4）将手柄向上抬起，至绿色水平线。

（5）将舱门向外拉到全开位，直至舱门被阵风锁锁住，见图3-12。

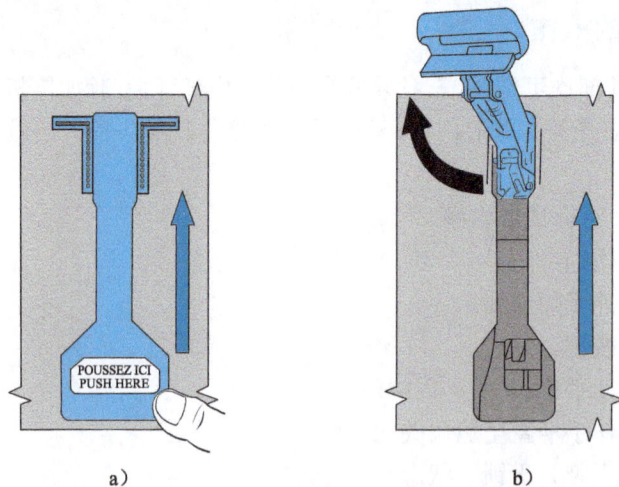

图3-12　外部开门示意图

4.外部关闭舱门操作

（1）将阻拦绳收回。

（2）确认舱门内外无障碍物。

（3）按住阵风锁按钮并保持住，待舱门拉动后再放开。

（4）将舱门推回至舱内。

（5）将舱门外部控制手柄压下至与舱门平齐，松锁板弹起至与舱门平齐，将舱门关好。

（6）检查舱门密封状况，确认舱门没有夹杂物。

✈ 三、舱门的应急操作

1. 操作充气滑梯

当飞机遇险需要旅客紧急撤离飞机时，按如下步骤打开客舱舱门和应急滑梯。

（1）确认飞机完全停稳。

（2）确认外部无烟、无火、无障碍；水上迫降撤离时，还应确认门槛高于水面。

（3）滑梯预位手柄置于"预位"（Armed）位。

（4）提起舱门手柄，舱门助力装置会把门推开（如果助力装置不工作，可用力将门向外推至全开位）。

（5）拉动人工充气手柄。

（6）确认滑梯/救生船充气正常。

（7）滑梯不能充气时，引导旅客从其他安全出口撤离飞机。

2. 替换充气滑梯

在水上迫降时，若某些出口的滑梯/救生船不能展开使用，可以将它们移到其他可以打开的登机/服务门，按程序装上展开使用。替换的程序在每个滑梯包上有标示。

替换充气滑梯时要确认失效舱门的滑梯预位手柄必须处于预位状态；向内拉开滑梯盖连接扣，去掉滑梯外壳；将滑梯包从不能使用的舱门上拆除。拆除方法如下：

（1）向后45°的方向拉动黄色牵索，解开滑梯杆。

（2）拉滑梯包顶部的红色手柄。

（3）拉住滑梯包两边将滑梯提出舱门支座，逆时针移动连接器，将滑梯包背后的连接带脱开，翻出滑梯；必要时使整个部件转向；将滑梯包搬运到另一扇舱门处。然后将滑梯包安装在新的舱门上。

（4）将滑梯包放在另一舱门前面，软面朝上，箭头朝舱外。

（5）向45°方向拉黄色牵索，将原来的滑梯杆除去。

（6）将滑梯推出机门，使之充气。

如果滑梯自动充气失败，拉动人工充气手柄。

第三节　客机自备梯与应急出口

正常情况下旅客从客舱舱门上下飞机，遇有机场服务设施不足，客梯车或廊桥无法衔接的情况，也可使用飞机的自备梯供旅客上下飞机。自备梯是民航客机的选装项目，当前我国民航机场设施相对完善,为减轻飞机自身重量,国内很多航空公司不再选装自备梯,即使是已经装配了自备梯的飞机多数也已拆除。但国外航空公司装配自备梯的情况仍较为常见。

航班遇有意外情况需要旅客紧急撤离飞机时,位于客舱中部的应急出口也可供旅客逃生之用。

一、自备梯

自备梯储藏在飞机前舱门下面的储藏柜中。在没有机场地面设备的情况下,旅客可使用前自备梯上、下飞机。自备梯由电力操作,可从机体内部、外部控制。

1. 自备梯的组成

自备梯由内部控制板、外部控制手柄、平台、上梯、下梯、固定手扶杆、伸缩手扶杆、自备梯灯、固定锁等部件组成,如图3-13所示。为了旅客的安全,自备梯展开后上部扶手连接在前入口内侧的支架上。

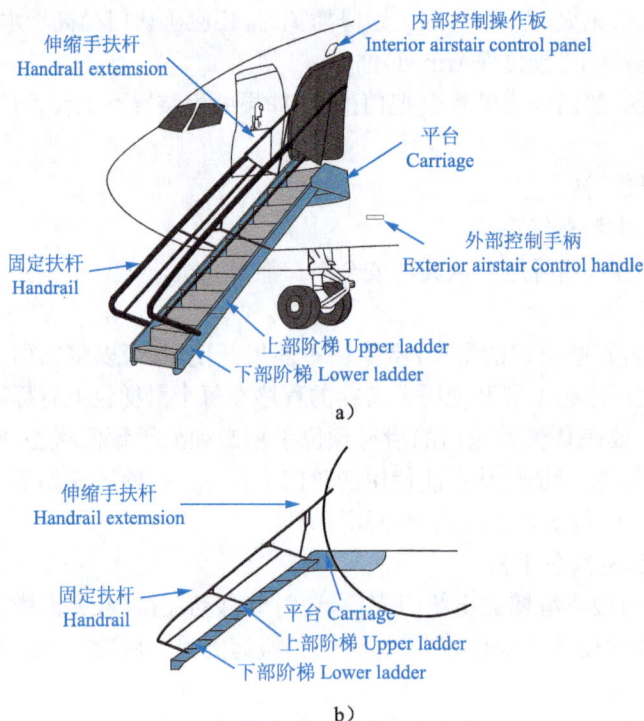

图3-13　自备梯

自备梯的使用分为正常使用和备用两种方法,从内部、外部均可进行操作。

2. 内部展开自备梯

操作步骤:

(1)打开前舱门至锁定位置,这样可以清楚地看到机外的情况,以防人员受伤。

(2)将控制开关放在"展开"位,直到自备梯完全伸展开。

(3)放开控制开关。

(4)把伸缩手扶杆拉开与固定手扶杆啮合。

3. 内部收回自备梯

操作步骤：

（1）松开扶手延展部分。

（2）将控制开关放在"收回"位，直到自备梯完全收回。

（3）放开控制开关。

图3-14为自备梯内部操作图。

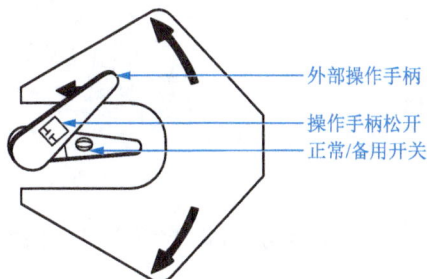

4. 外部正常展开自备梯

操作步骤：

（1）装有弹簧的"电力"开关放在"正常"位。

（2）将"自备梯"开关置于"展开"位。

（3）自备梯展开时，将"电力"开关置于"备用"位。

5. 外部正常收回自备梯

操作步骤：

（1）松开扶手延展部分。

（2）装有弹簧的"电力"开关弹至"正常"。

（3）将"自备梯"开关置于"收回"位。

图3-15为自备梯外部操作图。

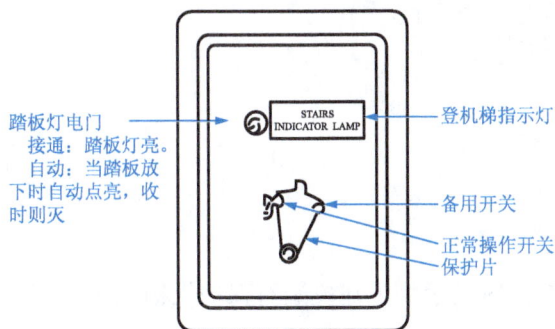

图3-14　自备梯内部操作图

图3-15　自备梯外部操作图

6. 备用方式收回自备梯

操作步骤：

（1）松开扶手延展部分。

（2）将"电力"开关置于"备用"位。

（3）将"自备梯"开关置于"收回"位。

7. 使用自备梯的注意事项

（1）使用备用控制开关会越过所有安全电路，自备梯扶手延伸部分必须收好，否则会造成严重损坏。

（2）当风速超过74km/h，建议不要使用自备梯。

（3）自备梯展开时，不要移动飞机。

（4）地面不平坦或有障碍物也不要使用自备梯。

二、B737-800型客机翼上紧急出口

1. 翼上紧急出口的结构

B737-800型客机有4个"三型"(TYPE Ⅲ)翼上紧急出口,该出口为机械锁固定的拱形门,位于客舱翼上,机身每侧两个,为舱盖式出口,由机械锁固定。翼上紧急出口可由位于出口顶部的红色弹力手柄从内部或外部开启。如图3-16所示。

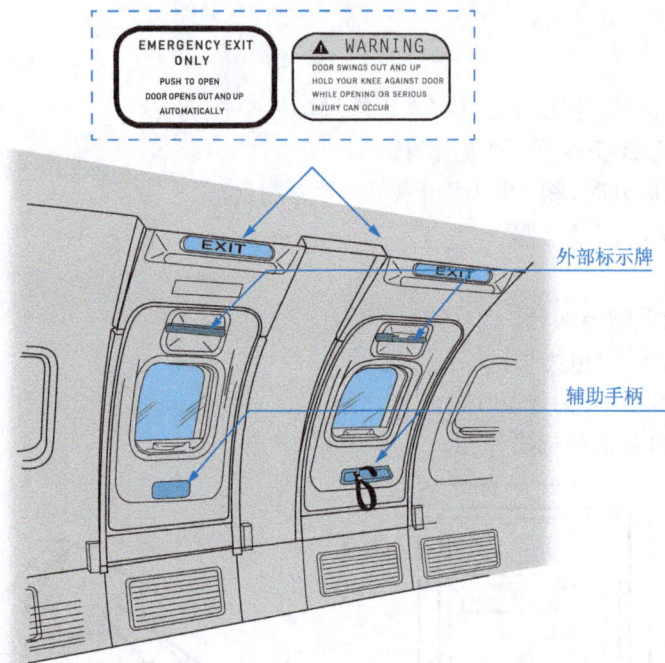

图3-16 翼上紧急出口

出于安全考虑,该舱门会自动保持锁定,同时其手柄上还安装有保护机构,以防止在飞行中打开。

翼上紧急出口由具有28V直流电的飞行锁系统锁住。为确保安全,飞行锁系统的设计确保起飞、飞行和落地时系统能自锁;紧急状态时,在地面解锁,打开紧急出口。

飞行锁系统的自锁、解锁取决于发动机的速度,推力杆的位置,空中/地面方式以及舱门的开关状态。如果机组收到舱门报警,指示某一翼上出口未锁,乘务员不要试图将舱门手柄置于"关"的位置。

2. 翼上紧急出口的操作

(1)确认飞机完全停稳。

(2)观察外部无烟、无火、无障碍。

(3)水上迫降判断门槛高于水面。

(4)抓住舱门开启手柄,向下拉动开启把手,打开翼上出口。

(5)水上迫降使用存放在出口框的逃生绳,拉出逃生绳扣在机翼上的黄色挂环上。

(6)引导旅客从机尾方向撤离飞机。

在外部打开翼上紧急出口时,推外部翼上紧急出口面板,翼上紧急出口会向外、向上自动打开。

在客舱内部打开翼上紧急出口时,向内拉下手柄,翼上紧急出口会向外、向上自动打开。

逃生绳装在每个紧急出口门框的上方,绳子一端连在门框上,其余部分储藏在管中,管子延伸到客舱天花板上。翼上紧急出口必须打开,才能露出逃生绳。使用时,将绳子从管子中拉出,连接在机翼表面的扣环上。旅客可手握绳索在机翼上行走;水上撤离时,逃生绳可作为旅客从机上进出、跳入救生筏的扶绳。但一般情况下,水上撤离不使用翼上窗口。翼上窗户没有滑梯装置,撤离时旅客从窗口逃出后要从翼上滑下飞机。同时注意取下的翼上窗户要放在不妨碍撤离的位置。

✈ 三、A320型客机翼上紧急出口的操作

A320飞机客舱机翼段每侧各有2个出口。翼上紧急出口安装有双滑道撤离滑梯,滑梯总是处在预位状态,在水上撤离时不可以作为救生船使用。

打开翼上紧急出口时,先将手柄上的盖板拉掉,出口旁壁板上的预位灯亮起。拉开任何一个出口,同侧的双滑道滑梯将自动向机身后部充气展开;也可拉动窗框上的人工充气手柄使滑梯充气,滑梯在3s内充气完毕。将翼上出口门向里拉,抓住把手,将出口扔到舱外;取出存放在翼上出口上方行李架处的逃生绳,扣挂在窗框和机翼上的挂环上。操作详见图3-17。

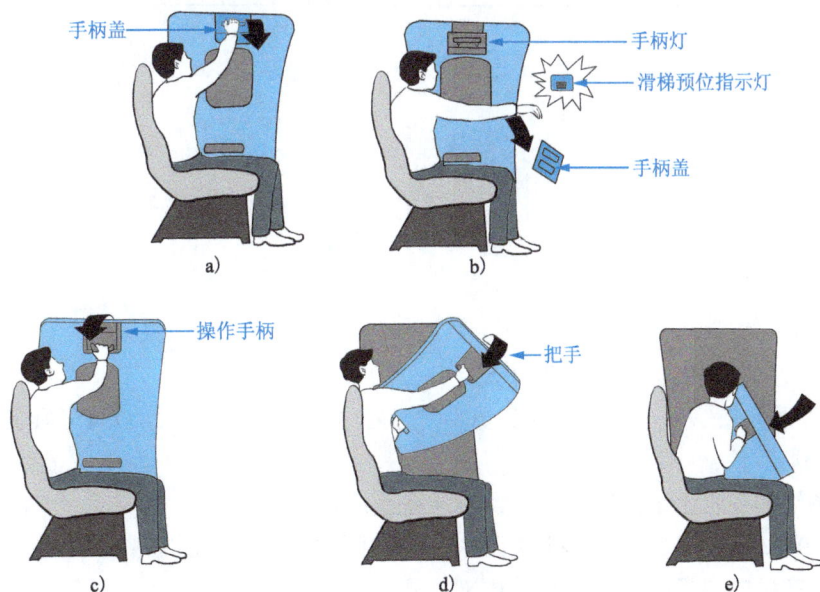

图3-17　翼上紧急出口操作示意图

✈ 四、驾驶舱2号窗口

驾驶舱2号窗口用于驾驶舱内人员在紧急情况下逃生使用。逃生时,打开窗口,打开位于窗口后部上方的逃生绳储藏柜;拉出逃生绳,确保绳子连接牢固;将逃生绳抛出窗外;上身探出窗外,坐在窗台上,按照下图3-18所示方式撤离。

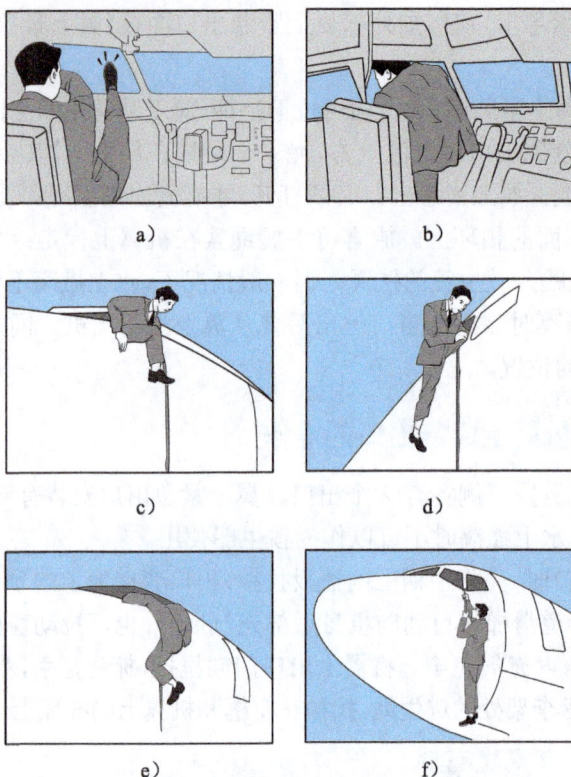

图3-18　驾驶舱2号窗口撤离示意图

练　习　题

1. 选择题

B737-800型客机的R1门操作责任人是（　　　）。

　A. 1号乘务长　　　　　B. 2号乘务员　　　　　C. 3号乘务员　　　　　D. 4号乘务员

2. 判断题

（1）撤离滑梯在水上迫降时可作为漂浮设备使用。　　　　　　　　　　　　　　　（　　）

（2）A320型及B737-800型客机客舱右侧舱门用于旅客上下飞机。　　　　　　　（　　）

（3）民航客机的自备梯只能从客舱内部打开。　　　　　　　　　　　　　　　　　（　　）

（4）民航客机的翼上紧急出口装有飞行锁系统。　　　　　　　　　　　　　　　　（　　）

3. 简答题

（1）红色示警带的作用是什么？

（2）简述B737-800型客机内部开舱门及解除滑梯预位程序。

（3）简述A320型客机舱门的预位程序。

（4）使用民航客机自备梯应注意哪些事项？

第四章　客舱服务设备操作

学习目标

　　通过本章的学习,了解客舱灯光设备、通信系统的功能及使用方法;了解机上厨房的布局及厨房设备的功能,掌握厨房设备的使用方法;了解机上洗手间的布局及设施的功能,掌握卫生间的清理规范。

重 难 点

　　重点:机上厨房设备和机上洗手间设备。
　　难点:客舱灯光设备。

　　作为高水平运输服务的代表,航空公司为旅客提供的服务不仅仅是运送旅客从始发地安全到达目的地,还要为旅客提供更为舒适的服务。民航客机客舱内的服务设备就是为旅客提供高水平服务的必要保障。民航乘务员要掌握机上设备的使用方法,能够按照规范和服务流程使用设备,这是做好客舱服务的基本前提。本章主要介绍客舱灯光、客舱通信系统、机上厨房设备及机上洗手间设备等四个方面的内容。

第一节　客 舱 灯 光

　　客舱内的灯光包括用于正常照明的灯光和客舱应急灯光两类。

一、客舱正常照明灯光

1.客舱正常照明灯光的类型
　　客舱正常照明灯光包括顶灯、窗灯、入口灯、工作灯、阅读灯和洗手间灯。
　　(1)顶灯和窗灯:客舱顶部和舷窗上部的荧光灯是客舱的主要照明灯光,客舱顶部还设有为夜航提供柔和、低亮度光线的照明灯。控制开关在前乘务员控制面板上。
　　(2)入口灯:在登机门处设有入口灯,控制开关在相应乘务员控制面板上。
　　(3)工作灯:在乘务员的座位上方和厨房区域内,设有工作灯,控制开关在相应乘务员控制面板或内话机上部。
　　(4)阅读灯:阅读灯设在每个旅客座位上方的旅客服务组件上,旅客可以单独控制各自的阅读灯。
　　(5)洗手间灯光:洗手间内部照明由顶灯和镜灯提供,当飞机电源接通,灯光自动亮起。在部分飞机上,洗手间门闩可控制镜灯的开关。

2.客舱正常照明灯光的调节要求
　　从安全角度考虑:在登机、安全演示和旅客下飞机时,调节客舱灯光到"亮"位;为了增加在发生紧急情况下眼睛的适应性,在起飞和降落阶段,调节客舱灯光到"暗"位。

从服务角度考虑:根据服务的类型和客舱的状况调节客舱灯光;在有餐食服务的夜间航班上,将客舱灯光调节到"暗"位;在夜间航班上,避免使用窗灯。

各灯光调节的具体要求如下:

1)顶灯(天花板灯)

顶灯由位于前乘务员控制面板上的五位开关控制。

夜晚(Night):位于行李架顶部的灯亮,这是灯光亮度的最低挡。夜航休息时(巡航阶段),将客舱中顶灯调至Night挡,窗灯调至Off挡,旅客看书时可打开阅读灯。

关(Off):将天花板灯光关闭。

暗(Dim):将所有天花板的灯打开至最低挡。

中(Medium):将所有天花板的灯打开至中挡。

亮(Bright):将所有天花板的灯打开至最高挡。

2)窗灯

窗灯由前乘务员控制面板上的一个三位控制开关控制。

关(Off):关闭所有窗灯。

暗(Dim):将窗灯打开至最低挡。

亮(Bright):将窗灯打开至最高挡。

3)入口灯

飞机前、后入口区域照明由位于各自乘务员控制面板上的开关控制,入口灯开关为三位。

关(Off):将所有入口灯关闭(有外部电力提供时除外:当使用外部电力时,灯光很暗)。

暗(Dim):将入口灯调暗。

亮(Bright):将入口灯调亮,同时打开门槛灯。前洗手间地板上方的墙壁上装有一个门槛灯。

4)工作灯

每个乘务员工作岗位都有工作灯。此灯由每个工作岗位的乘务员控制面板上的开关控制,需打开工作灯时按下工作灯按钮,工作灯亮起,熄灭时再次按下即可。

B737-800型客机前舱灯光控制开关见图4-1,后舱灯光控制开关见图4-2。

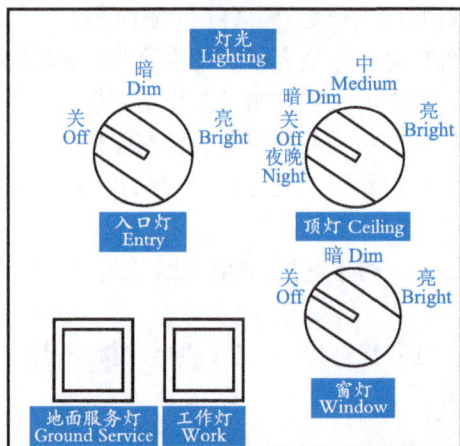

图4-1　B737-800型客机前舱灯光控制开关　　图4-2　B737-800型客机后舱灯光控制开关

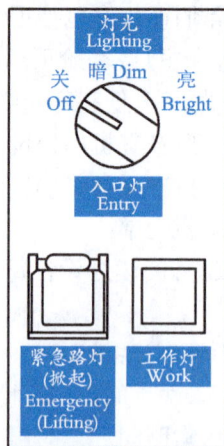

二、客舱内部应急灯光

1. 客舱内部应急灯的种类

应急灯光系统为出口位置提供方位指示,为飞机内部、外部出口道路提供照明。应急灯由乘务员面板或驾驶舱控制面板控制,在驾驶舱有接通(On)、关上(Off)和预位(Armed)三位。

内部应急灯有门灯、过道灯、逃生路灯、出口灯和发光的出口标志。出口标志和紧急区域灯指示出所有旅客的客舱路线。

应急撤离通道灯:在接近出口区域有箭头或红色灯光指示。即使客舱上部被烟所遮盖,也可以沿着撤离通道灯找到出口。

(1)走廊灯:装在行李箱外圆角内或过道顶上,照射通道。

(2)出口标志灯:在登机/服务门或应急出口位置上,照亮门和门槛位置。

(3)出口位置灯:装在过道顶上,提示出口位置。

(4)紧急逃生路灯也称荧光条:位于客舱地板通道两侧,距过道左侧边缘约50cm(20in)。灯亮时,如果地板10cm(4in)以上的光源均被烟雾遮蔽,它可为紧急撤离提供视觉帮助、指示。乘务员登机后打开全部客舱灯光、关闭所有行李箱进行充电;在航前或飞机断电时间已超过6h以上时,采用初始充电程序,充电持续时间见表4-1。

B737飞机充电　　　　　　　　　　　　　　　　　　　　　　　表4-1

	旅客情况	客舱行李箱所处位置	充电持续时间(min)	自发光条可持续使用时间(h)
初始充电	飞机上没有旅客	关上	5	4.25
			10	8
			15	9.5
			30	14.0
		打开	15	5.75
			30	7.5
后续充电	飞机上有旅客	关上	5	4.25
			10	8
			15	9.5
			30	14.0
	飞机已上客,且旅客已就座	打开	15	6.75
			30	9.0

根据初始充电后自发光条的持续使用时间,在执行航班过程中,如已超过持续使用时间,应根据需要采用后续充电程序。

空客飞机充电不受任何限制,充电15min,可以使用6.5h;充电30min、可以使用11h。

飞行前一般由机务进行航前检查,确认所有的应急灯(图4-3)在"Normal"位置,测试开关在乘务员控制板上。如发现应急灯不亮,应及时通知维修人员,并填写"客舱记录本"。如连续3个应急灯不亮,则该飞机判定为不适航。

紧急逃生路灯

图4-3　内部应急灯光

飞行前检查：每 183cm（72in）的荧光条最多只能有12.7cm（5in）不工作；荧光条上应无污渍、无断裂。

内部应急灯安装位置如图4-3所示。

2. 应急灯光的开启方式

1）自动方式

正常情况下，应急灯光系统由位于驾驶舱的开关控制。飞行前，开关置于"预位"（Armed）挡，在"预位"挡时，如果所有电力中断，所有的应急灯在飞机电源失效后自动接通，由可充电的电瓶提供电源。自动方式下，B737飞机应急灯光可使用15~20min，A320飞机使用12~20min。

2）人工方式

将驾驶舱应急灯开关置于"On"位置时，所有应急灯会亮起。不论驾驶舱开关在何位置上，当后乘务员控制面板上的应急灯开关放在"On"位置时，所有应急灯也会亮起，并可超控驾驶舱（超越驾驶舱进行控制）。

三、外部应急灯

外部应急灯安装在每个登机/服务门和应急出口区域后面机身蒙皮内，用于照亮撤离滑梯。每个滑梯底端也有用于照明的应急灯，当滑梯充气时，应急灯自动打开，照亮滑梯。机身每侧都装有3个应急灯，为地上逃生路线和地面联络区提供灯光照明。

外部应急灯位置如图4-4所示。

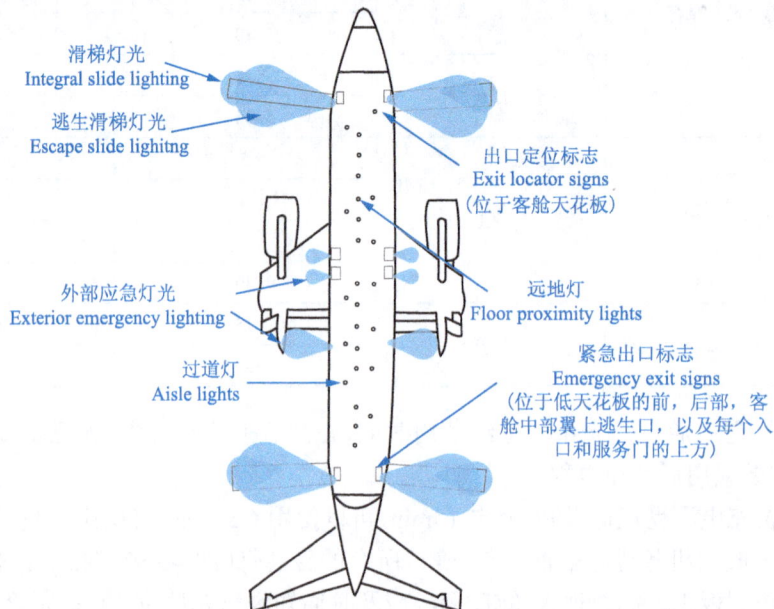

滑梯灯光
Integral slide lighting

逃生滑梯灯光
Escape slide lighitng

出口定位标志
Exit locator signs
（位于客舱天花板）

外部应急灯光
Exterior emergency lighting

远地灯
Floor proximity lights

过道灯
Aisle lights

紧急出口标志
Emergency exit signs
（位于低天花板的前，后部，客舱中部翼上逃生口，以及每个入口和服务门的上方）

图4-4　外部应急灯光

第二节 客舱通信系统

一、客舱内话系统

客舱内话系统由一方通话/接听网络组成,它在驾驶舱、乘务员工作岗位和外部/内部服务插口有站点。单通道客机的客舱里有两个内话机(广播器),分别位于前、后入口处的乘务员工作岗位。

1. 内话机的使用方法

内话机能进行通话以及对客舱进行广播。如图4-5所示为B737-800型客机内话机,内话机话筒外侧印有各站点号码,客舱与驾驶舱通话按2号键;前后舱乘务员之间通话按5号键;乘务员进行客舱广播按8号键;按222报警,紧急呼叫驾驶舱。通话时,从话筒支架上取下话筒(听到拨号音),按下按键等待对方接听即可。进行客舱广播时,按下8号键后,需要一直按压送话键(PTT,Push To Talk)方能进行客舱广播,广播途中如果松开此键,则广播会终止,客舱将无法听见广播。一次通话或广播结束后,如果需要进行下一次通话,按"Reset"键重置,即可以进行下一次按键、通话;也可将话筒挂在乘务员控制面板上再提起后按键、通话。

2. 客舱内话系统的呼叫功能

客舱内话系统可用来进行以下呼叫:

(1)驾驶舱对乘务员。

(2)乘务员对驾驶舱。

(3)乘务员对乘务员。

(4)对客舱广播。

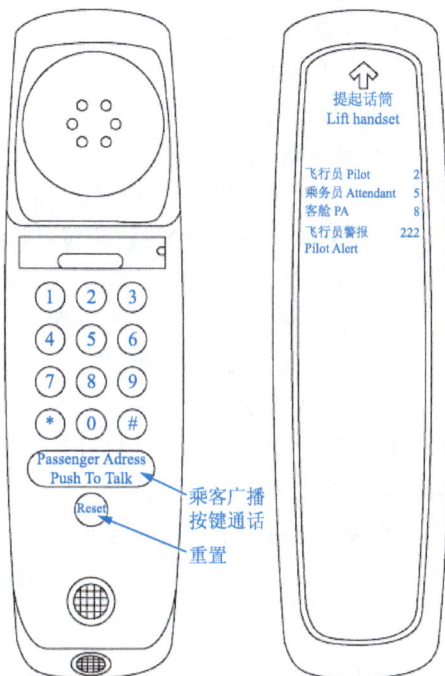

图4-5 B737-800型客机内话机(广播器)

不同部位呼叫,相应的呼叫灯会亮起。控制呼叫灯面板装在客舱行李架的前、后天花板上。控制呼叫灯面板上有三种颜色的灯光:粉色灯亮,代表机组呼叫;蓝色灯亮,代表客舱内的旅客呼叫;琥珀色灯亮,代表洗手间内有人呼叫。当内话系统进行呼叫时,相应颜色的呼叫灯就会亮起,如图4-6所示。

机组呼叫(粉色) 乘客呼叫(蓝色) 洗手间呼叫(琥珀色)
Crew call light(Pink) Passenger call light(Blue) Lavatory call light(Amber)

图4-6 B737-800型客机控制呼叫灯面板

当某乘务员工作岗位收到呼叫时，旅客广播系统响起一声高低音钟声，粉色的内话机组呼叫灯亮；当接听话筒从支架上取下或手选呼叫"重置"（Reset）时，粉色的内话机组呼叫灯关闭。

二、客舱广播系统

客舱广播系统是驾驶舱、乘务员对客舱进行广播或播放预先录好的广播词的设备。娱乐音乐和登机音乐也可通过客舱广播系统播放。乘务员可使用客舱内话机进行客舱广播。

1. 客舱广播顺序

通过客舱广播系统播放预录广播和登机音乐，它由广播/登机音乐系统控制。当出现几个部位同时使用内话系统时，客舱广播按以下顺序播放：

（1）驾驶舱呼叫。

（2）乘务员呼叫。

（3）预录广播。

（4）登机音乐。

如果客舱正在进行广播，此广播享有优先权，且其他广播系统会暂停工作（预录广播、登机音乐、娱乐音乐/录像）或被超越，以保证重要广播优先播放。

2. 客舱广播程序

（1）从支架上取下话筒（听到拨号音）。

（2）在话筒上输入数字"8"。

（3）按下"按键通话"开关。

（4）进行广播，期间不能松开PTT键。

3. 客舱与驾驶舱通信规定

客舱与驾驶舱的通信规定见表4-2。

客舱与驾驶舱通信规定一览表　　　　　　　　　　　　　　表4-2

信　号	发　起　人	回　答
内话机联络1声铃响	飞行员或乘务员	1.拿起最近的内话机； 2.如果飞行员发出信号，没有应答乘务员，乘务员应进入驾驶舱查看
要求进入驾驶舱用内话系统联络	乘务员	当门开锁后，乘务员方可进入驾驶舱
起飞、着陆2声铃响	飞行员或乘务员	乘务员必须保证： 1.客舱已做好起飞、落地准备； 2.所有旅客坐好； 3.所有乘务员坐好
紧急情况广播，紧急灯亮，警报喇叭响	飞行员	1.如没有预先安排好，拿起最近的内话机接听； 2.如预先安排好，马上开始撤离； 3.如飞行员发出信号后，没有应答乘务员，乘务员应强行进入驾驶舱，必要时可用消防斧破门

三、放音机及使用

放音机是用于播放客舱音乐的设备，位于客舱L1门处乘务员座椅上方。放音机工作程序编码见表4-3。

放音机工作程序编码 表4-3

程 序	编 码
关机	STOP
开舱盖	9、0、①
放音	START

需要播放客舱音乐时,按下9、0和①键,再按"Start"键,旋转音量调节旋钮,调节音量大小。关闭音乐时,先将音量调节旋钮缓慢调至最小,再按下"Stop"键关闭。切忌不调节音量而直接按"Stop"键关闭,这会给旅客一种音乐戛然而止、很突兀的感觉。

图4-7为放音机面板。

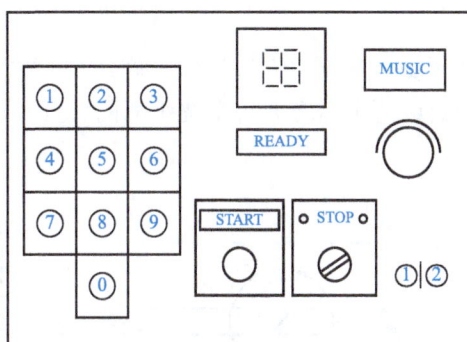

图4-7 放音机面板

✈ 四、旅客呼叫系统

1. 呼叫及信号

乘务员呼叫开关位于旅客服务单元(PSU)上,旅客在座椅区域时可通过按此开关呼叫乘务员(图4-8)。

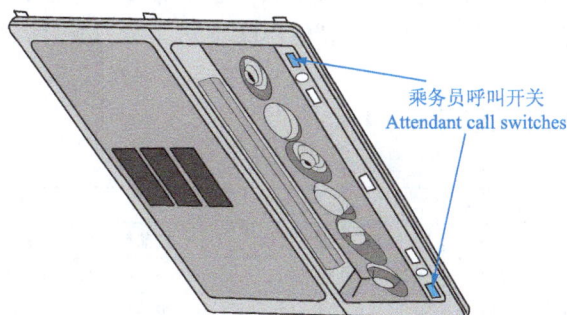

乘务员呼叫开关
Attendant call switches

图4-8 旅客服务单元(PSU)

旅客按下"乘务员呼叫"开关时:

(1)位于旅客服务单元的开关灯亮;

(2)与PSU相连的前、后乘务员工作岗位的乘务员呼叫灯(蓝色)亮;

(3)与PSU相连的乘务员工作岗位响起一声高音钟声。

再次按下呼叫灯所属的乘务员呼叫开关,乘务员呼叫灯熄灭。

2. 洗手间呼叫系统

乘务员呼叫开关位于洗手间洗手池橱柜上方的内墙上,按此开关可在洗手间呼叫乘务员。

旅客按下"乘务员呼叫开关"时:

(1)洗手间外墙的洗手间呼叫灯／重接开关亮。

(2)相连的前、后乘务员工作岗位的洗手间呼叫灯(琥珀色)亮。

(3)相连的乘务员工作岗位响起一声低音钟声。

再次按下洗手间内的呼叫按钮即可解除呼叫;或按下洗手间外墙的洗手间呼叫灯/重接开关,洗手间呼叫灯熄灭。

3. 旅客信号牌

"禁止吸烟"信号牌和"系好安全带"信号牌位于客舱内,装在旅客服务单元(PSU)上(图4-9)。所有旅客都能看到这两个标志。每个洗手间的"返回座椅"信号牌只有在信号牌亮起时才能看到(图4-10)。

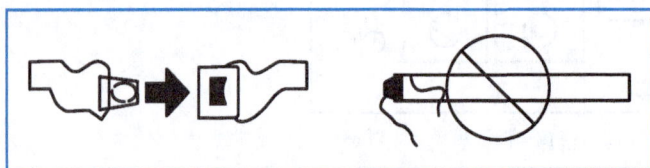

图4-9　系好安全带、禁止吸烟信号牌

图4-10　洗手间内返回座椅信号牌

这些信号牌由驾驶舱人工或自动控制。如果机长选择自动控制,那么所有信号牌在起落架放下时会亮起。起飞后,起落架收起时,禁烟信号牌熄灭;当襟翼完全缩回时,"系好安全带/返回座椅"信号牌熄灭。落地过程中,襟翼降低或起落架放下时,"系好安全带/返回座椅"信号牌亮起。起落架展开时,"禁止吸烟"信号牌亮起。每当信号牌亮起或熄灭时,都会发出一声低音钟声。

使用旅客呼叫系统的相关情况见表4-4。

旅客呼叫系统使用情况　　　　表4-4

呼叫系统	操作		声音	颜色	显示灯位置	解除方式
呼叫	机组→乘务员		双音钟声	粉色	前+后	按前后乘务员控制板内话机上的Reset键
	乘务员→机组		双音钟声	蓝色	驾驶舱	按驾驶舱Reset解除键
	乘务员→乘务员		双音钟声	粉色	前+后	按前后乘务员控制板内话机上的Reset键
洗手间呼叫	洗手间	前	单音钟声	琥珀	前	按动相应洗手间外壁板处发亮的解除按钮
		后	单音钟声	琥珀	后	
	旅客→乘务员		单音钟声	蓝色	前+后	按动相应PSU上的呼叫键
信号牌亮起	系好安全带禁止吸烟		单音钟声	—	PSU	由驾驶员控制解除
	返回座椅		单音钟声	—	洗手间内	由驾驶员控制解除

第三节　机上厨房设备

一、厨房设施简介

B737系列飞机的厨房位于前后服务间内。每个厨房均设有水、电、废污和空气出口,厨房通风系统可保持空气新鲜;设有烤箱、煮水器、烧水杯、冷风机、垃圾箱、咖啡机、保温箱、储物/服务车、水池、可拉出的抽屉、放冰块的抽屉和帮助准备、分配食品的储藏空间。

厨房平面布置见图4-11~图4-14。

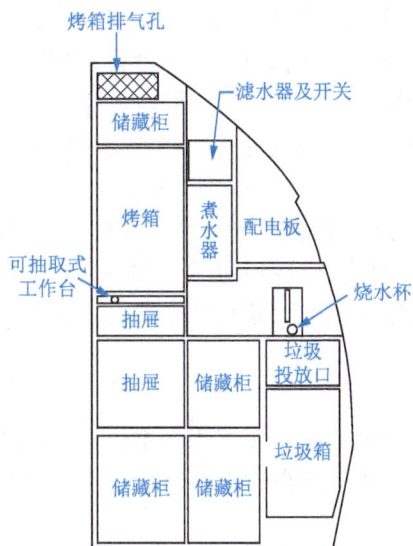

图4-11　前厨房右侧平面图

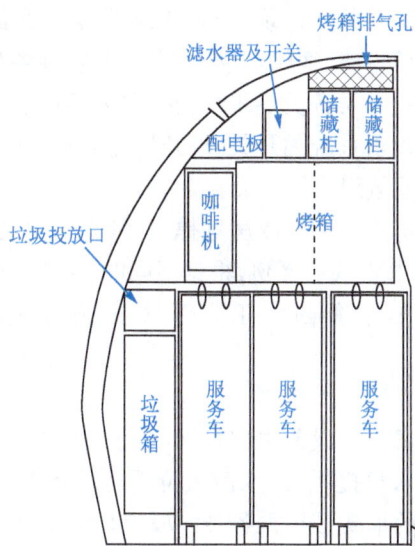

图4-12　前厨房左侧平面图

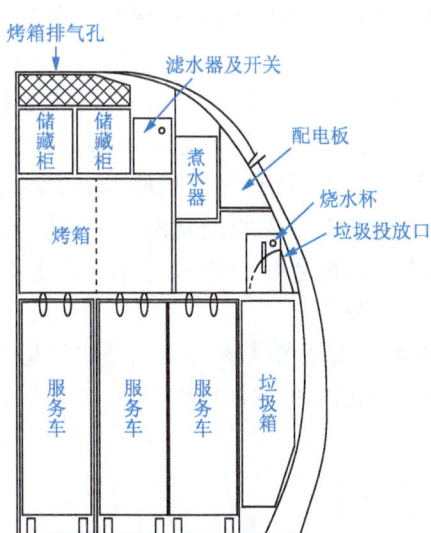

图4-13　后厨房右侧平面图

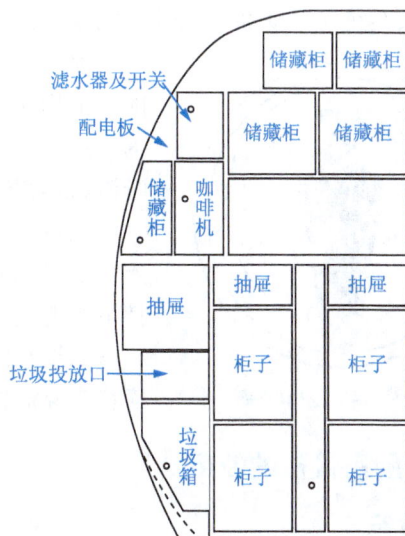

图4-14　后厨房左侧平面图

二、厨房电力

厨房的总电源位于驾驶舱，只有驾驶舱的厨房电力开关处于"开"的位置时，厨房才有电力。飞行中，如果发现一个或多个发动机损坏，厨房电力会自动切断，以保证安全。

每个厨房的电气设备都有相应的保险装置，位于厨房的电气面板（也称电源控制板）上。当厨房的某一个电气设备发生故障时，相对应的保险装置（也称"跳开关"）会跳开，俗称"跳闸"。跳开关"跳开"或被"拔出"将会断开电源，迅速切断与其他电气设备的连接，从而保护与其相关部件的电路。"重新按下"已经"跳开"的跳开关可能会加重电气系统过载，导致设备温度上升，出现烟雾，并且影响到其他设备的正常工作，情况严重时会引起火灾。

客舱乘务员发现跳开关"跳开"后，要立即向乘务长报告，乘务长向机长报告故障情况；将情况填写在"客舱记录本"上。客舱乘务员绝对不允许重新按下被"拔出"或者自动"跳开"的跳开关。乘务员要即时查找原因，可能是电气设备负载或连接线路出现故障；如果厨房或者空中娱乐系统跳开关"跳开"，尤其是多个跳开关"跳开"，表示电气连接线路或飞机的某些部件出现故障。

厨房的照明有厨房灯提供，灯光开关装在电源控制板上。厨房灯光分为台面灯、工作灯和顶灯，按照飞行条例，根据不同的飞行时间段正确使用好灯光。旅客上下飞机时，打开顶灯；飞机起飞、下降期间，打开工作灯；飞机平飞阶段，打开顶灯；夜航飞行值班期间，打开台面灯。

三、厨房水系统

厨房用水设备由供水管、排水管、水阀开关、水池、水开关组成。厨房用水由位于客舱地板下的水箱提供，污水流入位于客舱地板下的污水箱中。清水箱和污水箱的量以水箱总量百分比的形式在后乘务员面板上显示出来。

在每个厨房内均有一个"供水切断阀"，"供水切断阀"位于前后厨房配电板附近，见图4-15。如果任何一个厨房设备的供水不能关闭，如水池的水龙头、咖啡机、热水机等，此厨房的供水系统必须切断。此时将"供水切断阀"置于"关闭"的位置，该厨房的供水被切断。

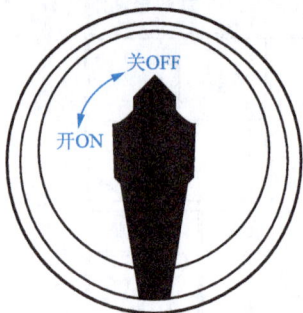

前后厨房各有一个冷水管，用于清洗物品。冷水管下方的水池用于排水。厨房水池的废水通过加热的排水管排出。为防止水池排水堵塞：①禁止将固体废弃物丢入水池中（如咖啡渣、茶叶袋、果肉等），应将固体废弃物放入厨房垃圾箱内；②不要取下水池排水滤网；③勿将油状液体、牛奶、果汁等倒入水池，牛奶和酒类混合物会凝结变稠，引起排水堵塞。应保持下水道畅通，池内无杂物。

图4-15　厨房供水切断阀

如果水池排水堵塞或排水缓慢，不要再往水池里倒液体，应将废弃液体倒入其他厨房的水池内。

四、厨房设备的使用

1.服务车

根据飞机座位数量及最大航程距离，机上配置了相应数量的服务车，用于为旅客在空中用餐提供服务或进行其他服务。服务车上的部件包括用于拉动的手柄、用于送风的通风孔、说明装载物品内容的标志牌、用于固定服务车门的车门锁、红色的刹车板、绿色的解除刹车板、放置干冰用于对服务车制冷的干冰盘。

服务车大致可分为长车和对半车两种,对半车只有长车的一半大小,一般用于存放物品。长车可用来装配餐食,放置饮料、机上销售物品或其他服务用品。每一部服务车用于装载餐食时,可放14层冷盘,每层可摆放3份普通舱餐食。

供餐时要提前将干冰盘内的干冰拿出来。服务车上面摆放餐食或饮料不宜过高,防止烫伤或洒到旅客身上。供餐时先在厨房内将服务车门打开,便于餐盘抽取;为保持美观,一般只打开背对旅客一侧的服务车门。推拉服务车进入客舱要注意方向,提醒旅客注意,切勿碰撞到旅客。服务车在客舱内停下时,要随时踩刹车,防止服务车滑动碰撞到旅客。回到厨房后要立即将服务车关好门并归位、踩下刹车,扣好服务车位的锁扣以固定好车辆。服务车在滑行、起飞和落地时必须依次存放在各厨房的服务车车位中,严禁服务车外放。

2. 烤箱

B737-800型飞机的前后厨房均设有烤箱,用于快速加热餐食。烤箱内有一套可以随时移动、拿取烤箱内热食的烤炉架。每个烤箱内共有7层或8层,每层可摆放4份餐食,每个烤箱内可以装满28份或32份热食。

烤箱操作面板上的操作按钮包括:HEATING TIME(用于设定加热时间及显示);SERVING TIME(用于预设时间设定及显示);SET(时间锁定钮);ON/OFF(电源开关及显示);TEMP(温度设定按钮),包括HIGH(高温)、MEDIUM(中温)、LOW(低温)三挡;TIME SELECTOR(时间调节旋钮、可双向旋转);START(开始按钮),如图4-16所示。

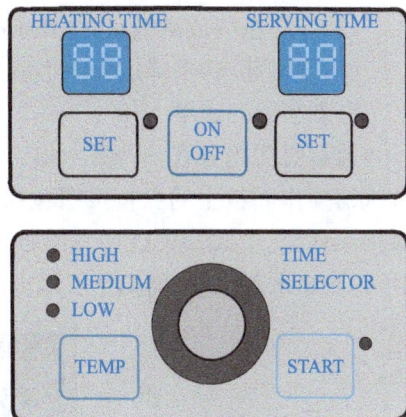

图4-16 烤箱操作面板

1)直接加热的烤箱操作

(1)按压ON/OFF键打开电源开关,开关及中温指示灯亮,两个显示屏都显示"00"。

(2)按温度调节钮调节温度;按TEMP键选择加热模式,有低温模式、中温模式和高温模式三种,通常设定为中温模式。

(3)顺时针旋转时间调节旋钮,此时两个显示屏开始变化,直至显示屏显示所需加热时间。

(4)按加热时间锁定钮,指示灯亮;然后分别按压时间显示栏下方的SET键,黄色的指示灯亮起。

(5)按START键,指示灯亮,启动烤箱。此时加热圈开始加热,风扇开始运转,计时器栏开始进行倒计时。

(6)当时间为零时会发出"嘀嘀……"声,所有亮起的指示灯及显示屏闪烁,风扇停止运转,加热圈停止加热。按压ON/OFF键关闭电源,烤箱停止工作。

2)预设服务时间的烤箱操作

预设时间就是预订等待时间。

（1）当设定完加热时间后，不按开始按钮，继续顺时针旋转时间调节钮，服务时间显示屏显示所需等待时间，SERVING TIME 应大于 HEATING TIME，最多为99min。

（2）按服务时间锁定钮，指示灯亮。

（3）按START键，指示灯亮，服务时间开始倒计时。风扇运转1min后停止，证明烤箱工作正常。

（4）当服务时间与加热时间一致后，烤箱开始加热。

（5）当时间显示返回零时，风扇停止运转，加热圈停止加热，所有指示灯亮起，显示屏闪烁。

如果要检查烤箱内温度，按温度调节钮，两个显示屏共同显示温度，先摄氏度后华氏度。

3）使用注意事项

（1）每次加热之前，必须确认烤箱内除餐食外无其他物品。严禁将烤箱当储物柜使用，严禁将纸、布、塑料制品放入烤箱，这些易燃物品在高温下会释放出有毒物质。

（2）烤制食品时，烤箱一定要关严、扣好，防止餐食掉出和水汽、热气散失。

（3）烤箱内无餐食时，不得加热，严禁空烧。

（4）烤箱内的干冰，要在烤制食品前拿出来。

（5）当烤箱内放满餐食时，要小心打开烤箱门，以防餐食滑落。

（6）飞机起飞、下降过程中不能启动烤箱；起飞、着陆前烤箱必须断电。

3. 煮水器的使用

前后厨房内各有一个煮水器，可将冷水加热到88℃，满足旅客在飞机上喝热饮的需要。煮水器操作面板上的操作按钮包括：橘红色的工作指示灯，红色的无水指示灯，橘红色的电源指示灯，肘节式开关ON/OFF，把水箱内水放尽的放水阀（图4-17）。飞机在地面过夜停留时，为防止水箱冻裂，需要把水箱内的水放尽。

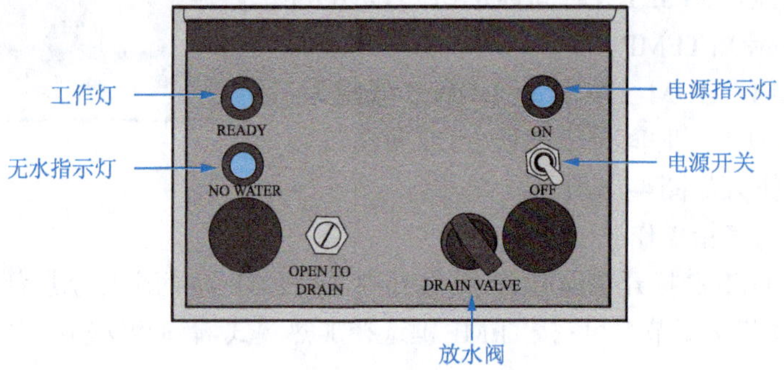

图4-17　煮水器操作面板

1）使用方法

（1）使用煮水器时，应先放水至水流顺畅。如果无水流出，需先检查水表和水关闭阀。

（2）打开煮水器电源开关至ON位置，此时工作灯和加温灯亮起，等加温灯熄灭后即可接水使用。

2）使用注意事项

（1）每次打开电源开关前必须先放水，如果无水流出要检查水关闭阀。

（2）当NO WATER灯亮起后，应立即关闭电源，扳动水龙头直至有水流出，才能再次打开电源开关。

（3）刚打开水龙头时会有喷气现象，要注意防止烫伤。

（4）为保证水温，每次所接水量最好不要超过两壶，以免水温太低而影响服务质量。

（5）飞机起飞、下降过程中必须关闭煮水器电源。

4. 烧水杯的使用

烧水杯由加热杯、电源插座、旋转式电源开关、肘节式开关和工作指示灯组成。

1）使用方法

（1）将烧水杯接4/5杯的水，插在电源插座上，压下锁扣，将烧水杯锁住。

（2）转动烧水杯的计时开关，琥珀色开关指示灯亮起。

（3）水开后，定时器回零或关闭电源。

（4）向上推起锁扣将烧水杯拔下。

2）使用注意事项

（1）烧水杯只能用来烧开水；只有在水杯内有水时，方可通电；使用时注意监控，及时断电，避免干烧。

（2）接水量不宜过多或过少。

（3）先插好烧水杯，再打开电源开关，严格按操作程序进行。

（4）拔出烧水杯时谨防沸水烫伤。

（5）起飞、着陆前关闭电源，倒空烧水杯内的水，并将水杯固定存放好。

5. 煮咖啡器的使用

煮咖啡器可用于烧煮开水、咖啡和茶。煮咖啡器由咖啡壶、咖啡盒、加温盘、咖啡盒及咖啡壶锁定手柄、热水出口和操作面板组成，如图4-18所示。

操作面板上的操作按钮包括：红色的电源开关ON/OFF，绿色的煮咖啡开关BREW，橙色的加温盘开关HOT PLATE，黄色的热水放水开关HOT WATER，白色的补水开关BYPASS，如图4-19所示。

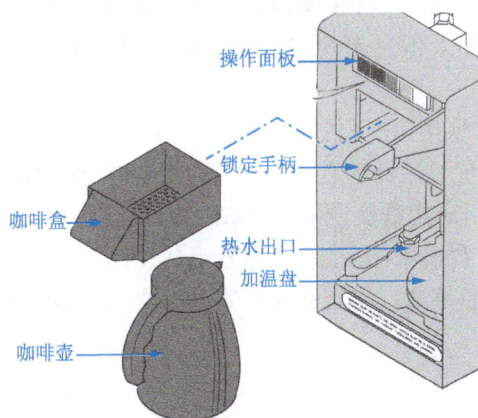

图4-18　煮咖啡器

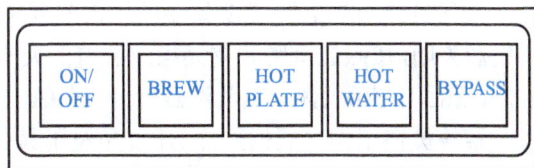

图4-19　煮咖啡器操作面板

1）煮咖啡的操作

（1）打开电源开关，指示灯亮起。

（2）提起锁定手柄，取出咖啡盒，放入袋装咖啡，放回咖啡盒。

（3）取下咖啡壶,确认壶内干净、无水后放回。

（4）压下锁定手柄。

（5）按煮咖啡开关,指示灯亮。

（6）指示灯熄灭后,咖啡即煮好。

如果数量不够,可按住补水开关至水量合适。如果需要保温,可打开加温盘开关,指示灯亮,加温盘会加热到80℃。

2）烧热水的操作

（1）打开电源开关,指示灯亮起。

（2）热水放水开关指示灯亮后,热水即烧好。

（3）按住热水放水开关,热水从热水口流出。控制每次热水用量,一般以一壶为宜,最多不超过两壶。

3）使用注意事项

（1）煮咖啡后,应将咖啡包取出,并清洗咖啡盒及咖啡壶。

（2）当加温盘上没有咖啡壶或咖啡壶空着时,禁止打开加温盘开关。加温盘上严禁放置除咖啡壶外的其他物品。

（3）当加温盘上没有咖啡壶时,不要按补水开关。

（4）避免长时间打开却不放水,这会使咖啡机内部产生水蒸气而形成空烧。

（5）出现断水警告时,应立即关闭电源,检查水阀、水量、水压是否正常。

（6）在沸水滴注时,若需取出咖啡壶,应先关断电源。

（7）起飞、着陆前应关断电源,倒空盛水杯内的水,并将咖啡壶固定。

6. 保温箱的使用

保温箱可用于加温毛巾、瓷咖啡杯、瓷餐具等,使用时接通电源即可。

使用保温箱的注意事项有:

（1）不宜用保温箱存放食物,那样可能会引起食物变质,并使保温箱内充满异味。

（2）严禁将任何塑料制品,如托盘、塑料杯等,存入保温箱内;起飞、着陆前保温箱必须断电。

乘务员使用机上厨房设备要严格按照要求操作使用,在飞机起飞、着陆前必须将所有厨房电源关闭,按照装机图和物品摆放位置的要求,放置供应品和食品。厨房内服务车、储藏柜的门,用后应随手关闭、扣好,注意轻开、轻关。使用厨房用具及设备要轻拿轻放,文明服务。

乘务员在工作中要做到冷、热食品及用具分开,食品干净卫生,冷热分明。

保持厨房内设备及用具干净、无污渍,台面、地面整洁。根据所飞国家的要求,对垃圾进行分类投放。

第四节 机上洗手间设备

B737-800型客机上一般配备3个洗手间,其中一个位于客舱前部L1门处,可供商务舱和机组人员使用,另外两个位于客舱后部,L2门及R2门处各一个,供经济舱旅客使用。有的飞机在客舱后部设有3个洗手间，L2门处2个，R2门处1个。

一、洗手间设施简介

每个洗手间内均包括冲水式马桶、冷热水管、洗手池、镜子及其他卫生用品与设备；一个乘务员呼叫开关、旅客呼叫用的扩音器；"返回座椅"信号牌、烟雾报警器、垃圾箱灭火系统、带锁的门和一个位于头顶上方、包括两个氧气面罩的顶柜。有的洗手间还配有婴儿护理板，供旅客为婴儿更换尿布使用。如图4-20所示。

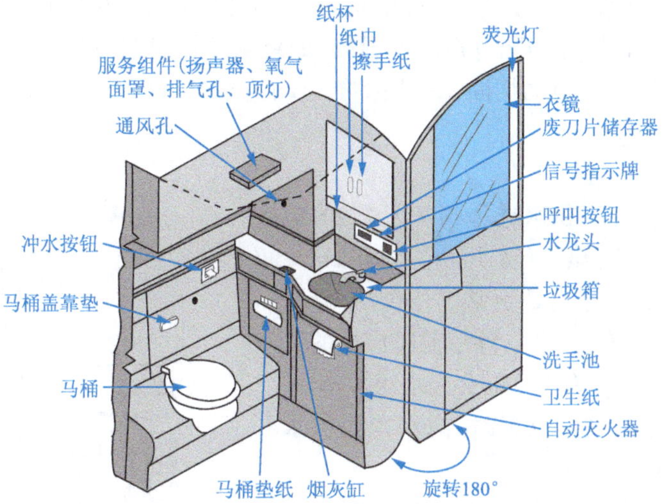

图4-20 洗手间布局

打开洗手间门上"无人/有人"信号牌上面的盖子，向右或向左滑动门锁就可以从外面锁上或打开洗手间的门。

二、洗手间灯光

洗手间灯光分为顶灯（白炽灯）和镜灯（荧光灯）。顶灯通常处在开的位置。镜灯开关由开关门闩控制：飞机在空中飞行期间，旅客进入洗手间时，镜灯不亮，当插好门闩后，镜灯自动亮起；飞机在地面停留期间，使用外接电源时，镜灯一直处在开的位置。

舱门开启区域装有一开关，舱门关闭时可手动开灯。洗手间门关上、锁好都会使镜灯和"洗手间被占用"信号牌亮起。

三、洗手间水系统

洗手间用水由位于客舱地板下面的水箱提供。饮用水系统供水给洗手间洗手池和马桶冲水系统。通常水箱由位于客舱地板下的一个电动空气压缩机进行加压，当电动空气压缩机不能工作时，飞机的空气引气系统会自动提供备用加压。水箱在修理时不能供水。

1. 水表

水箱内的存水量由后舱乘务员在后乘务员控制面板上的水表检查/核实。水表上有5个水位指示灯，灯亮的位置显示水量，E为空，F为满，5个灯全亮说明水满（其中有1/2水量、

1/4水量、3/4水量），如图4-21所示。

图4-21 饮用水显示表

2. 洗手间加温器

洗手间内除了供应经过过滤的冷洗手水外，还有一个加温器提供热水洗手。加温器位于洗手间洗手盆下方，将肘节式加温器开关扳至ON开启、OFF关闭。在加温器顶部附近有一个琥珀色指示灯，加温器的"开/关"开关紧靠琥珀色指示灯。当加温器的电力开关置于"开"的位置时琥珀色灯亮，加温器正常工作。

加温器打开后可在4min内将水温加热至52~56℃，当热水用完时，可在4min内重新加温。加温器配有自动恒温器，如果自动恒温器发生故障，加温器水温超过88℃时，加温器电源开关自动切断。如果不能自动断电也可以人工关闭。乘务员若发现洗手水过热，应立即关闭开关。

3. 洗手间供水选择阀

每个洗手间有一个"供水选择阀"（图4-22），位于洗手池下方的橱柜内，该阀有4个挡位，具体如下。

（1）供水/排水位：这也是正常工作位，处于这一位置而供水系统没有加压时，除了前舱门处的洗手间可以正常供水外，所有洗手间会向水箱排水。

（2）水龙头位：在这个位置时，向水龙头供水而不是向马桶供水。

（3）马桶位：在这个位置时，向马桶供水而不是向水龙头供水。

（4）切断位：停止向该洗手间供水。

图4-22 洗手间供水选择阀

如果洗手池的水龙头不能关闭，必须切断洗手池的供水系统，具体操作为：将位于洗手池下方壁橱内的"供水选择阀"旋至"马桶"或"切断"位置。

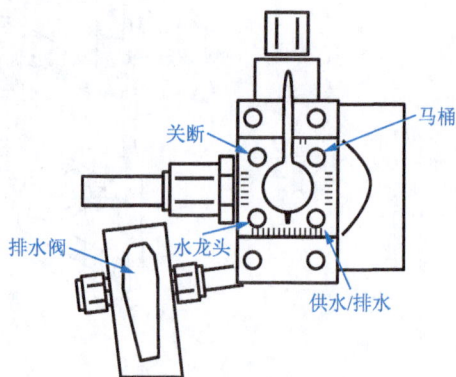

四、洗手间垃圾系统

洗手间的垃圾箱位于洗手池下方，使用前须将垃圾箱套上垃圾袋。垃圾箱门推开后会自动弹回。严禁向垃圾箱内投入烟头及易燃物品。

从洗水池排出的废水通过加热的排水管排出；马桶污水被冲进位于货舱区的污物箱内。飞行高度在4267m（14000ft）以下时，垃圾系统通过真空收集废弃物并将废弃物存在污物箱内；飞行高度在4267m（14000ft）以上时，客舱和外界的压力差使马桶内的污物移至污物箱内。

按下马桶上的冲水按钮，冲水循环系统使用来自饮用水系统的水冲洗马桶，持续大约7s。按下冲水钮后，在下次冲水循环系统启动之前有15s的自动延迟时间使系统重接，这样可防止连续冲水，节约用水。如果冲水阀门使用后不能复位，造成马桶流水不止，应立即切断马桶供水，将供水选择阀门置于"水龙头"位或"切断"位。如果有较大物品冲入马桶，可能会引起马桶堵塞。通常会引起堵塞的物品有尿布、毛巾、杯子及大量卫生纸。这时应关闭该洗手间，不再使用。马桶内发出持续的抽空气的声音，是由于冲水阀黏着在"开"位造成的。

盖上马桶盖,拉出位于马桶底部的人工切断手柄,这样可以关闭冲水阀,吸气声停止。然后在洗手间门上贴上标签,标明该洗手间不能使用。

洗手间内有两个感应器与污物箱的上部相连。当两个感应器都指示"污物箱已满"时,马桶将不能冲水。

污物箱废物量状况可在后舱乘务员工作岗位的乘务员控制面板上显示。按下"CLEAN CHECK"键,可检查污水量(最低两格为正常)。如果污物箱内已满,"LAVS INOP"灯会亮,此时所有洗手间的马桶将不能使用。如果一个感应器坏了或马桶堵塞,清洁检查感应器"CLEAN CHECK"灯会亮,指示需要对系统进行维修,此时垃圾系统(图4-23)仍在工作。如果洗手间马桶堵塞,可尝试按"PRESS TO TEST"按钮,同时按下马桶冲水按钮进行疏通。

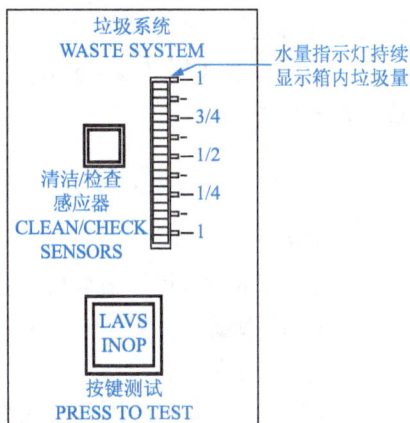

图4-23 洗手间垃圾系统

五、洗手间灭火系统

1. 洗手间烟雾报警器

每个洗手间的天花板上都装有烟雾报警器。烟雾报警器可以及时发现突发的火情,并自动发出警告(图4-24)。烟雾报警器包括烟雾感应器和信号显示系统两部分。烟雾感应器安装在天花板顶部,当洗手间内的烟达到一定浓度时,烟雾感应器将它的感应传给信号显示系统;信号显示系统位于烟雾感应器的侧

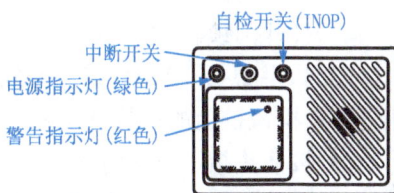

图4-24 洗手间烟雾报警器

面,当烟雾达到一定浓度时,信号显示系统的红色警告指示灯闪亮,并发出刺耳的尖叫声。烟雾散去后,红色警告指示灯灭,鸣笛声停止,烟雾感应器继续监测烟雾状况。当需要关断信号显示系统时,按下感应器侧面的按钮,即可截断声音,关闭警告指示灯,烟雾感应器再次感应烟雾情况。

烟雾报警器接通电源并运行正常时,有一个绿色的电源指示灯亮;如果此灯不亮,代表烟雾报警器不能正常使用;电源指示灯闪亮时,表示需要维修。此时如果在地面,乘务员要报告机长,填写"客舱记录本",通知维修人员进行维修;如果在空中,乘务员要检查洗手间垃圾箱有无火情,或取出箱内的垃圾,并锁上该洗手间,贴上"不能使用"标签,并填写"客舱记录本"。乘务长要指定乘务员不定时检查该洗手间,预防火灾隐患。

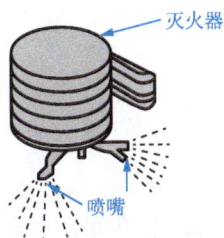

图4-25 洗手间自动灭火器

自检开关用于检查烟雾报警器的工作情况。按下自检开关再释放,烟雾报警器持续鸣笛3s;若按下并一直保持,烟雾报警器会一直鸣笛,直至释放后鸣笛停止。

2. 洗手间自动灭火装置

每个洗手间的洗手池下面都装有自动灭火装置(图4-25),里面包括一个海伦灭火器和两个指向垃圾箱的喷嘴。当达到一定温度时,两个喷嘴向垃圾箱内喷射海伦灭火剂。

温度显示器位于每个洗手池下方的垃圾箱内，通常情况下温度显示器是白色的，两个喷嘴由密封剂封死。当环境温度达到77~79℃时，温度指示器由白色变成黑色，喷嘴的密封剂自动溶化，海伦灭火器开始喷射，大约持续3~15s，当灭火剂释放完毕后，喷嘴尖端的颜色为白色。乘务员在飞行前要检查温度指示器，如果其不是白色圈点状，乘务员要及时报告给机长或地面机务人员。

六、洗手间门锁异常情况的处理

1. 洗手间门锁故障

如果洗手间的门锁（图4-26）坏了，可按以下步骤打开洗手间门：

(1)用硬币或其他实用的小工具取下把手上的螺钉，将螺钉收好。

(2)拉下门锁把手。

(3)将从门上取下的螺钉推入小孔中。

(4)从门上卸下嵌板（门锁连同配件一同卸下）即可将门打开。

2. 拆卸洗手间两折门

如果由于病人摔倒或供应品从储藏柜上掉在地板上造成洗手间门被从里面堵住，此时可按照下列步骤将门卸下（图4-27）。

(1)打开门锁。

(2)如果必要，旋松铰链和伸缩滑轨上的螺钉，这样铰链上的球状活动把手不再与门框相连。旋松铰链上的螺钉时不要超过2圈。

(3)按箭头指示方向滑动铰链和滑轨上球状把手，缩回铰链和滑轨。

(4)如果门内无堵塞物，将门向内折叠并卸下。

(5)如果洗手间内有障碍物，门不能向内折叠，那么将门推入洗手间内，绕过障碍物。

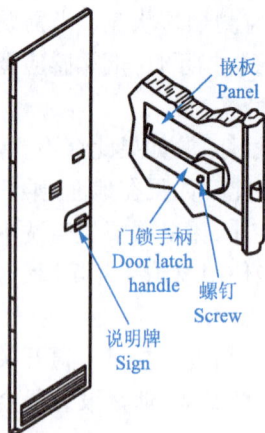

图4-26　洗手间门锁

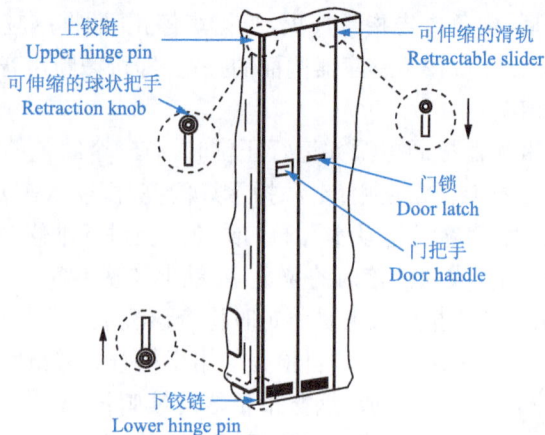

图4-27　拆卸洗手间门

3. 外部开启及锁闭洗手间门

在"洗手间占用"指示标志上方有一个"LAVATORY"的金属板，扳开金属板，在里面有一个活动插销，可以通过移动该插销来锁闭或开启该门。

"洗手间占用"指示标志内有一个椭圆形小孔,可以用笔或其他硬物塞入小孔内,上下滑动,该标志联动门闩,从而达到锁闭或开启洗手间门的目的。

练 习 题

1. 选择题

(1)客舱内乘务员与驾驶舱通话,需按压内话机上的(　　　)号键。

　A. 2 号键　　　　　　B. 5 号键　　　　　　C. 8 号键　　　　　　D. 222 键

(2)为保证服务质量,乘务员每次接煮水器中的水时,最好不要超过(　　　),以免水温太低。

　A. 1 壶　　　　　　B. 2 壶　　　　　　C. 3 壶　　　　　　D. 4 壶

(3)(多选)客舱的主要照明灯光是(　　　)。

　A. 入口灯　　　　　　B. 窗灯　　　　　　C. 顶灯　　　　　　D. 工作灯

2. 判断题

(1)洗手间门栓可控制洗手间内顶灯的开关。　　　　　　　　　　　　　　　(　　)

(2)客舱乘务员发现厨房电器的烤箱的跳开关跳开后,可以尝试重新按下跳开关。

(　　)

(3)由于时间的关系,乘务员在清理服务台时,可以将咖啡渣、茶叶等倒入洗涤槽内。

(　　)

(4)乘务员使用服务车供餐时,应先在厨房内将服务车门打开,便于餐盘抽取,为保持美观,一般只打开背对旅客一侧的服务车门。　　　　　　　　　　　　　　　(　　)

(5)机上厨房的保温箱可用于加热头等舱使用的瓷质餐盘。　　　　　　　　(　　)

(6)乘务员发现机上洗手间洗手盆水龙头放出的水过热时,应立即关闭热水器的开关。

(　　)

(7)机上洗手间马桶内发出持续的抽空气的声音,是由于马桶堵塞造成的。　(　　)

(8)机上洗手间内的烟雾报警器的绿色电源指示灯熄灭表示烟雾报警器不能正常工作。

(　　)

3. 简答题

当出现几个部位同时使用内话系统时,客舱广播按什么顺序播放?

第五章　客舱应急设备操作

学习目标

通过本章的学习,能熟练掌握客舱内灭火设备、水上逃生设备、应急撤离设备及急救设备设备的使用方法及使用注意事项。

重 难 点

重点:灭火设备与应急撤离设备。

难点:客舱急救设备。

机上应急设备指在应急情况下为了避灾、逃生及救护,供机上乘务员和旅客使用的机上设备的总称。

第一节　客舱灭火设备

客舱灭火设备包括灭火器、防烟面罩、防烟罩等在灭火时使用的设备、设施。

一、手提式灭火器

手提式灭火器应当放置于方便取用的地方,且应当均匀地分布于每个客舱内。客舱里手提式灭火器的配备数量与旅客座位数有关,见表5-1。

客舱灭火器数量　　　　　　　　　　　　　　　表5-1

旅客座位数	手提式灭火器的最小数量(个)
61~200座	3
201~300座	4
301~400座	5

1. 手提式海伦灭火器瓶（Portable Halon Fire Extinguisher）

海伦灭火器分为A型、B型、C型和16磅重型四种,如图5-1~图5-4所示。海伦灭火器适合用于任何类型的火灾,特别适合于扑灭易燃液体、电气设备和易燃化学物质着火,也可以用于扑灭可燃烧的物质着火。

1）A、B型海伦灭火器的使用方法

（1）垂直握住瓶体。

（2）快速拔下A型灭火器带环的安全销或打开B型灭火器的安全锁扣。

（3）A型灭火器距离火源2~3m,B型灭火器距离火源1.5~2m。

（4）将瓶嘴对准火的底部边缘,按压扳手,移动灭火器快速向火焰底部边缘喷射。

A型灭火器喷射时间大约为10s，B型灭火器喷射时间约为6s。

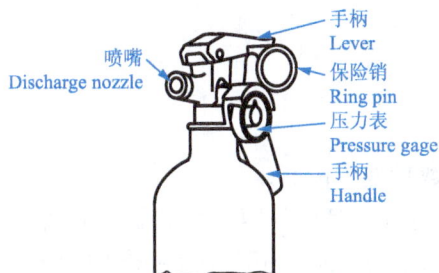

图5-1　A型手提式海伦灭火器

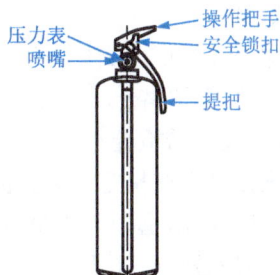

图5-2　B型手提式海伦灭火器

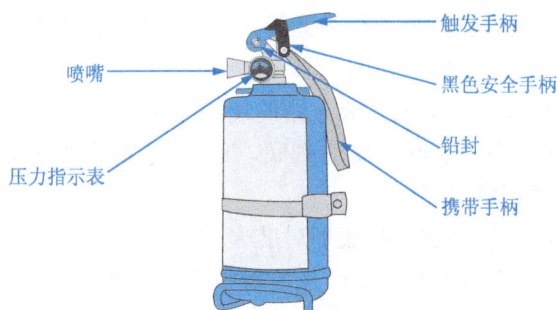

图5-3　C型手提式海伦灭火器

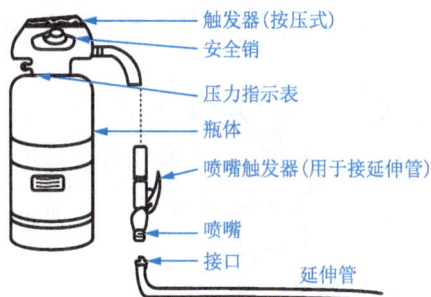

图5-4　16磅重型海伦灭火器

2）C型海伦灭火器的使用方法

（1）右手握住手柄，拇指按下黑色安全手柄，左手握住瓶体。

（2）距离火源2~3m，喷嘴对准火源底部。

（3）拇指向下按动触发器，移动灭火器喷向火源底部喷射。

喷射时间大约为9s。

3）16磅海伦灭火器的使用方法

（1）从固定支架上取下灭火器。

（2）握住手柄，保持瓶体直立。

（3）拔下安全销，用力按下顶部触发器，接上延伸管。

（4）喷嘴对准货源底部边缘，保持2~3m的距离。

（5）按下触发器喷射。

喷射时间大约为12s。一般用于大面积失火或机内货舱着火。

4）使用注意事项

（1）当灭火剂与火接触时，火势会暂时加大，不必惊慌，这是短暂的正常反应现象。

（2）喷射时，不要离火源太近，因为喷出的灭火剂会把火分散。

（3）海伦灭火剂喷出的是雾，但很快被汽化了，而这种汽化物是一种惰性气体，它可以隔绝空气，将火扑灭。表层的火被扑灭后，里层仍有余火，因此随后应将火区用水浸透（电器除外）。

（4）海伦灭火剂无毒，可以用来扑灭人身上的火，但不要直接喷到面部，否则可能会导致人窒息。

（5）如果需要在驾驶舱内释放灭火剂，所有飞行机组成员必须戴上氧气面罩并选择应急使用100%氧气。

（6）瓶体不要横握或倒握。

（7）使用后填写"客舱记录本"。

5）乘务员飞行前检查

（1）灭火器是否在指定位置并固定好，数量是否正确。

（2）A型、16磅重型灭火器的安全销是否在穿过手柄和触发器的适当位置；B型灭火器的安全锁扣是否完好；C型灭火器的黑色安全手柄是否在位，铅封是否完好。

（3）压力表指针是否指向绿色区域。

2. 手提式水灭火器（Portable water extinguisher）

水灭火器分为轻型手提式灭火器（图5-5）和16磅重型水灭火器，适用于纸、木、织物等一般性火灾（A类）的处理。

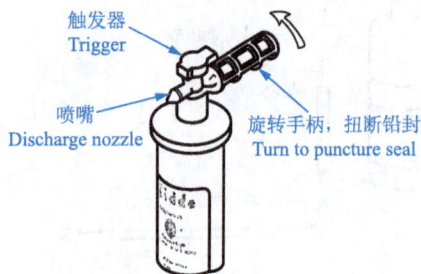

触发器
Trigger

喷嘴
Discharge nozzle

旋转手柄，扭断铅封
Turn to puncture seal

图5-5　轻型手提式水灭火器

1）轻型手提式水灭火器的使用方法

（1）将手柄向右旋转到底，直到把手柄内二氧化碳气瓶刺穿。

（2）垂直瓶体，将瓶嘴对准火的根部。

（3）距离火源2~3m，按压扳手移动喷射。

喷射时间大约为40s。16磅灭火器的使用方法与A型手提式海伦灭火器相同。

2）水灭火器的使用注意事项

（1）对可燃性液体及电气失火时不能使用。

（2）瓶体不要横握和倒握。

（3）瓶内装有防腐剂，不能饮用。

（4）使用后填写"客舱记录本"。

3）乘务员飞行前检查

（1）灭火器是否在指定位置并固定好，数量是否正确。

（2）铅封要处于完好状态，无损坏。

（3）16磅水灭火器一般用于大面积失火和主货舱失火，其使用方法检查与A型手提式海伦灭火器相同。

二、防护式呼吸装置（PBE）

防护式呼吸装置适用于排烟和封闭区域内的灭火，客舱乘务员可以戴防护式呼吸装置来保护眼睛和呼吸道，当客舱充满烟雾时可提高能见度。客舱内配备的防护式呼吸装置主要有A型和B型两种型号。乘务员在飞行前应检查确认PBE固定在指定的位置，数量正确，并确认包装盒未被打开过。

1. A型防护式呼吸装置的使用方法

使用方法如图5-6所示。

（1）打开储存盒/透明塑料盖，取出密封袋；拉开密封袋口，取出PBE并展开面罩。

（2）双手手掌相合插入橡皮颈口中，然后双手分开将面罩撑开。

（3）快速将面罩戴到头上，将头发也放入，保证密封良好。

（4）抽紧面罩两边带子，使氧气发生器工作并使面罩紧固，且能听到"咝咝"的气流声。

（5）氧气发生器工作大约持续 15min，当气流声变小或终止时，氧气停止充入面罩中，使用者应立即离开失火区，到安全区域后脱下面罩。

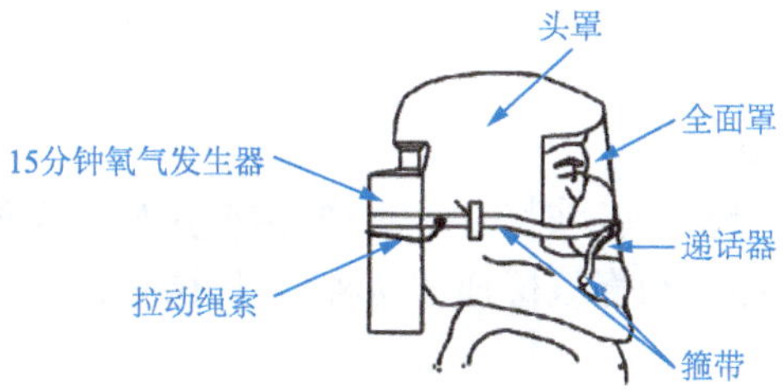

图5-6 A型防护式呼吸装置

2. B型防护式呼吸装置的使用方法

使用方法如图5-7所示。

（1）从储存盒中取出 PBE。拉下红色带子并从袋子中取出 PBE。

（2）双手手掌相合插入橡皮颈口中，然后双手分开将面罩撑开［图5-7a］。

（3）快速将面罩戴到头上，将头发也放入，保证密封良好［图5-7b］。

（4）固定好腰带［图5-7c］。

（5）拉下触发器，开始使用［图5-7d］。

（6）氧气发生器工作大约持续 15min。当气流声变小或终止时，氧气停止充入面罩中，使用者应立即离开失火区，到安全区域后脱下面罩。

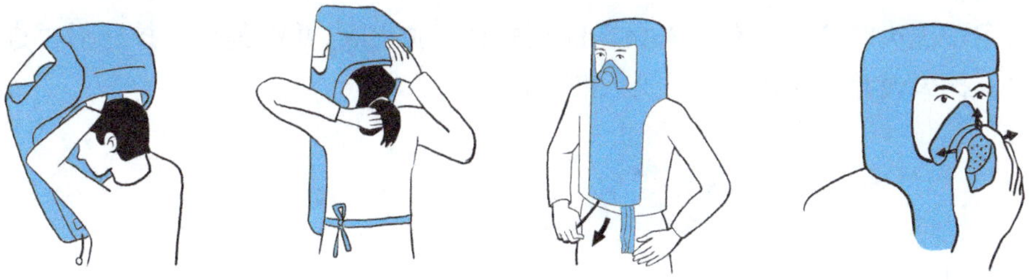

a)　　　　　　　b)　　　　　　　c)　　　　　　　d)

图5-7 B型防护式呼吸装置

3. 使用防护式呼吸装置的注意事项

（1）戴上面罩后可以通过面罩前部的送话器与外界联系。当氧气充满面罩时，面罩应为饱满的状态；当氧气用完后，由于内部压力减小，面罩开始内吸表示使用时间已到，应迅速到安全区摘下面罩。

（2）当呼吸困难时，可能是氧气用完和穿戴不当。

（3）必须在非烟区穿好。

（4）头发必须全部放进去，衣领要离开密封胶圈。

（5）戴上面罩后，耳朵可能会出现间歇失聪；可能会发生轻微头晕。

（6）如果戴着眼镜使用，戴好后要在面罩外面整理眼镜位置。

（7）取下面罩后，因头发内残留有氧气，不要靠近有明火或火焰的地方，要充分抖散头发。

氧气是靠防护式呼吸装置上的化学氧气发生器提供的，当拉动触发拉绳后，发生器中的化学元素发生了化学反应，产生氧气；同时，会释放出热量，使化学氧气发生器中的温度上升。PBE使用时间平均为15min；呼吸快时可能有灰尘感和咸味，使用时间相对要短一些。

三、其他灭火设备

1. 隔烟罩（Smoke barrier）

隔烟罩用于隔离主舱烟雾，使用时应按飞机制造商操作手册规定进行操作，仅在地面时使用。隔烟罩有螺旋式楼梯型和直型楼梯型两种型号，储藏在楼梯侧壁的壁板处。

使用方法：

（1）抬起隔烟罩储藏室上的分离手柄，取下盖子。

（2）抓住并拉着2个红色布手柄，拉出像帘子式的隔烟罩。

（3）展开烟罩，盖过楼梯的扶手，封闭整个楼梯。

（4）扣好边扣，确保烟罩与地板相连接。

2. 石棉手套

石棉手套具有防火隔热作用。当驾驶舱失火时，石棉手套保证驾驶员能够继续操作飞机。

3. 防烟眼镜

防烟眼镜用于驾驶舱内的机组成员。在烟雾充满驾驶舱时，防烟眼镜保护眼睛不受伤害，保证飞行员继续飞行。使用时应保证防烟眼镜的密封边紧贴在脸部，固定用橡胶带应套在脑后，将防烟眼镜和氧气面罩一起扣在脸上。

4. 防火衣

防火用于灭火时使用。在进入火场前应先穿好防火衣，并将其完全扣好后再进入。防火衣可以保护灭火者的四肢躯干不受火的侵害。

第二节　水上逃生设备

航班在实施延伸跨水或跨水运行超过50海里（93km）时应携带漂浮设备。这些漂浮设备包括：救生衣、救生筏、充气滑梯，部分飞机的旅客座椅垫、乘务员座椅头枕也可以作为漂浮设备使用。乘务员应在飞机起飞前和水上迫降前向旅客介绍漂浮坐垫的使用方法，或在旅客安全须知上有明确图示。

如坐垫可当漂浮物，旅客在水上逃生时从座椅上取下坐垫，双手穿过坐垫下两条红色带子，抱在胸前。但在非紧急情况下，不得将座椅垫、头枕移开作其他用途。

一、救生衣

救生衣在海上撤离时使用。机组成员的救生衣为红色或橘黄色，旅客救生衣为黄色，存放在各自的位置上。根据使用者的不同，救生衣又分为成人用和儿童用两种。

乘务员在飞行前检查：机组和旅客的救生衣配置在规定的位置上，婴儿救生衣（一般配备 5 个）存放在第 1 排行李箱上，且数量正确。

1. 成人、儿童救生衣的使用方法

使用方法如图5-8所示。

（1）拉开带子，打开塑料包装，取出救生衣。

（2）将救生衣经头部穿好，红色充气阀门应在前方。

（3）将带子从后向前扣好、系紧。

（4）调节带子的松紧，使救生衣与腰部吻合。

（5）充气：成人离开飞机时，拉下红色充气阀门，使两个气囊充气（客舱内不能充气）；儿童在离开座位时，拉下一个红色充气阀门使一个气囊充气；在离开座位时，拉下另一个红色充气阀门充气。如果救生衣不能自动充气或充气不足，用人工充气管充气。

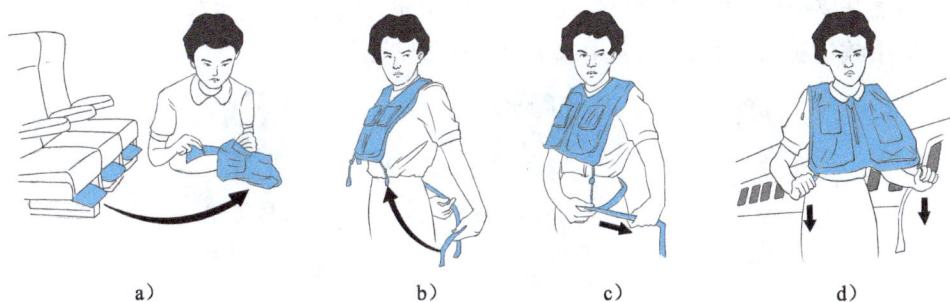

a)　　　　　　　b)　　　　　　　c)　　　　　　　d)

图5-8　成人、儿童救生衣的使用方法

2. 婴儿救生衣的使用方法

婴儿救生衣仅供 35 磅（15.9kg）以下的婴儿使用。根据选型的不同，机上会配备不同的婴儿救生衣。

第一种是背心式：救生衣上有一个定位灯（由水激电池提供电源）和供成人拉住婴儿的短绳，使用方法如图5-9所示。

（1）拉开带子，打开塑料包装，取出救生衣，将救生衣经头部穿好。

（2）将婴儿的一条腿穿过已固定好的绳圈；将带有塑料锁扣的长绳绕过婴儿的另一条腿扣好、系紧。

（3）调节带子的松紧，使救生衣适合婴儿身体。

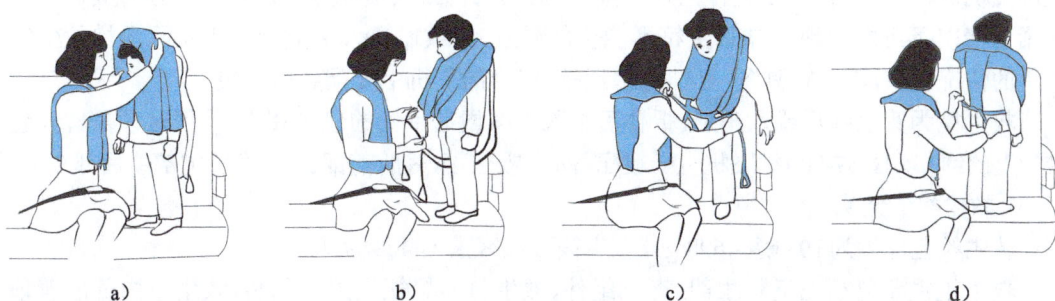

a)　　　　　　　b)　　　　　　　c)　　　　　　　d)

图5-9　背心式婴儿救生衣的使用方法

（4）将救生衣上的绳子固定到成人身上。

（5）需要充气时，成人拉动救生衣下部的两个充气阀门使两个气囊充气。

（6）如果救生衣充气不足，成人用人工充气管帮助充气。

第二种是裙摆式：婴儿救生衣有两个气囊，背部有三个对扣的锁扣。救生衣上有一个定位灯（由水激电池提供电源）和供成人拉住婴儿的短绳，使用方法如图5-10所示。

（1）拉开带子，打开塑料包装，取出救生衣。

（2）把救生衣由前向后穿好。

（3）将救生衣里面带有锁扣的绳子由后向前固定在婴儿的两腿之间，然后将锁扣扣好，调节锁扣的长短，使救生衣适合婴儿的身体。

（4）扣好其余的两个锁扣。

（5）将救生衣上的绳子固定到成人身上。

（6）在离开座位前，成人拉动救生衣下部的两个充气阀门，使救生衣充气。

（7）如果救生衣充气不足，成人用人工充气管帮助充气。

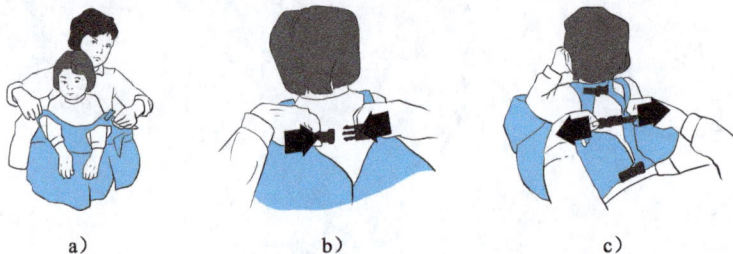

a)　　　　　　　　b)　　　　　　　　c)

图5-10　裙摆式婴儿救生衣的使用方法

救生衣正反可以调换（婴儿救生衣除外）。救生衣充气后，若要释放出救生衣内气体，压下充气管内的阀门，并挤压救生衣，可使空气挤出。

救生衣上装有定位灯，在夜间水上迫降时使用。拉动带子中段的"Pull to Light"标志，将销子拔出，电池上露出两个小孔；将电池浸入水中，让水从小孔进入以接通电池/灯。灯将在几秒钟内亮起，并可持续亮 8~10h。

二、救生筏

救生筏为飞机在水上迫降撤离时提供漂浮工具。当飞机在水上迫降，机组人员和旅客撤离飞机后，可登上救生筏进行生存自救，有效延长机组人员和旅客的水上生存时间。由于在紧急情况下可能出现滑梯救生筏不能全部释放，导致撤离人员数量大于实际滑梯救生筏载量的情况发生，因此在具备"延伸跨水运行"能力的飞机上要配备救生筏。

救生筏为黄色圆形或六角形，折叠后装入带有搬运手柄的包装袋内，使用时须需解开包装袋上的绳扣。B737-800型飞机上一般配备4个救生筏，客舱前部2个，客舱中部或后部2个。

1.救生筏的结构

救生筏包重量为103磅（46.8kg），救生筏可载客量为46~69人。

救生筏主要包括充气救生船、充气组件、救生包和聚氨酯尼龙包装，救生包内叠放着顶篷，如图5-11所示。使用救生筏不用打开尼龙包装，但必须拉动充气手柄，这样救生船才可以开始充气。救生筏由两个相互独立的气囊构成,充气系统由气瓶、充气活门、充气软管和引射泵构成。救生筏的充气时间为15~30s。

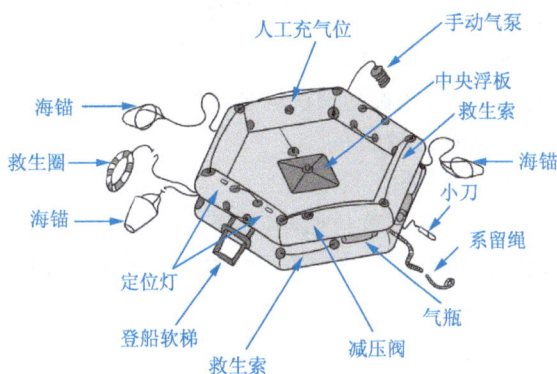

图5-11 典型救生筏装置图

两个充气管分别位于船的上下两侧;无论哪一面朝上,救生筏都可以使用。断开手柄、人工充气手柄、缠绕好的系留绳都是缠绕好放在救生筏包上的一块颜色明显的盖布下。救生包(SK)系在展开的救生筏上,由一条绳子连接着漂浮在旁边。撤离后,必须将其捞起并拉入救生筏内。

2. 救生筏的使用方法

(1)从行李架上抬出救生筏,可2人一前一后抬走,也可抓住任意一端拖曳移动。搬动救生筏时,须将绳扣一侧向上,并小心红色把手,以防在客舱内充气。

(2)将救生筏搬至出口处,在救生筏的一头,揭开红布,拉出白色绳子。将系留绳另一端固定在客舱任一固定的部件上(如舱门辅助手柄、旅客座椅挡杆等);若使用应急窗口时,可把救生筏的系留绳系在救生绳上。系好后,一手握住D型环充气手柄,将救生筏投入水中,无须卸下救生筏的外包装。

(3)让救生筏漂离飞机一段距离,系留绳绷紧时,猛拉充气手柄使救生筏充气。在应急出口使用时,须把救生筏掷离机翼前缘,以免救生筏被金属件或机翼划破。

(4)旅客上船完毕后,解开连接绳或用小刀割断连接绳,使救生船撤离飞机,以防飞机沉没时救生筏被吸入海水中或被损坏。

(5)找到发报机,将其上的绳子解下,在救生船上系牢,再将发报机抛入水中。

3. 救生筏顶篷的安装

(1)从救生包(SK)中取出顶篷和支撑杆。

(2)将顶篷支撑杆充气并插好固定。

(3)将救生筏定位灯移出顶篷并固定。

(4)确认顶篷拉链式的开口在登船位,支撑杆穿入顶篷上的孔中将顶篷支起来,从逆风一侧开始撑,以便在大风天气控制顶篷。

(5)用锁扣或小绳子将顶篷与救生筏固定好(图5-12)。

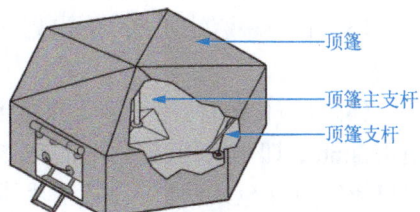

图5-12 带顶篷的救生筏装置图

4. 救生筏组件

救生筏内装包含有下列组件。

（1）说明书：为防水、防腐设计，存放在救生筏前端右侧。

（2）刀具：存放于系留绳旁，用于上船完毕后割断系留绳，使救生筏与飞机撤离。这一程序应在撤离后进行，以防止救生筏接触到尖锐的金属残片或被溅出的燃油侵蚀。

（3）登船软梯：旅客从此处登上救生筏。

（4）救生环（牵引绳）：牵引绳系在救生船上，一端连着一个橡胶圈，通过缆绳连接于救生筏的左侧尾部。牵引绳用于将落水者拉上船，还可作为连接救生船的连接绳。

（5）救生绳：位于救生船两侧的绳索，便于水中的人员抓住，以免沉入水中或漂离救生船。

（6）海锚：小的伞状尼龙织物，通过缆绳连接在救生筏的左侧尾部。到安全区后，将海锚抛入水中，将其停泊在迫降处附近，可减少救生筏漂流与飘荡，稳定救生筏，减少倾覆的危险，便于营救。抛海锚时应在救生筏的风上侧，用布包裹缆绳，以防止救生筏受损。

（7）发射器固定点：位于救生筏左右侧前端，用于固定应急定位发射器，随意放置水中。

（8）定位灯：定位灯使用水驱动电池供电，安装于登船软梯附近。可帮助营救人员在夜间或能见度很低的环境下识别救生筏。

（9）人工充气泵：人工充气泵用于救生筏气囊充气。使用时，可插入或拧入充气阀门（有明显标志）。如果是拧入的，在充气时，阀门必须转到打开位置，在拆下气泵时阀门应在关闭位置。充气完成后，关闭充气阀门，关闭时应逆时针旋转。

（10）顶篷支撑杆：位于救生筏两侧，通过8个支撑杆可使顶篷覆盖整个救生筏。

5. 救生包内设备

一般每个救生筏都配备一个救生包，存放在救生筏内。救生包可为紧急撤离后的生存提供帮助。水上撤离时，撤离到安全地带后再将救生包从水中捞出使用。救生包内包括如下设备。

（1）生存手册：记载有救生筏维护设备的使用方法和海上求生时详尽的生存资讯。生存手册采用塑料纸印制（英文版），浸水后不易腐烂。

（2）修补工具：包括修补钳和补漏钳，用来修补救生筏的破损面。使用时，应小心撕开或用刀具割开较小的破损口，将修补钳下部的垫片穿入并紧贴破损口，然后将上方的盖片压下封严，放下翼形螺母，将钳的两部分垫片拧紧。操作时，应将修补钳上的绳子系在手上，以防修补钳掉出筏外。

如破损口过小，则应小心撕开或用小刀割开小的磨损口，刚好使补漏钳通过即可。如磨损口过大，则可将几个补漏钳连接使用。

（3）瓶装/袋装饮用水：每个救生包内装有少量瓶装/袋装饮用水，应注意保存，在必要时使用。

（4）水净化药片：用于净化收集到的淡水。较清洁的1L淡水中放入1片药片，用力摇晃，沉淀3min后即可饮用；较污浊的1L淡水中放入2片药片，用力摇晃，沉淀10min后即可饮用；温度较低的1L淡水中放入2片药片，用力摇晃，沉淀20min后即可饮用。净化后的水应控制饮用量。

（5）急救品：

①烧伤药膏用于烧伤、晒伤、灼伤。

②氨吸入剂用于苏醒昏迷者。使用时，直接由中间折断，放至昏迷者鼻下。

③消毒剂用于创伤部位的消毒。使用时，将盖子取下套在瓶身另一端，挤压瓶身至破裂。但应避免碰触到瓶塞，因瓶塞可用作棉签。消毒剂应远离眼睛周围。

④绷带用于包扎流血或擦伤的创面。

⑤多用刀具用于维护设备或切割食物。

（6）烟火信号筒：应急撤离后向外界发射求援信号的设备，存放于每个救生包内，独立真空包装。其两端分别具有昼/夜间使用的功能。平滑的橘黄色盖子一端用于昼间，可发射橘红色烟雾信号。晴朗、无风的天气其目视距离可达约5km（3mi），信号持续时间为20s。有突出圆点的橘红色盖子一端用于夜间，可喷射出明亮的红色火焰信号，在晴朗、无风的夜晚，8km（5mi）内可以看见，信号持续时间约20s。

只有在确实看见或听见有飞机（船只）经过或正接近时，才可释放烟火信号筒。使用时确认准备要使用的一端，手臂与水面成45°，把烟火信号筒高举到救生筏下风侧的水面上，这样可以防止烟火烧坏救生筏或熏伤救生筏里面的乘员。打开烟火信号筒的盖子，并拉出拉环点燃烟火信号筒。用完之后，把用过的一端浸入水中。冷却后，把烟火信号筒中未使用的部分放回SK包，以备将来使用。

（7）空中信号筒：是单端发射的呼救信号发射器，能够发出高达约150m（500ft）的红光，在45km（28mi）的范围内可以看见。持续时间为10s。空中信号筒在白天或黑夜用作求救信号，但不能两次使用。只有在确实看见或听见有飞机或船只经过或正接近时，才可释放空中信号筒。

使用时把盖子压下去，信号筒将掉下来；往下拉下部，锁住发射管；把后盖拧开，取出链子；把信号筒高举到救生筏下风侧的水面上；把信号筒朝上，拉链子发射。用完之后，信号筒十分炙热，要将信号筒完全浸入水中，直至冷却。

空中信号筒设计为向空中发射点燃，但强风或较低的发射角度将影响发射效果。使用时不要水平发射，也不要对着强风或对着某人发射。

（8）海水染色剂：用于使救生筏周围的海水变色，以向外界发出求救信号。白天在较平静的水面，海水染色剂可将救生筏周围300m的水面染成荧光绿色，持续时间为45min；在波浪汹涌的海面，时间将会短一些。在天气晴朗的白天且海面状况一般的情况下，很容易看见。海水染色剂只有在已经看见搜寻与救援小组并且海面相对平静的情况下使用。使用时把短绳系在救生筏的上风向，拉开拉环释放染料，把染色剂扔入水中。

（9）反光镜：是一个金属的方盘，中间有个视孔，用来把阳光反射到从空中飞过的飞机上或从海面经过的轮船上，向外界发出求救信号，反光镜反射的光线可以被32km（20mi）范围内的救援人员发现。使用时，缓慢地将反光镜拿到与眼睛相平的位置，透过观察孔观察。当看到一束亮光，这就是目标的指示方位。把反光镜移向你的眼睛，调整反光镜，直到亮光照在目标。使用时注意不要用镜子对着靠近的飞机；要将镜子挂在脖子上，以防掉落。如有可能，把反光镜擦亮，并小心保护镜子，使其不受海水侵袭。反光镜可重复使用。

（10）手电筒：根据选型可配备电池驱动手电筒或水激手电筒。在开阔的海面上，在

13km（8mi）的范围内可以看见电筒的灯光。水激手电筒使用时，打开封盖，灌入海水或盐水，然后盖上封盖，即可发光；当光减弱时，可继续加入海水或盐水，继续使用。

（11）顶篷和支撑杆：顶篷用来防止风浪及暴晒，也可以用来搜集雨水以供饮用，顶篷的颜色可作为求救信号。救生包内有8个支撑杆，其中两个有白色标志的是备用杆。使用时将其余6个支撑杆两两相接，以"之"字形排列，固定在救生筏沿上支撑顶篷。

（12）哨子：在雾天或夜晚用来确定附近的生还者和其他救生筏的位置，或者吸引附近海面上其他船只的注意。

（13）戽斗：当救生船内有积水时，可清理积水，也可用于收集淡水。

（14）海绵：用于吸附海水。

第三节　客舱应急撤离设备

一、应急手电筒

应急手电筒（图5-13）储藏在乘务员座椅附近，仅限于在紧急情况下提供照明和发出指令、信号时使用。从储藏位置取下后，应急手电筒会自动发光，可以使用约4.2h（使用干电池的应急手电筒除外）。

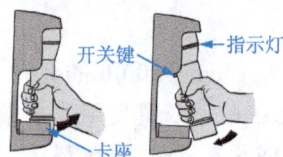
开关键　指示灯　卡座
图5-13　应急手电筒

1. 起飞前检查

乘务员起飞前检查确认应急手电筒在每个乘务员就近的位置并已固定好，数量正确。电源显示灯应每3~5s闪烁一次，如果时间间隔太长，超过10s才闪烁一次，表示电池电量不足，需通知机务维修人员更换电池。

如使用普通手电筒，则应打开开关检查电池电量是否充足，如果灯光较暗，需通知机务维修人员更换。

2. 应急手电筒的使用方法

（1）拉掉塑料铅封（如适用）。

（2）抓住应急手电筒下部，从固定支架上取出。

（3）应急手电筒立即自动发亮。

如需要中断其发亮，可以拔开应急手电筒内部下端电池导线接口，使应急手电筒暂时停止发亮。

二、应急定位发射机

应急定位发射机（Emergency Locator Transmitter）是在飞机遇险后，用来向外界发出救生信号。应急定位发射机是自浮式双频率或三频率电台，电台发射无线电信号，这些频率是国际民航组织通用的、遇难时发出求救信号的频率，为搜寻和营救提供位置信号。民航客机上配备的应急定位发射机有A、B、C、D四种型号。乘务员在飞行前要检查确认应急定位发射机在指定位置，并固定好（如需要）。

1. A型应急定位发射机

应急定位发射机是自浮式双频率电台,电台发射频率为民用频率121.5MHz(兆赫兹)和军用243MHz的调频无线电信号。其组成如图5-14所示。

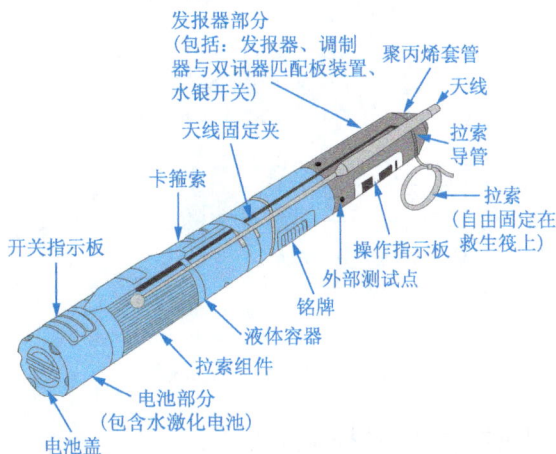

图5-14　A型应急定位发射机

1）A型应急定位发射机在陆地的操作方法

(1)取下应急定位发射机的袋子(如适用)。

(2)解开尼龙绳,割断水溶带,拔直天线。

(3)将袋子中装入一半的液体(不能装油),将应急定位发射机底部浸在液体中,并使应急定位发射机直立。

(4)将应急定位发射机放在无障碍的区域,不要倒放或躺放。

2）A型应急定位发射机在水上的操作方法

(1)取下应急定位发射机的袋子。

(2)把应急定位发射机连接在救生船/筏上:将尼龙绳的末端系在救生筏上,然后将应急定位发射机扔入水中,并使应急定位发射机和船之间保持与尼龙绳长度一样的距离。

(3)应急定位发射机放入水中后,水溶带断开,天线竖起,自动发出信号。

(4)要停止发射信号,可将应急定位发射机从水中捞起,折回天线,平放在救生船/筏内。

3）使用注意事项

(1)一旦启动后,应急定位发射机将在320km(200mi)的范围内连续发射48h。

(2)应急定位发射机在海水中5s钟即可发报;在淡水中5min才可发报;在咸水中比在淡水中发射的时间要长;在冷水中比在温水中发射的时间要长。

(3)只能将应急定位发射机底部水激电池浸在水、咖啡、果汁或尿液中,不能放在腐蚀、挥发和油性的液体中。

2. B型应急定位发射机

B型应急定位发射机是自浮式三频率电台,电台发射频率为民用121.5MHz、军用243MHz和军用406.025MHz的调频无线电信号。其结构组成如图5-15所示。

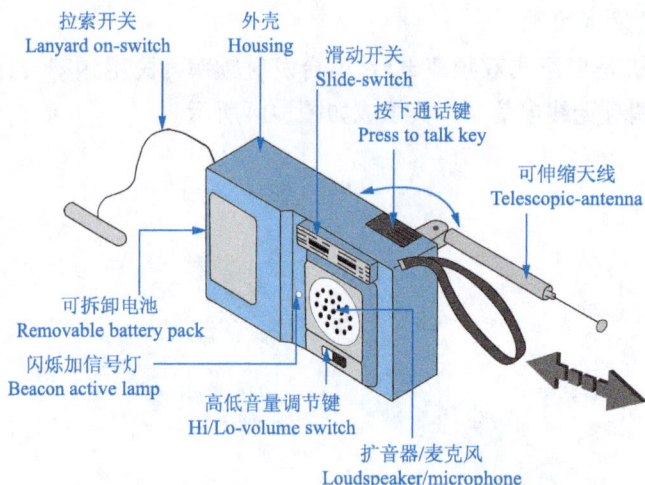

拉索开关
Lanyard on-switch

外壳
Housing

滑动开关
Slide-switch

按下通话键
Press to talk key

可伸缩天线
Telescopic-antenna

可拆卸电池
Removable battery pack

闪烁加信号灯
Beacon active lamp

高低音量调节键
Hi/Lo-volume switch

扩音器/麦克风
Loudspeaker/microphone

图5-15　B型应急定位发射机

1）B型应急定位发射机在陆地上的操作方法

（1）将应急定位发射机放到一个没有干扰的空地，选择最高点，可得到最好的发射效果。

（2）将天线从存储孔拉出，竖直天线。

（3）将应急定位发射机上开关打到 ON 位，蜂鸣器工作，并且红灯周期闪烁。

（4）50s 后，应急定位发射机会自动工作。

2）B型应急定位发射机在水上的操作方法

（1）将应急定位发射机的绳索系在救生筏上。

（2）天线从存储孔拉出，竖直天线，并保持天线垂直。

（3）将应急定位发射机上开关打到 ON 位，蜂鸣器工作，并且红灯周期闪烁。

（4）将应急定位发射机安全地漂浮在水中，50s 后，应急定位发射机会自动工作。

（5）使应急定位发射机与船体保持适宜的距离。

（6）终止发报时，将应急定位发射机从水中取出并放平。

3. C 型应急定位发射机

C型应急定位发射机是自浮式三频率电台，电台发射频率为民用频率 121.5MHz、军用频率 243MHz 和军用 406.025MHz 的调频无线电信号。其结构组成如图5-16所示。

1）C 型应急定位发射机陆地上的操作方法

（1）将应急定位发射机放到一个没有干扰的空地，选择最高点，可得到最好的发射效果。

（2）将天线从存储孔拉出，竖直天线。

（3）将应急定位发射机上开关打到 ON 位（有 ARM/ON/OFF 三个挡位）。

（4）固定应急定位发射机，保持天线垂直，应急定位发射机即可工作。

2）C 型应急定位发射机水上的操作方法

（1）将应急定位发射机顶部绳子松开，顶端系在救生筏上。

（2）将天线从存储孔拉出，竖直天线。

（3）将应急定位发射机上开关打到 ON 位。

（4）将应急定位发射机投入水中。

（5）几秒钟后,应急定位发射机会自动工作。

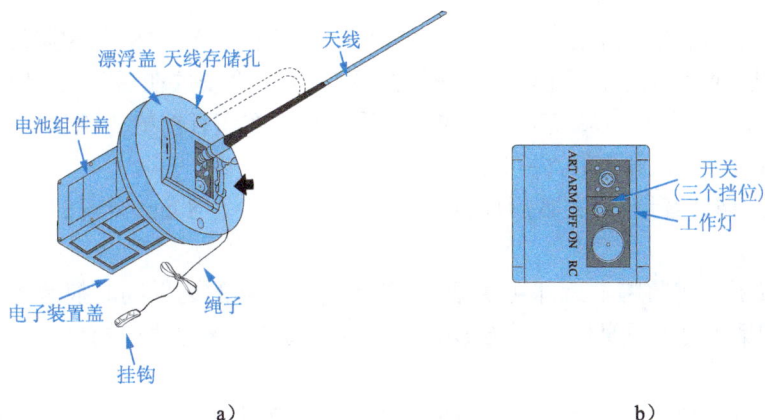

图5-16　C型应急定位发射机

4.D型应急定位发射机

D型应急定位发射机的电台发射频率是民用频率121.5MHz和军用频率243MHz,精确定位406.028MHz。使用时间上, 121.5MHz和243MHz可用48h, 406.028MHz可用24h。其结构组成如图5-17所示。

1）D型应急定位发射机的操作方法

（1）自动激活:松开尼龙带;从架子上取出发射机;取下天线保护盖,天线自动竖直;确认发射机开关在ARM位,浸入水中（橙色绳索连接在救生筏上）;水传感器激活发射机,指示灯亮,报警鸣响。

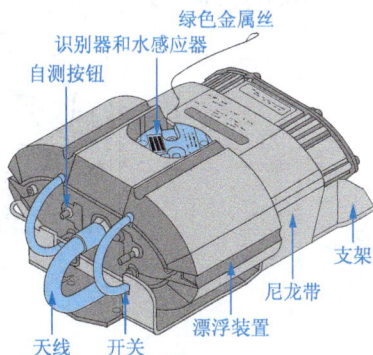

图5-17　D型应急定位发射机

（2）人工激活:松开尼龙带;从架子上取出发射机;取下天线保护盖,天线自动竖直;将开关调至ON位(拉起并拨动);发射机开始自测程序,自测30s,期间指示灯闪动(亮1.75s,灭0.25s), 30s延迟是为了避免意外激活（错误操作）;开始发射信号,期间指示灯闪动(亮0.5s,灭0.5s),工作报警鸣响。

（3）停止发射信号:将开关放在OFF位置。

2）使用注意事项

（1）发射机工作时,天线必须保持在竖直状态,周围无障碍物。

（2）发射机在飞机上存储时必须远离液体,不得随意拆卸。

（3）一旦发射机被意外激活,立即关闭发射机并向最近的航空管制报告。

（4）每次只使用一个。

5.机载应急定位发射机

机载应急定位发射机在飞机出现紧急情况及遇水时将自动发报;也可以使用人工方式开启应急定位发射机:驾驶舱控制面板上有应急定位发射机的开关,平时在"Armed"位,使用时扳至"ON"位。

三、其他应急撤离设备

1. 扩音器

扩音器用于应急情况下在舱内和舱外的喊话和发信号（图5-18）。按照规定，旅客座位数大于99座以上配备两个扩音器，一个安放在前部，另一个安放在后部，并放置在便于乘务员拿取的地方，供其在紧急情况下立即使用。乘务员应在飞行前检查确认扩音器在规定的位置上，且数量正确，已固定好，并可正常使用。

使用方法：调整音量；将喇叭后部置于嘴前 2~3in（约 5~8 cm）处；按下手柄处的按钮，开始喊话。

有些扩音器只需将嘴贴近即可讲话，嘴部距离扩音器的远近同时控制了讲话的音量。注意不要用喊话筒对着机身讲话（会出现回音），且应避免音量过大（也会出现回音）。

2. 救生斧

救生斧（图5-19）用于紧急情况下清理障碍物以及灭火时使用，可以用于劈开靠近着火点的障碍物以及在需要时劈开机身作为撤离出口时使用。斧头手柄包着橡胶绝缘材料，以防止与电线接触时遭电击。刀口有一个护套，以防不使用时伤人。

乘务员应保证救生斧不被用作凶器，以免危害飞行安全。

按钮
Push-to-talk

图5-18　扩音器

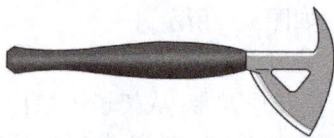

图5-19　救生斧

3. 安全表演用具包

安全表演用具包内物品有旅客救生衣、氧气面罩、安全带、安全须知。飞行前应检查确认其在指定位置，并且包内物品齐全。

4. 生化隔离包

在飞行过程中发现可疑物品并得到确认后（如：不明粉末状、不明罐装泄露物等），机上安全员或乘务员按照紧急处置程序报告机长，并使用生化隔离包处置可疑物品，尽可能将包中的空气排出并拉紧拉链，与旅客隔开，待飞机就近降落或飞行接受后，移交地面有关机构处置，将客舱内情况上报公司保卫部门。

第四节　客舱急救设备

一、手提式氧气瓶

手提式氧气瓶（Potable Oxygen Bottle）主要在飞行时应急情况下使用，主要用于飞机座舱内的流动医疗救助。每一个手提式氧气瓶都是一个独立的氧气系统,手提式氧气瓶多是高压氧气瓶。

1. 手提式氧气瓶的结构

手提式氧气瓶包括氧气瓶、压力调节器、压力表、开关阀门和氧气出口,如图5-20所示。

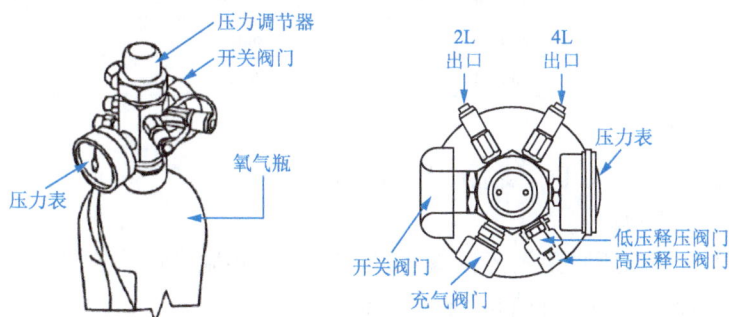

图5-20 手提式氧气瓶

压力表显示氧气瓶的压力,也显示了氧气瓶内的氧气量。开关阀门用于控制高压氧气瓶供到头部的连接组件。氧气瓶头部连接组件内有压力调节器,可以调节供往氧气面罩的压力和流量。开关阀门顺时针方向转动是关闭,逆时针方向转动是打开。只有插入氧气面罩接头才会有氧气流到氧气面罩。

氧气瓶的使用时间受三个因素的影响:氧气瓶的标定压力,氧气瓶的容量和供氧时高度。不同机型的手提氧气瓶容量是不一样的,常见的容量分别为310L和120L。

乘务员在飞行前检查氧气瓶是否放在指定位置、数量正确;氧气瓶开关阀门在"关"位,压力表指针不低于6859kPa(1000psi);与之配套使用的氧气面罩用塑料袋密封,完好无损并系在氧气瓶上;日期在有效期内。

2. 氧气瓶(图5-21)的使用方法

(1)取出手提氧气瓶和氧气面罩,打开其中一个防尘帽(根据需要,有的型号氧气瓶没有防尘帽)。

(2)确保氧气面罩插头插入并连接好。

(3)逆时针旋转开关阀门,确认有氧气流出,检查氧气袋是否充满,戴上氧气面罩。氧气开始流动时,氧气指示标志由白色变成绿色(导氧管中)。

氧气瓶有高(HI)、低(LO)流量两个出口。当氧气瓶充满氧气后,310L的氧气瓶高流量出口(HI)每分钟流出4L氧气,可使用77min;低流量出口(LO)每分钟流出2L氧气,可使用155min;120L的氧气瓶的高流量出口(HI)每分钟流出4L氧气,可使用30min;低流量出口(LO)每分钟流出2L氧气,可使用60min。

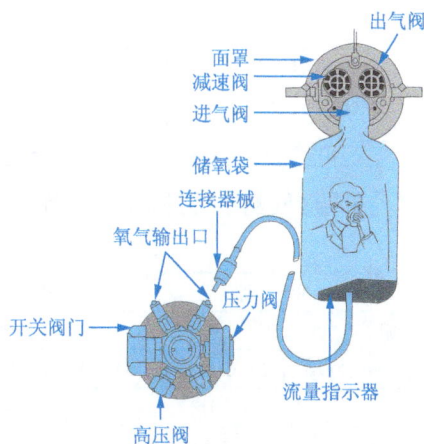

图5-21 氧气瓶

氧气瓶的使用受座舱高度影响,当座舱高度约在约3000m(10000ft)时,手提式氧气瓶持续使用时间见表5-2。

氧气瓶种类	压力指针所在位置	高流量（4L/min）	低流量（2L/min）
310L氧气瓶	FULL	25min	50min
	1500PSI	20min	40min
	1000PSI	12min	20min
120L氧气瓶	FULL	60min	120min
	1000PSI	30min	60min

手提式氧气瓶使用时间　　　　　　　表5-2

3.使用注意事项

（1）氧气面罩要完好，使用前要进行消毒清洁。

（2）不要摔撞氧气瓶。

（3）避免氧气与油或脂肪接触，使用氧气面罩前要擦掉脸上浓重的口红或润肤油。

（4）用氧周围4m之内不能吸烟，不得有火源。

（5）当压力指针指示在500psi时，应停止使用，以便再次充氧。

（6）肺气肿患者使用低流量出口。

（7）如果使用了氧气瓶，应注意下一航段的有效氧气瓶数量是否符合最低放行标准。

二、急救药箱

每架飞机都配有签封好的机上急救药箱（First aid kit），供紧急情况下使用，可为机组人员和需要治疗的人员提供基本的急救用品，能够对受伤的旅客或机组人员进行止血、包扎、固定等应急处理。

1.急救药箱的数量与物品

急救药箱必须均匀分布在客舱内，且应便于乘务员取用。急救药箱应能够防尘、防潮。按载客人数进行不同配备（表5-3），乘务员在飞行前要检查确认急救药箱在规定的位置上、数量正确、在有效期内、签封完好。

手提式氧气瓶配备数量　　　　　　　表5-3

载客人数（人）	急救药箱数量（个）	载客人数（人）	急救药箱数量（个）
100以下（含100）	1	201~300	3
101~200	2	301~400	4

按照最低配备数量要求，急救药箱的物品见表5-4。

急救箱内配备的物品　　　　　　　表5-4

项　目	数　量	项　目	数　量
绷带，3列（5cm）、5列（3cm）	各5卷	腿部夹板	1副
敷料（纱布），10cm×10cm	10块	医用剪刀	1把
三角巾（带安全别针）	5条	医用橡胶手套	2副
胶布，1cm、2cm（宽度）	各1卷	皮肤消毒剂及消毒棉	适量
动脉止血带	1条	单向活瓣嘴对嘴复苏面罩	1个
外用烧伤药膏	3支	急救箱手册（含物品清单）	1本
手臂夹板	1副	紧急医学事件报告单	1本（若干页）

2. 急救药箱的使用程序

（1）使用应急医疗设备或者药品时，应当报告机长，并按照使用说明书上载明的方法使用。

（2）在运行中使用急救药箱或任何药品时，应当首先保证被帮助者或者其同行人知晓使用说明，同意并签署"应急医疗设备和药品使用知情同意书"后方可使用。使用机载应急医疗设备中的处方类药品时，必须经医疗专业人员诊断后方可使用。乘务员应寻求旅客中医疗专业人员的帮助，由其或在其指导下向需要紧急医疗处置的旅客提供帮助。

打开并使用箱内物品前，应确认并记录证明其身份为医务人员的证明或文件。如旅客因为身体不适主动要求，或者其同行人协助要求使用应急医疗物品或药品时，乘务员可以提供帮助，同时向旅客提供设备或药品使用说明书，并要求其仔细阅读后，由旅客本人或其同行人签署"应急医疗设备和药品使用知情同意书"。

当在运行中不能及时得到医疗专业人员的指导、或伤病旅客因为意识状态等原因无法或不愿签署"应急医疗设备和药品使用知情同意书"时，可以由伤病旅客的同行人（如有），或者同时由两名以上机组人员在"应急医疗设备和药品使用知情同意书"上进行记录和签字，有旅客自愿作证的也可以同时签字。

（3）如需要，机长可以决定打开急救药箱取用所需用品。

（4）用后填写"机上不正常事件报告单"，并由机长、乘务长分别签字。

（5）填写药箱内的"紧急医学事件报告单"，反馈用药情况。航班结束后第一时间将"机上不正常事件报告单""紧急医学事件报告单""应急医疗设备和药品使用知情同意书"上报到客舱服务部。

（6）机载急救药箱配备管理由公司医疗中心负责；乘务组执行航班时，如果机载急救药箱已经使用或启封，应记录在"客舱记录本"上，并报告机长。

三、应急医疗箱

应急医疗药箱在每架飞机配备一个，存放于机组人员易于取用的位置。其用于在飞行期间，旅客或机组人员的意外受伤或医学急症的应急处理。使用后必须作好记录。

1. 应急医疗箱的物品

应急医疗箱内物品已进行相对固定，以免飞机颠簸时因碰撞打碎。按最低配备数量，应急医疗箱物品见表5-5。

应急医疗箱内配备的物品

表5-5

项　目	数　量	项　目	数　量
血压计	1个	体温计（非水银式）	1支
听诊器	1副	注射器（2mL、5mL）	各2支
口咽气道（三种规格）	各1个	0.9%氯化钠	至少250mL
静脉止血带	1根	1：1000肾上腺素单次用量安瓿	2支
脐带夹	1个	盐酸苯海拉明注射液	2支
医用口罩	2个	硝酸甘油片	10片
医用橡胶手套	2副	醋酸基水杨酸（阿司匹林）口服片	30片

续上表

项 目	数 量	项 目	数 量
皮肤消毒剂	适量	应急医疗箱手册（含药品和物品清单）	1本
消毒棉签（球）	适量	事件记录本或机上紧急医学事件报告单	1本（若干页）

乘务员在飞行前要检查确认应急医疗箱应在规定的位置上、数量正确、在有效期内、签封完好。

2. 应急医疗箱的使用程序

（1）使用应急医疗设备或者药品时，应当报告机长，并按照使用说明书上载明的方法使用。

（2）在运行中使用应急医疗箱（除体温计、血压计外）或任何药品时，应当首先保证被帮助者或者其同行人知晓使用说明，同意并签署"应急医疗设备和药品使用知情同意书"后方可使用。使用机载应急医疗设备中的处方类药品时，必须经医疗专业人员诊断后方可使用。乘务员应寻求旅客中医疗专业人员的帮助，由其或在其指导下向需要紧急医疗处置的旅客提供帮助。打开并使用箱内物品前，应确认并记录证明其身份为医务人员的证明或文件。

如旅客因为身体不适主动要求，或者其同行人协助要求使用应急医疗物品（除体温计、血压计外）或药品时，乘务员可以提供帮助，同时向旅客提供设备或药品使用说明书并要求其仔细阅读后，由旅客本人或其同行人签署"应急医疗设备和药品使用知情同意书"。当在运行中不能及时得到医疗专业人员的指导、或伤病旅客因为意识状态等原因无法或不愿签署"应急医疗设备和药品使用知情同意书"时，可以由伤病旅客的同行人（如有），或者同时由两名以上机组人员在"应急医疗设备和药品使用知情同意书"上进行记录和签字。有旅客自愿作证的也可以同时签字。

（3）其他需要的场合，机长有权决定打开并取出箱内的相关用品。

（4）将使用过的注射器放入医疗箱内，以便妥善销毁。

（5）填写药箱内的"紧急医学事件报告单"，反馈用药情况。乘务长填写"机上不正常事件报告单"，并由机长、使用医生和乘务长分别签字。航班结束后第一时间将"机上不正常事件报告单""紧急医学事件报告单"和"应急医疗设备和药品使用知情同意书"上报到客舱服务部。

（6）填写"客舱记录本"。应急医疗箱配备管理由公司医疗中心负责；乘务组执行航班时，如果应急医疗箱已经使用或启封，应记录在"客舱记录本"上，并报告机长。

四、卫生防疫包

卫生防疫包用于客舱机组成员在护理疑似传染病人时的个人防护；清除客舱内血液、尿液、呕吐物和排泄物等潜在传染性物质。使用卫生防疫包对潜在传染性物质进行消毒处理时，应遵循传染病防护原则，按照处理传染性及消毒技术规范的程序操作。

1. 卫生防疫包的数量与物品

每架飞机在载客飞行中所配卫生防疫包的数量不得少于每100个旅客座位1个（100座以内配1个）；每个卫生防疫包应当能够防尘、防潮。每个卫生防疫包应当配备的物品见表5-6。

卫生防疫包内配备的物品   表5-6

项 目	数 量	项 目	数 量
液体、排泄物消毒凝固剂	100g	防渗透橡胶(塑料)围裙	1条
表面清理消毒片	1~3g	大块吸水纸(毛)巾	2块
皮肤消毒擦拭纸巾	10块	便携拾物铲	1套
医用口罩	1个	生物有害物专用垃圾袋	1套
医用眼罩	1副	物品清单和使用说明书	1份
医用橡胶手套	2副	"事件记录本"或"机上紧急医学事件报告单"	1本(若干页)

乘务员在飞行前要检查确认卫生防疫包在规定的位置上、数量正确、在有效期内、签封完好。

2. 卫生防疫包的使用

(1)依次穿戴医用口罩、眼罩、防渗透围裙和医用橡胶手套等个人防护用品。

(2)消毒液配备方法:取 1 片消毒片,放入250~500mL清水中;将消毒凝固剂均匀覆盖污物 3~5min,使其凝胶固化。

(3)将凝胶固化的污物铲入生物有害物专用垃圾袋。

(4)用消毒液浸泡过的吸水纸(毛)巾对污物污染区消毒两次,每次不少于5min,再用清水清洗 2 遍。

(5)脱掉手套、围裙,用擦拭纸巾擦拭消毒,再依次脱下眼罩、口罩,最后用擦拭纸巾擦拭手和可能接触到污染物的部位。

(6)将以上疑似被污染的物品一并放入生物有害物专用垃圾袋后,密封、标示机型、航班号、日期等信息,放入后舱一洗手间内,并锁闭该洗手间。

(7)填写"紧急医学事件报告单",通知相关部门对生物有害物进行无害处理。

练 习 题

选择题

(1)延伸跨水飞行或距最近的海岸线(　　　)海里飞行,需介绍救生衣的使用方法。

    A. 20   B. 30   C. 50   D. 60

(2)水灭火器适用于(　　　)火灾。

    A. 纸、木、布   B. 油脂、易燃液体

    C. 电器   D. 各类

(3)不能自理及上肢残疾的旅客,穿好救生衣应(　　　)。

    A. 上船前充气   B. 客舱内充气   C. 立即充气   D. 船上充气

(4)机上防烟面罩的使用时间一般为(　　　)。

    A. 12min   B. 15min   C. 20min   D. 25min

（5）飞机在水上脱离时使用的海水着色剂作用于（　　）。

　　A. 淡化海水

　　B. 反光线给救援者

　　C. 防止鲨鱼袭击，同时向救援者发出求救信号

　　D. 把落水旅客聚集在一起的信号

（6）当飞机座舱高度达到（　　）时，氧气面罩会自动脱落。

　　A. 10000ft　　　　　　B. 14000ft　　　　　　C. 12000ft　　　　　　D. 15000ft

（7）以下叙述不正确的是（　　）。

　　A. 烧水杯失火、立即切断电源

　　B. 电器设备失火首先断电，再使用海伦灭火瓶

　　C. 乘务员灭火时应将喷嘴对准火源根部

　　D. 客舱失火，打开通风口

（8）海伦灭火器中灭火剂可释放的时间大约为（　　）。

　　A. 9~15s　　　　　　B. 15~20s　　　　　　C. 9~20s　　　　　　D. 40s

（9）为肺气肿病人供氧时，氧气流量应选择在（　　）。

　　A. 高流量　　　　　　B. 低流量　　　　　　C. 不能用氧　　　　　　D. 高、低流量均可

（10）救生衣定位指示灯在电池浸水几秒钟后即自动发亮，可持续时间为（　　）。

　　A. 6~12h　　　　　　B. 8~10h　　　　　　C. 8~12h　　　　　　D. 10~12h

（11）（多选）在飞机遇险后，国际民航组织通用的遇难求救号是（　　）。

　　A. 90.5MHz　　　　　　B. 121.5MHz　　　　　　C. 243MHz　　　　　　D. 260MHz

模块二

客舱服务

　　客舱服务模块包括客航乘务员资质及管理、飞行乘务工作职责与流程、客舱服务技能、特殊旅客服务和客舱安全与旅客管理五部分内容。通过本模块的学习,学生应熟悉客舱服务流程,了解客舱服务的基本程序、内容、服务操作方法,掌握基本服务技巧,能为各类旅客提供细致、安全的飞行服务。

- 第六章　客舱乘务员资质及管理
- 第七章　飞行乘务工作职责与流程
- 第八章　客舱服务技能
- 第九章　特殊旅客服务
- 第十章　客舱安全与旅客管理

第六章　客舱乘务员资质及管理

通过本章的学习，了解客舱乘务员所应具备的资质，了解乘务员的专业化形象标准，掌握乘务员应具备的健康标准。

重　难　点

重点：客舱乘务员的健康管理。

难点：客舱乘务员的专业化形象管理。

客舱乘务员既是为旅客提供服务的服务员，又是保障旅客机上安全的安全员。由于其工作岗位在飞行的民航客机上，高空飞行对乘务员的身体素质、工作能力均有一定的要求，乘务员只有达到这些要求才能具备机上服务的资质。

第一节　客舱乘务员的资质

客舱乘务员隶属机长领导，是机组必需成员，是保障飞机运行安全的人员。其主要职责是保证旅客自登机至离机的安全。客舱乘务员接受公司或机长指派，执行飞行任务时，只能作为客舱机组成员，不得作为飞行机组成员。

客舱乘务员必须根据中国民航局批准的《客舱乘务员训练大纲》圆满完成相应的训练，经航线检查合格并取得客舱乘务员训练合格证后，方可担任该型别飞机的机组必需成员。这些训练包括：初始新雇员训练、转机型训练、升级训练、差异训练、定期复训、重新获得资格训练等。

客舱乘务员在执行飞行任务时，必须携带现行有效的"客舱乘务员训练合格证""航空人员体检合格证"和"登机牌"。在执行飞行任务时，若中国民用航空局（以下简称"民航局"）运行监察员或其他安全检查人员需要进行检查，客舱乘务员应接受其检查，并按要求出示相关证件。

一、新雇员训练及初始训练（IT/NT）

1. 新雇员训练与初始训练的区别

（1）新雇员训练：新招聘从未有过客舱乘务员岗位经历的人员；间断飞行连续超过36个日历月（以训练合格证末次签注日期为准）的在职客舱乘务员；在其他航空公司有过客舱乘务员岗位经历但最后一次复训超过12个日历月（含）的人员；逾期没有完成航空公司复训且超过24个日历月未进行重获资格训练的人员。新雇员训练包括基础理论教育和针对特定机型和岗位的训练。

(2)初始训练：指公司新聘的在其他航空公司有过客舱乘务员岗位经历且最后一次复训不超过 12 个日历月（含）的人员（由航空公司客舱乘务员训练单位开具训练证明）；复训不合格且重获资格训练不合格的在职客舱乘务员。

2. 新雇员训练的内容与要求

地面一般科目训练包括下列内容：

(1)机长的安全职责和客舱乘务人员的职责。

(2)旅客的管理，包括遇有精神错乱或其他有危及安全举动的人所应遵循的程序。

(3)机组资源管理。

(4)机型知识。

(5)飞机的一般介绍，影响水上迫降、陆地撤离、空中应急程序及其他有关任务的物理特征。

(6)机组成员联络设备的使用，包括遇到试图劫持飞机或其他非正常情况时的应急处置方法。

(7)厨房电器设备和客舱加温、通风控制装置等客舱设备的正确使用。

客舱乘务员的初始新雇员地面训练，其计划小时数应当符合《客舱乘务员训练大纲》的相关要求。

经地面考试成绩合格，方可接受航线飞行经验指导训练和检查；客舱乘务员应当在初始新雇员地面训练结束后120天内完成航线飞行经验指导和资格检查；逾期未完成的应重新进行相应机型的地面训练，客舱乘务教员亲自指导客舱乘务员履行其职责，并对客舱乘务员是否可以进入资格检查作出判断。

在每一机型（包括衍生型和改型）上接受飞行经验指导的时间至少15h，包括至少4个航段。客舱乘务员接受飞行经验指导的总时间至少50h，包括至少20个航段，在民航局批准的可服务的同一种机型上，客舱乘务员应当在客舱乘务检查员的监督下履行规定的职责至少5h，包括至少2个航段。

新聘的在其他公司有过客舱乘务员岗位经历且最后一次复训不超过12个日历月（含）的人员在取得另一家航空公司客舱乘务员资格前，应进行初始新雇员训练。在有过运行经历的每一机型上，客舱乘务员在客舱乘务检查员的监督下履行规定的职责至少5h，包括至少2个航段；在没有运行经历的每一机型上（包括衍生型和改型），客舱乘务员在客舱乘务教员的指导下接受飞行经验指导的时间至少15h，包括至少4个航段。在客舱乘务检查员的监督下履行规定的职责至少5h，包括至少2个航段。

客舱乘务检查员应当亲自观察客舱乘务员履行其职责的情况，监督整个过程，并对客舱乘务员是否合格作出鉴定。1名客舱乘务教员指导1名客舱乘务员，1名客舱乘务检查员监督检查1名客舱乘务员，客舱乘务员应和其客舱乘务教员、客舱乘务检查员在该机型划分的客舱布局中的同一舱位且同一区域工作，客舱乘务教员和客舱乘务检查员所承担的其他客舱职责不应影响其教学指导和检查任务，正在接受飞行经验指导或资格检查的客舱乘务员不得担任机组必需成员，即不得在特定机型的客舱乘务员最低数量配备中承担职责；对同一客舱乘务员，实施飞行经验指导的客舱乘务教员和飞行经验资格检查的客舱乘务检查员不能为同一人。检查合格后，由实施检查的客舱乘务检查员在训练合格证初始新雇员训练的客舱乘务检查员签字栏上签名，然后航空公司向客舱乘务员颁发有效的训练合格证。

3. 客舱乘务员的近期经历要求

客舱乘务员应于前12个日历月之内，在民航局批准的可服务的同一种机型上，至少已飞行2个航段，方可在此机型上担任客舱乘务员。在任一连续的12个日历月内未能完成要求的2个航段飞行的客舱乘务员，应当重新获得运行经历。

在任一连续的12个日历月内未能完成要求的2个航段飞行的客舱乘务员，应当在客舱乘务检查员监督下，在所服务的该机型飞机上，至少完成2个航段飞行。客舱乘务检查员应当亲自观察这些职责的完成情况，监督整个过程，并对被监督人员作出鉴定，判断其是否合格。

对于在重新获得运行经历中被鉴定为不合格的客舱乘务员，应当参照该机型的转机型训练要求进行重获资格训练。

二、升级训练（UT）

升级训练是对于在某一型别飞机上训练合格的客舱乘务员，需要在该机型上担任更高的职位前所须完成的训练。

1. 客舱乘务教员

客舱乘务教员是针对客舱乘务员进行地面课程和（或）航线实习带飞训练的教学，做出客舱乘务员是否满足各训练课程要求的证明，可以在训练记录或课程合格单上签名。

客舱乘务教员资格要求：

（1）在航线飞行中承担飞行经验指导任务的客舱乘务教员，至少具有2年乘务长（含）以上岗位工作经历，并至少飞行3500h；承担地面课程训练的客舱乘务教员，至少具有2年乘务长（含）以上岗位工作经历，并至少飞行4500h。如待聘人员存在任意连续12个日历月未履行乘务长职责情况的，应减去此期间的乘务长运行经历。

（2）在航线飞行中承担飞行经验指导任务的客舱乘务教员，应持有在特定飞机上担任客舱乘务员所需的有效的训练合格证及航空人员体检合格证。

（3）具有相应的知识经验、训练和经证明的能力，按照经民航局批准的训练大纲完成教员训练，并通过公司的检查。

（4）客舱乘务教员在航线飞行和地面训练中进行特定机型的教授指导时，应按照航空公司训练大纲圆满完成该机型的训练，具备服务该机型的资格。对于担任客舱乘务教员后失去客舱乘务员资格的，当其在地面训练中进行特定机型的教授指导时，应按照公司训练大纲圆满完成该机型的地面训练，同时每12个日历月在该机型航线飞行中观察飞行至少2个航段。

（5）近4年内没有人为责任原因发生不安全事件。

（6）客舱乘务教员应每24个日历月完成一次不少于8h的客舱乘务教员地面复训，复训内容应包括更新的规章、手册内容、公司新政策、新知识以及新的训练或教学方法等。逾期未完成复训或不合格等原因失去资格的，应当重新进行客舱乘务教员训练。对于担任机组资源管理（CRM）训练、危险品训练、应急医疗教学任务的客舱乘务教员，其资格保持应满足民航局规定的资质要求。

2. 客舱乘务检查员

客舱乘务检查员应是一名合格的客舱乘务员，圆满完成客舱乘务员所需的训练和经历要求,同时,履行客舱乘务检查员职责并达到客舱乘务检查员经历和资格要求。

1)客舱乘务检查员职责

客舱乘务检查员负责按照经民航局批准的训练大纲,对客舱乘务员的训练进行评估和检查。其职责包含但不限于以下内容:

(1)客舱乘务员复训和其他训练类别的地面理论学习、操作训练的检查。

(2)在初始新雇员训练、转机型训练和其他训练类别的航线飞行中,对客舱乘务员进行资格检查。

(3)在客舱乘务员训练合格证上做相应的签注。

(4)及时向客舱服务部上报任何训练类别的缺陷和工作建议。

(5)客舱乘务检查员应每年向客舱服务部递交年度检查工作报告,报告应包含该客舱乘务检查员的检查职责、检查人数、不及格率、主要问题和建议等。

2)客舱乘务检查员资格要求

(1)至少具有4年乘务长(含)以上岗位工作经历并至少有2年客舱乘务教员岗位工作经历,至少飞行5000h。待聘检查员在获得乘务长或客舱乘务教员资质后,存在任意连续12 个日历月未履行乘务长或客舱乘务教员职责情况的,应减去此期间的乘务长或客舱乘务教员经历。

(2)持有在特定飞机上担任客舱乘务员所需的有效的训练合格证及航空人员体检合格证。

(3)具有相应的知识经验、训练和经证明的能力,按照经民航局批准的训练大纲完成客舱乘务检查员训练,并通过航空公司组织的考试。

(4)近5年内没有人为责任原因导致的不安全事件。

(5)初次担任客舱乘务检查员或需重新恢复客舱乘务检查员资格的人员应参加民航局组织的客舱乘务检查员训练并考试合格。结束训练的时间与报备给民航局备案的时间距离不得超过12 个日历月。

(6)客舱乘务检查员在地面训练和航线飞行中进行特定机型的监督检查时,应按照训练大纲圆满完成该机型的训练,具备服务该机型的资格。

(7)客舱乘务检查员应每24个日历月完成一次不少于8h的客舱乘务检查员复训,复训内容应包括更新的规章、手册内容、公司新政策、新知识以及检查方法等。如果客舱乘务检查员复训与客舱乘务教员复训结合进行,可以作为4h计入。逾期没有完成复训或不合格等原因失去客舱乘务检查员资格的,应当重新进行客舱乘务检查员训练。

在航线飞行中,应指定有经验的客舱乘务检查员在同一舱位且同一区域工作对新聘的客舱乘务检查员进行指导。该人需具备检查员资格且有1年(含)以上检查员岗位经历。

三、转机型训练(TT)

转机型训练是针对某一机型训练合格后,需要转入另一新机型,在转入该新机型的同一职务之前,应当圆满完成转机型训练,包括地面培训、飞行经验指导和检查。

客舱乘务员在客舱乘务教员的指导下履行规定的职责,接受该机型飞行经验指导。客舱乘务员在该机型上接受飞行经验指导的时间窄体机至少15h,包括至少4个航段;宽体机至少30h,包括至少4个航段。

客舱乘务教员应当亲自指导客舱乘务员履行其职责,并对客舱乘务员是否可以进入资格检查做出判断。客舱乘务员应在民航局认可的客舱乘务检查员的监督下,在该机型航线飞行中接受资格检查。客舱乘务员在该机型上接受资格检查的时间至少5h,包括至少2个航段。客舱乘务检查员应当亲自观察这些职责的完成情况,监督整个过程,并对客舱乘务员是否合格做出鉴定。

客舱乘务员应和其客舱乘务教员、客舱乘务检查员在该机型划分的客舱布局中的同一舱位且同一区域工作,客舱乘务教员和客舱乘务检查员所承担的其他客舱职责不应影响其教学指导和检查任务。在航线飞行中正在接受飞行经验指导或资格检查的客舱乘务员不得担任机组必需成员,即不得在该机型的客舱乘务员最低数量配备中承担职责。检查合格后,由实施检查的客舱乘务检查员在训练合格证转机型训练的客舱乘务检查员签字栏上签名/盖章。

客舱乘务员应当在转机型地面训练结束后的90天内完成航线飞行经验指导和资格检查。逾期未完成的应重新进行转机型地面训练。

四、其他训练

1. 差异训练（DT）

差异训练是针对某一机型训练合格后,需要继续在该机型不同型号或设备、性能相近的另一种机型上工作的客舱乘务员进行差异部分的训练。为了区别同一种机型中不同机型的差异等级,须在训练大纲的差异训练中制定一级至三级差异等级的训练要求。

2. 定期复训（RT）

客舱乘务员应当在12个日历月(含)之内完成定期地面复训和资格检查,其中定期应急演练,应当在针对每一机型的初次训练完成后,至少每12个日历月复训一次。未能在规定的期限内完成定期复训者,将暂停或吊销其客舱乘务员训练合格证。在要求进行训练的那个日历月之前一个或者之后一个的日历月中完成了训练或者进行了检查的,被视为在所要求的那个日历月中完成了训练或者进行了检查。

各类乘务教员须每24个日历月完成一次教员地面复训,允许复训在24个日历月期满前或后一个月内完成,逾期没有完成或不合格等原因,失去教员资格的,应当进行相应的重新获得资格训练。

客舱检查员须每24个日历月完成一次检查员地面复训,允许复训在24个日历月期满前或后一个月内完成,逾期没有完成或不合格等原因,失去检查员资格的,应当进行相应的重新获得资格训练。

3. 重新获得资格训练（RQT）

当出现下列情况,应当进行相应的重新获得资格训练,通过检查后重新获得上岗资格。

(1)民航局监察员、公司认为不合格等原因失去资格。

(2)逾期未完成复训或复训不合格。

(3)重获运行经历鉴定不合格。

客舱乘务员重获资格地面训练结束后,应在120天内安排相应的航线带飞及检查。

在任意连续的 12 个日历月内,未完成某一机型两个航段飞行的客舱乘务员,应当重新获得运行经历。

对于在任一连续的12 个日历月内未完成某一机型要求的2 个航段飞行的客舱乘务员,应当在客舱乘务检查员监督下,在所服务的该机型飞机上,至少完成 2 个航段飞行。客舱乘务检查员应当亲自观察这些职责的完成情况,监督整个过程,并对被检查人员做出鉴定,判断其是否合格。

对于在重新获得运行经历中,被鉴定为不合格的客舱乘务员,应当参照该机型的转机型训练要求,进行重获资格训练。

4. 危险物品的训练

客舱乘务员应在24 个日历月(含)内,圆满完成经批准的训练大纲中的训练内容,其中包括讲授危险物品的基本常识、限制、禁运的危险物品、一般标记和标签的识别、危险物品处置包的应用、旅客和机组携带危险物品的规定、怀疑危险物品造成损害或泄漏的处置方法、客舱内危险物品事故处置程序和飞行中危险物品事故检查单。

在要求进行训练的那个日历月之前一个或者之后一个的日历月中完成了训练或者进行了检查的,被视为在所要求的那个日历月中完成了训练或者进行了检查。

5. 应急医疗训练

每一客舱乘务员应在规定的期限内完成应急医疗训练,包括一般应急医疗训练和特需应急医疗训练。

一般应急医疗训练是结合飞机的型别、厂家、构型、运行种类和特点设定的,完成应急医疗所必需的知识和技能,包括急救箱和卫生防疫包的位置、箱内医疗用品的功能和使用方法,以及根据运行种类、特点,机组成员所必须掌握的呼吸原理、生理组织缺氧、高空不供氧情况下的有知觉时间、减压物理现象等方面的知识。

一般应急医疗训练应包括应急演练训练和应急情况训练。应急演练训练是指应急医疗设备的位置、箱内医疗用品的功能和使用方法、高空减压和组织缺氧等特定项目知识的培训和练习,包括医疗用品名录和使用条件、应用范围、基本操作技能、高空呼吸原理、高空减压和组织缺氧、应急事件时机组成员之间协调、应急程序等知识。

应急情况训练是指对突发公共卫生事件或者实施交通卫生检疫的应急反应措施,包括应急情况报告、污染源或伤病人员的临时隔离、舱内人员健康保护、环境应急消毒处理等知识和技能。

特需应急医疗训练是针对旅客、机组成员的医学急症或者在应急事件时的意外受伤,使用应急医疗设备实施急救的知识和技能的培训与练习,包括创伤止血、现场包扎、骨折固定、搬运护送、心肺复苏、妊娠旅客应急情况处置等技能。

客舱乘务员至少每24 个日历月接受一次一般应急医疗训练,包括应急演练训练和应急情况训练。至少每12 个日历月接受一次特需应急医疗训练。

6. 高原机场训练

客舱乘务员在进入高原机场运行前应按训练大纲要求完成首次进入高原机场运行训练,该训练可以单独组织,也可结合初始训练、转机型训练等训练类别进行。实施高原机场运行的客舱乘务员每24 个日历月应参加一次航空公司组织的高原机场运行复训,复训内容和时间可参考首次进入高原机场运行训练的要求，并进行适当简化和调整。

五、客舱乘务员的合格管理

（1）客舱乘务员完成各类培训经考核合格后，客舱服务部负责对其上岗期间所履行的安全职责、服务程序进行检查，设立考核档案，实施有效管理。

（2）客舱服务部建立客舱乘务员业务档案，记录每一位客舱乘务员的履历、技术等级、晋级、培训、复训等情况，并保存记录。

（3）客舱服务部不定期进行航线跟班检查，对客舱乘务员的技术熟练程度和专业水平进行监察。

（4）客舱服务部须详细记录客舱乘务员的飞行时间、值勤时间和休息时间。每一项记录，至少保存 6 个月，以便接受民航局的检查。当客舱乘务员不再服务于公司时，应将全部记录保存至少 24 个月，并在上述人员提出要求时向其提供训练记录的复印件。

（5）客舱乘务员训练的附加条件及限制：正在获得飞行指导的客舱乘务员，如需学习和使用机上安全设备的操作，必须在教员或检查员的亲自指导下操作。正在获得飞行经历的初始新雇员，每架飞机不得超过 2 名，且机上都必须有供其使用的座椅。初始新雇员、客舱乘务员每天培训时间不得超过 8 课时。

六、客舱乘务员资质的管理

1. 客舱乘务员资质管理机构

（1）客舱乘务员资质管理机构由客舱服务部、培训部、保卫部组成，由专人负责客舱乘务员的资质管理工作。

（2）培训部负责制订客舱乘务员训练计划，并按月将训练计划和训练情况报客舱服务部。

（3）保卫部负责本部门客舱乘务员训练合格证的收缴和保管，并按月将训练合格证的收缴和保管情况报客舱服务部。

（4）客舱服务部负责本部门客舱乘务员训练合格证的暂停和吊销管理；统计客舱乘务员的月飞行小时；汇总公司客舱乘务员资质管理各项信息并按月上报民航局。

2. 乘务员的出勤管理

1）备份

备份的主要任务是保证临时增加航班或因换机等原因增加空勤人员，或因病事假等原因临时换人。备份时间从当天第一个航班的准备时间至当天所有航班起飞。

第一备份人员必须在前一天晚上公司规定的时间之前到乘务值班处签到，并在指定地点入住，其余备份人员在宿舍待命。

备份人员必须在指定地点待命，并保持通信畅通，随叫随到。备份人员备份期间不得外出。如就餐等原因需暂时离开，需向乘务值班、航班调度员申请，并保持通信畅通，随叫随到。

第一备份人员接到临时任务 5min 内到乘务值班室确认计划，由乘务值班员安排其进场。其余备份人员按通知转为第一备份。

备份人员如通知参加开会或学习，需按要求着制服和带齐飞行用品。

备份结束后经乘务值班及航班调度员许可后解除备份,第一备份人员到乘务值班处进行返签到后方能离开。

2)换班

因病、事假需换班者,持假条至值班室填写"实力变更单",经乘务经理批准后报乘务调度中心调换。特殊情况需换班者,需经乘务经理批准后方可。乘务人员不得私自调换航班。

3)迟到

晚于所规定的航前签到时间视为迟到,或晚于机组发车时间进场也视为迟到。

4)漏飞

(1)因个人原因造成未执行当天航班视为漏飞。

(2)因个人原因未按时加机组造成后续航班无法执行视为漏飞。

(3)备份人员接到飞行通知后请病假,因通信不畅而没有执行备上的航班视为漏飞。

5)拒飞

(1)在确认航班任务后因个人原因不服从飞行任务者视为拒飞。

(2)在航班生产保障过程中因个人原因未执行完航班任务者也视为拒飞。

第二节　客舱乘务员的健康管理

一、客舱乘务员的健康政策

1.航空卫生保障管理

(1)客舱乘务员必须对自己的健康负责,对航空人员体检合格证的有效性负责。其每12个月必须在民航局认可的体检机构完成体检。

(2)空勤人员的健康状况应记录在"航空人员健康记录本"中,由航空公司的医疗中心保存。

(3)客舱乘务员在达不到航空人员体检合格证所要求的健康水平时,必须向值班航医报告。

(4)执行飞行任务的客舱乘务员在驻地以外地区如发生急诊情况,应在公司认可的医院就诊(如:三级甲等医院)。

(5)执行任务期间发生重大疾病、外伤、死亡等重大事件,应按规定及时上报。

2.参加飞行的规定

对客舱乘务员参加飞行情况有如下规定:

(1)拔牙24 h内,有各种不明原因的严重牙痛,不得参加飞行。

(2)在飞行前24 h及飞行期间不得献血。

(3)深度潜水后,48 h内不得参加飞行。

(4)接受手术、患重大疾病或经医生检查证明怀孕后,应停止飞行。妊娠结束后,经体检鉴定合格,方可参加飞行。哺乳期依照相关规定执行。

(5)外科手术后须经航医认可后才能履行飞行职责。

3. 高高原飞行航卫保障

高高原机场指海拔高度在2438m（8000ft）及以上的机场。参加高高原地区飞行的机组成员应进行出勤前健康体检，包括询问病史、相关基础医学检查。

（1）下列情况的机组成员不适于执行高高原机场的飞行任务：

①患有头痛、神经衰弱、睡眠障碍的。

②患有耳气压机能不良的。

③患有影响通气功能的鼻腔及鼻窦疾病的。

④安静时心电图和心率异常的；糖尿病患者。

⑤患有严重呼吸道疾病的，如气管炎、哮喘等；自发性气胸病史者。

⑥患有慢性消化道疾病的，如胃溃疡、十二指肠球部溃疡等。

⑦患有心脑血管疾病、冠心病等。

⑧患有高山高原反应症的。

⑨潜水活动后休息时间不足24 h的。

⑩患有临时停飞症状的。

（2）高高原机场运行机组成员医学放行标准：

①无心血管疾病、冠状动脉硬化。

②无持续性心律失常，心率不小于50次/min，不大于100次/min。

③血压：收缩压不持续≥140mmHg（毫米汞柱）或＜90mmHg，舒张压不持续≥90mmHg或＜60mmHg；且无心、脑、肾损害征象。

④无贫血。

⑤无空腹血糖、糖耐量异常。

⑥无胸肺疾病及其后遗症。

⑦无头痛。

⑧无上感、发热、慢性呼吸道疾患。

⑨无耳气压功能不良、咽鼓管通气不良。

⑩无睡眠不良、睡眠障碍。

⑪无负性情绪。

⑫飞行前24h禁止饮用含酒精饮料，避免劳累或过量无氧运动，且有足够的睡眠。

⑬无其他影响高高原飞行运行的疾病或身体不适。

✈ 二、机组人员酒精饮料和精神性药物的使用

1. 酒精使用限制

（1）酒精浓度指用呼气测试器测试的每210L呼出气体中所含酒精的克数。酒精使用指服用了含酒成分的饮料、液体混合物或其他制剂（如药物）等。

（2）呼气测试器测试受检者体内酒精浓度为0.02（含）至0.04（不含），需做进一步评定。如果受检者体内酒精浓度达0.04以上，结果为阳性，则不得上岗或继续留在岗位上。机组人员在我国境外值勤期间还应该遵守所在国家的酒精管理规定。

（3）值勤期间，任何机组人员不得饮用含酒精的饮料。

(4)机组人员在饮用酒精饮料8h之内,或正处于酒精作用下,不得上岗或继续留在岗位上担任安全敏感工作。

(5)机组人员穿着公司制服时,不得饮用含酒精饮料或者进入酒吧、酒馆内。

2. 药物限制

机组人员严禁携带鸦片、海洛因、甲基苯丙胺(冰毒)、吗啡、大麻、可卡因以及国家规定管制的其他能够使人形成瘾癖的麻醉药品和精神药品。

(1)在值勤期间禁止服用的药品。

①中枢神经系统抑制剂:鸦片类、吗啡及其衍生物、可待因及其衍生物、美散酮类、哌替啶(杜冷丁)、巴比妥类、溴剂、酰脲、杜鲁半特类、抗组织胺类制剂。

②影响自主神经系统的药物:麻黄素、肾上腺素、阿托品及其衍生物、氨甲酰甲基胆碱、乙酰甲基胆碱、匹洛卡品、新斯的明、毒扁豆碱。

③止痛剂。

④中枢性抗高血压制剂或神经节阻滞剂。

(2)除以上药物限制外,还应注意以下几种可能降低判断力、妨碍正常能力发挥的常用药:

①安眠药:安眠药可能麻痹意识,导致混乱及反应迟钝。机组人员禁止服用安眠药。

②抗组织胺药:所有抗组织胺药都会产生诸如镇静、疲劳、口干等副作用。治疗流感、花粉病、过敏性皮疹或过敏反应的药物中常含有抗组织胺药。有些鼻用喷雾和滴液也可能含有该类物质。

③镇静药、抗抑郁剂及精神病用药:这几类药物适用的病症及可能产生的副作用会妨碍机组成员执行飞行任务。在停止使用这类药物进行治疗且药效未完全耗尽之前,不应继续执行飞行任务,有时这个过程需要几天的时间。

④抗生素:抗生素适用的病症可能阻止飞行人员执行飞行任务,但大多数抗生素可以在飞行期间服用。很显然,对过敏反应有要求的工作,不得服用怀疑为抗生素的药品。要在执行飞行时服用抗生素,应该有处方中抗生素的服用经历,或在地面上接受了过敏试验至少24个小时。

⑤镇痛药:很多镇痛药和消炎药可能导致胃部不适和胃出血。理想情况下,应该在服用前征询医生意见。

⑥类固醇:使用类固醇会妨碍执行飞行任务,如可的松等。

⑦疟疾药:多数用于预防的疟疾药,若服用适量,不影响飞行任务的安全进行。

⑧止泻药:很多用于治疗胃炎、肠炎(腹泻)的药物可能导致镇静、视觉模糊等。机组人员在服用时必须非常谨慎。多数情况下,机组人员有必要停飞一段时间。

⑨抑制食欲的药物:这些药剂会影响神经中枢系统,因此不应在飞行期间服用。

⑩降压药(治疗血压的药)。

(3)药物使用的要求。

①某些治疗药剂可以在飞行期间服用,但应该由在航空医学上有丰富经验的医生开具处方,在继续执行飞行任务前,必须有足够的时间以确定其适合性及无副作用。如有疑问,应与航医联系,以确定正在服用的药物是否妨碍执行飞行任务。

②使用药物的人员应主动向值班航医报告健康用药情况，不得隐瞒。

③使用可能影响飞行能力的药物后，必须地面停飞观察，经民航局航卫部门鉴定确认其身体状况对飞行能力无影响后，方可重新恢复飞行。

④经航医鉴定长期需要药物依赖的客舱乘务员，不得参加飞行。

⑤滥用违禁药品的，根据规定，将解除值勤任务，并按相关法律处理。

第三节　客舱乘务员的专业化形象管理

乘务员应着装整洁，行为举止大方。在公共场所要严格按照乘务员的行为规范要求自己，按规定着装并注意站、走、坐、蹲的姿势。

一、乘务员的仪态要求

1. 站姿要求

挺胸收腹，两肩下沉，双脚并拢，略打开成"V"字形或"丁"字形，提气，收下颚，面带微笑。女乘务员要求右手轻压左手交叉相握，四指并拢叠放身体前面。男乘务员要求双手相握放在身后，或搭于腹前，一手半握拳，另一只手握其手腕处。

2. 坐姿要求

入座前，腿与座椅之间应有约30cm（1ft）的距离，就座时，右腿后退半步再坐下。乘务员在规定位置上就座时应系好安全带，背好肩带，不得斜肩、倾背、抱胸、曲腰或闭目养神。

女乘务员用右手轻抚后裙摆（手心向上），左手自然放在身体一侧，坐下后右脚向前移一小步，左脚跟上并拢，双手自然放在腿上，五指并拢，大小腿之间成90°夹角，上身挺直。

男乘务员坐下后，可将双脚略分开，膝关节稍分。双手五指伸直或轻握拳头放在双腿之上。

3. 走姿要求

在标准站姿的基础上迈步前行，收腹收臀提气，目视前方，女乘务员行走时脚内侧在同一直线上，双臂自然摆动，步履要小、轻。女乘务员在巡舰客舱时，双手可自然相握，抬至腰间。如迎面遇有旅客时，应主动停下来侧身让旅客先行通过，并以身体面向旅客。如两乘务员在过道上交错时要背对背面向旅客通过。

4. 蹲姿要求

当腰弯至低于45°以下时，不可提臀弯腰，必须下蹲。蹲下时，一腿高，一腿低，腿高一侧的手轻轻扶在腿上，腿低的一侧手用来拾取物品，背部尽量保持自然挺直。

二、女乘务员的仪表要求

1. 女乘务员的发型要求

头发要干净利落，美观大方，保持健康、光泽、无头皮屑，任何发型均应使用发胶或摩丝定型，不得有蓬乱的感觉。

（1）短发：可卷可直，但发型不宜奇特，长度不得短于两寸，以前不遮眉及面部，后不过衬衣领底线为宜。

（2）长发：束起盘于脑后，保持两鬓光洁，无耳发、头发稀少者应将发髻装饰满后再戴上头花。

（3）刘海：可卷可直，但必须保持在眉毛上方。

（4）染发：只允许染成自然的黑色。

（5）发饰：只限公司配发的式样，不准戴其他花色，可使用无饰物的黑色发卡固定头发，但不得使用发箍及彩色发卡，禁止使用假发套。

2. 女乘务员的化妆要求

只要着制服必须化工作妆，保持容颜的清雅、秀丽。在航班上应始终保持完整的妆容，如需补妆，应在洗手间或工作间进行，不得在旅客面前补妆。

（1）粉底：应与肤色协调，保证脸与脖颈之间无明显分界。

（2）化妆粉：应与粉底颜色相协调。

（3）眉毛：应接近头发的颜色，修剪秀丽、整齐。

（4）眼影：不得涂带有荧光的眼影。

（5）睫毛膏：以黑色、深棕色为限。

（6）腮红：应与口红的颜色协调，颊骨周围颜色渐暗。

（7）口红：以大红、深红、桃红、玫瑰红为限，先用唇线笔勾出轮廓线，然后填口红。

（8）手和指甲：双手保持清洁、健康，指甲修剪整齐美观，只限无色透明指甲油，并不得有脱落现象。指甲长度不超过手指尖2mm，各指甲长度保持一致。

（9）香水：以清香、淡雅型香水为限，不可过浓、过香。可喷口香剂来保持口气的清香。工作前不得食用大蒜、大葱和韭菜等有强烈刺激性气味的食品。

3. 女乘务员的饰物要求

（1）手表：执行任务时，必须戴走时准确的手表，手表的设计以简单为宜，表带是银色、金色的金属或皮质皮带，宽度不得超过2cm，颜色限制在黑、棕、棕褐、灰色，不得佩戴其他各类型手表及系挂怀表。

（2）戒指：每只手只允许戴一枚设计简单、戒环宽度不超过5mm的戒指。

（3）耳针：只允许戴一副式样简单、镶嵌物直径不超过3mm的金、银质或珍珠耳针，不得佩戴耳环、耳坠等。

（4）项链：允许带一条纯金或纯银的宽度不超过3mm的项链，相配坠饰物不得过于夸张。

（5）手链：只允许佩戴一条宽度不超过2mm式样简单的手链，不允许佩戴手镯、脚链或脚镯。

三、男乘务员的仪表要求

1. 男乘务员的发型要求

发型要轮廓分明，头发干净、利落、修剪得体，使用发胶使头发定型。两侧鬓角不得长于耳垂底部，背面不长于衬衣领底线，前面不遮盖眼部。不得剃光头。梳理头发应在洗手间内进行。

2. 男乘务员的仪容要求

（1）胡须：不得留胡须（小胡子和络腮胡），执行任务前要净面，并修剪鼻毛。

（2）手和指甲：保持手的干净、无斑点，手指不得有抽烟留下的尼古丁熏黄痕迹，指甲应保持清洁，修剪整齐，无凹凸不平的边角，长度不超过手指尖2mm。

3. 男乘务员的饰物要求

（1）手表：要求同女乘务员。

（2）戒指：只允许佩戴戒环宽度不超过2mm的金、银质或钻石细戒一枚。

四、乘务员的着装规定

1. 乘务员着装禁忌

乘务员在着制服时不得出现下列情况：

（1）制服上有污垢、掉纽扣、皱褶、撕破、织补或毛边等现象。

（2）大声喧哗、嬉笑或吵闹。

（3）边走边吸烟、嚼口香糖等。

2. 制服的保养

制服穿脏后应及时清洗，保持干净平整。除围巾、衬衣、围裙可湿洗外，其他应干洗。

3. 冬季迎送客的着装规定

（1）当气温较低、天气寒冷时，站在客梯车或廊桥上送客的乘务员可着风衣或大衣送客。

（2）客舱送客的乘务员，必须着装统一，可着外套送客。

（3）较大的雨、雪等恶劣天气可不在客梯车上送客，但廊桥上必须有乘务员送客。

（4）当客舱关闭后，应及时脱掉大衣或风衣进行客舱服务。

乘务员的换装时间可根据当年实际气温适当调整，以乘务大队下通知为准。

4. 乘务员的着装标准

着制服时，必须系好纽扣、衣带，在行进中、旅客登机时应统一着装。

1）女乘务员的着装标准

（1）工作帽：着冬季服装时，佩戴工作帽。

（2）鞋：着配发的工作鞋，皮鞋保持光亮无破损，注意鞋跟的保养。

（3）袜子：根据不同着装统一穿公司规定颜色的连裤袜，袜子不得有抽丝、破洞现象，并准备备份袜。

（4）围裙：在进行餐饮服务时穿戴，应保持熨烫平整、干净；穿、脱围裙时要避开旅客视线，不得穿围裙进入洗手间。飞行时要求携带备份围裙。

（5）服务号码牌、特色牌：应别于左胸上方，特色牌别于号码下方。

（6）登机牌：上、下飞机时，应使用航空公司统一配发的证件挂带，将登机牌挂在胸前，列队行进。

（7）头花：必须戴公司配发的头花（如有）。

2）男乘务员的着装标准

（1）衬衣：着衬衣时，需扣好纽扣，佩戴领带，并将衬衣下摆系入裤子中；着民族装时，衬衣不可掖于裤内。

（2）领带：着制服必须系配发的领带，不得有其他饰物。

（3）裤子：应熨烫平整，保持干净、整洁。

（4）鞋：着配发的皮鞋，保持光亮无破损。

（5）工作帽：着春秋、冬季服装时，应佩戴工作帽。

（6）风衣、大衣：穿风衣、大衣时须扣好纽扣，系好腰带，戴好帽子。

（7）服务号码牌、特色牌：同女乘务员。

（8）登机牌：上、下飞机时，应使用航空公司统一配发的证件挂带，将登机牌挂在胸前，列队行进。

五、飞行箱管理

乘务员必须使用公司统一发放的飞行箱或飞行包，飞行箱包上不得悬挂、张贴任何饰物。飞行乘务组乘务员集体行动时，以乘务长的飞行箱、包为准，摆放整齐，摆放时要求整齐端正，拉杆恢复原位。乘务员必须按照规定将飞行箱、包摆放在固定的地方，并将衣服、帽子等物品整齐地摆放在飞行箱上。所有飞行箱必须统一佩挂航空公司发放的标志牌，并在标志牌上工整填写使用人的姓名。

练 习 题

1. 选择题

（1）新聘的在其他公司有过客舱乘务员岗位经历且最后一次复训不超过（　　）个日历月（含）的人员，在取得另一家航空公司客舱乘务员资格前，应进行初始训练。

A. 6　　　　　　　B.12　　　　　　　C. 18　　　　　　　D.24

（2）客舱乘务员的行为规范正确的是（　　）。

A.站姿要保持身直，挺胸、迎客时，两手可以扶着座椅

B.巡视客舱时要面带微笑与旅客目光相遇时可以回避

C.蹲时要保持上身端正，两腿高低不一，轻蹲轻起，不要深度弯腰

D.以上均正确

2.判断题

（1）每一客舱乘务员应在规定的期限内完成应急医疗训练。（　　）

（2）客舱乘务员因个人原因未按时加机组造成后续航班无法执行称为迟到。（　　）

（3）客舱乘务员每 12 个月必须在局方认可的体检机构完成体检。（　　）

（4）某航班执飞深圳——曼谷过夜航班，停留时间为20h，在此期间，乘务员在保证安全的前提下，可自行外出游玩，包括深度潜水。（　　）

（5）机组人员在饮用酒精饮料8h之内，或正处于酒精作用下，不得上岗或继续留在岗位上担任安全敏感工作。（　　）

3. 简答题

当出现哪些情况，乘务员应当进行相应的重新获得资格训练，通过检查后重新获得上岗资格？

第七章　飞行乘务工作职责与流程

学习目标

通过本章的学习，了解各岗位客舱乘务员的职责，掌握飞行乘务工作的流程，明确乘务员在各飞行阶段的工作内容，并能熟练地完成各岗位任务。

重难点

重点：飞行乘务工作流程。

难点：飞行乘务工作流程。

为保障运输秩序及安全，从旅客登机开始到飞机落地、旅客下机，民航乘务员为旅客提供一系列的服务。由于所飞航线、舱位等级的差异，各航班在不同飞行阶段所提供的服务项目也有所差异，乘务员要在限定的时段内完成这些项目，这就需要乘务组分工协作，密切配合，按照飞行乘务工作流程的要求完成自己的岗位职责。

第一节　客舱工作人员职责

民航航班的机组成员包括飞行组与乘务组。飞行组主要负责飞行任务，乘务组负责客舱服务。机长作为机组中具有最高指挥权限的人员，负责领导全部机组成员完成飞行与客舱服务工作。乘务组在遇有重大事项及危险情况时，需要及时向机长报告，听取机长的处置意见。因此，乘务组在飞行工作中要适时与机长沟通联络。

飞行乘务员也称客舱乘务员，指在民用飞机客舱内执行空中服务工作和安全管理任务的机组人员，包括主任乘务长、乘务长、区域乘务员和航空安全员。

乘务员职责是指乘务员对机上所载运的旅客从登机后到下飞机前的安全和服务所承担的法定责任。飞行乘务员对旅客在客舱中的安全和舒适负责。

一、机长的安全职责

机长对飞行的实施以及飞行中飞机、其他机组成员、旅客、货物的安全负全责。对整个机组成员从报到开始到航班结束时（含往返过夜酒店的地面交通）拥有指挥权和管理权。所有机组成员必须遵从机长的命令，服从机长的管理。机长应合理管理机组资源，在处理任一情况时，应注意重视机组其他成员的提醒和建议。机长对飞行中事件的处置拥有最后的决定权。

二、主任乘务长/乘务长工作职责

每个营运的航班上都必须配备一名主任乘务长/乘务长。主任乘务长/乘务长有权处理机上及有关客舱安全的各种事宜。主任乘务长/乘务长在每次航班飞行的始终,隶属机长领导:服从机长指挥,向机长汇报情况,保持与飞行机组、客舱机组成员的沟通;协助机长保证客舱、旅客在正常情况和紧急情况下的安全管理与应急处置,确保国家财产和旅客的安全。

主任乘务长/乘务长在执行航班任务过程中,对客舱安全、旅客服务进行全面负责和监控。主任乘务长/乘务长应遵守《中华人民共和国民用航空法》法律法规和航空公司政策,按照公司手册相关程序和规定对客舱工作进行管理、组织、监督、协调,并按公司手册要求履行程序和标准,合理分工,及时纠正违规行为。

1. 管理客舱乘务员

(1)负责航前确认飞行任务书人员与实际人员相符,有不符的立即报告机长和客舱服务部值班人员。根据客舱乘务员工作能力进行岗位分工。当航班由于各种原因出现低于正常乘务组定员飞行的情况时,须合理调整各区域客舱乘务员职责,主任乘务长/乘务长有权在减员飞行时调整服务程序,但禁止因非安全原因更换组员号位。

(2)飞机经停站或到达终点站,督促各号位客舱乘务员检查客舱,做好各项交接工作。

(3)负责组织客舱乘务员航前准备会和航后讲评会,检查乘务组各类证件或资料的携带情况和有效性,以及评估和记录客舱机组表现。

2. 组织客舱服务,负责客舱安全

(1)在服务工作中,负责组织协调、管理乘务工作,督促乘务员按照业务部门的有关规定做好服务工作,确保优质服务及客舱安全。

(2)负责核实签收各种文件及有关物品的交接与记录工作,查看并填写"客舱记录本"及相应报告单,妥善处理与飞行机组、地面各部门的协调和沟通。

(3)负责清点旅客,并与地面工作人员核对机上旅客人数。

(4)负责发出滑梯操作口令和相应舱门/滑梯操作,并监督、提醒乘务组按开关舱门检查单完成舱门/滑梯操作。在离机前确认各舱门滑梯预位已解除。

(5)负责检查整个客舱安全检查、安全保卫工作和飞行前清舱工作的落实情况。

3. 组织处理客舱中各种不正常情况

(1)遇有应急情况,及时报告机长,负责机上应急情况下的广播,并组织客舱乘务员充分利用机上应急设备沉着、冷静地进行处理,尽最大努力保证旅客安全。

(2)航班不正常时,了解延误原因,并与机组统一口径,安排好客舱安全、服务工作。

4. 收集与反馈信息

(1)负责收集旅客反馈信息、航班任务中的信息、客舱设备信息,并根据公司要求做好记录和反馈。

(2)认真学习,理解有关服务的规章、业务通告,善于观察、总结服务工作经验,及时反馈各种信息,提出合理化建议。

三、区域乘务长工作职责

区域乘务长在航班中隶属主任乘务长/乘务长领导,协助主任乘务长处理客舱安全和机上有关事宜。

（1）除承担本区域所规定的工作职责外，还应对所管辖区域的安全及服务工作进行全面管理，协助主任乘务长处理客舱安全及服务的各种管理事宜，并在航后对客舱安全和旅客服务等工作进行讲评。

（2）协助主任乘务长指挥经济舱乘务员的机上服务工作，合理安排服务程序，协助组织、协调、管理、督促客舱乘务员落实安保工作和飞行前清舱工作，并按照标准规定做好对旅客的服务工作，确保优质服务。

（3）协助主任乘务长要求并且监督组员遵守落实各项安全规定，纠正客舱乘务员的违规行为。

（4）在航班出现特殊情况时，协助主任乘务长更改服务计划，合理调整客舱乘务员的工作职责，及时妥善处理旅客投诉等各种事宜，并向主任乘务长报告。

四、客舱乘务员工作职责

1.客舱乘务员的主要职责

客舱乘务员的主要职责是确保客舱安全，其职责包含但不限于以下内容。

（1）遵守规则，服从管理。

①遵守《中华人民共和国民用航空法》等法律法规和航空公司政策，按照航空公司手册或相关标准程序开展工作，保障机上乘员安全。

②服从机长、主任乘务长/乘务长管理，向机长、主任乘务长/乘务长汇报，保持与机长、主任乘务长/乘务长和客舱机组成员之间的沟通。

③要求旅客遵守法律法规、航空公司政策手册和机组指令，维持客舱秩序，协助机长和空中保卫人员做好安全保卫工作和飞行前清舱工作。

（2）为旅客提供适当服务。在满足和确保安全的前提下，可以为旅客提供适当的服务。如遇有颠簸或其他不正常、不安全的情况，客舱乘务员可以调整、删减服务程序，或不提供服务。处置客舱内各种不正常情况。

（3）收集反馈信息。收集旅客反馈信息、航班运行中的信息和客舱设备信息，并向主任乘务长/乘务长汇报。

（4）保证资质。完成必需的训练，确保个人资质符合飞行运行要求。按规章和公司政策合理安排休息，保证身体和心理健康情况符合飞行要求。

2.头等舱/公务舱乘务员工作职责

（1）负责相应责任舱门/滑梯操作，并监督、提醒主任/乘务长按检查单完成舱门/滑梯操作。

（2）负责头等舱/公务舱、前厨房、前洗手间的清舱和应急/服务设备检查及安全监控；保持客舱的安静，有礼貌地劝阻其他旅客不要到公务舱闲逛；始终保持洗手间的整洁、无异味，物品摆放整齐、美观。

（3）负责为头等舱/公务舱的旅客提前预留安放行李的位置，监控行李安全存放；热情迎候旅客上机，主动帮助旅客挂好衣帽，摆好手提物品，及时供应毛巾。

（4）起飞前按检查单严格检查服务供应品、纪念品、餐具、食品、餐食配备情况。供餐前要保证餐食和食品、餐具整洁，认真布置和摆放服务用品。做好头等舱/公务舱供应品的回收和签封工作。

（5）要有较丰富的服务工作经验,能准确回答旅客提出的各种问题;细心观察旅客的需求,服务要做在旅客开口提出要求之前;对公务舱旅客实行称呼姓氏的服务;负责与地面交接各类高端旅客信息;下机时安排公务舱旅客先下,便于地面优先接待。

（6）飞行中要适时注意客舱温度的调节;随时向旅客介绍航线所飞越的地标。熟练掌握公务舱中西餐的供应程序和服务技能;熟悉混合酒、鸡尾酒的调配方法。

3.经济舱乘务员工作职责

经济舱乘务员根据工作程序和乘务长安排,完成经济舱旅客的安全、服务工作。

1)航班起飞前做好服务准备

（1）客舱乘务员登机后,应检查所负责区域内的氧气瓶、灭火器等应急设备的数量和完好情况,并掌握使用方法;检查紧急撤离指示灯是否正常;检查机上娱乐用品、报纸杂志的种类及数量,并将报纸摆放整齐,应注意平均分配各段报纸。

（2）过站期间,负责整理报纸杂志,增补卫生用品及安全须知卡,检查落实客舱、洗手间的卫生状况,并向飞行乘务长汇报。

（3）旅客登机时,主动、热情、迅速地引导旅客就座;核对旅客人数。

（4）负责相应责任舱门/滑梯操作,并监督、提醒相对舱门责任人按检查单完成舱门/滑梯操作;非舱门责任人负责监督舱门责任人按检查单进行舱门滑梯操作。

（5）演示救生衣和氧气面罩时,要仪态大方、动作准确,并与广播相协调。

2)安全职责

飞机滑行、起飞、下降和颠簸前,要严格进行以下客舱安全检查:

（1）系好安全带（包括无人座位）。

（2）收起并扣好小桌板。

（3）调直座椅靠背。

（4）检查行李架是否关好,走廊及出口处不得堆放行李。

（5）打开遮光板。

（6）按规定使用小型电子电器。

（7）收好头等舱/公务舱座椅的脚踏板。

（8）固定厨房餐具、服务车及服务用品,扣好门帘。

（9）盖好马桶盖,洗手间门关闭并锁上。

（10）确认出口座位旅客是否符合标准。应急出口责任人要负责起飞、落地前出口座位旅客的确认工作,确保出口区域畅通;全程中（尤其在航班延误期间）对出口区域进行监控,并报告主任乘务长/乘务长。

3)客舱卫生检查

出港前检查客舱及洗手间卫生,摆放好卫生用品。飞行中要随时检查和打扫洗手间卫生,喷洒香水,保持清洁无异味。普通舱每三人使用后至少打扫一次,公务舱每一人使用后至少打扫一次。

4)飞行中做好服务供应

（1）客舱乘务员应热情、有礼貌地向旅客供应物品。供餐前应了解旅客的宗教信仰,尊重他们的风俗习惯,为旅客提供餐食前应先介绍所配餐食的种类,给需要特殊餐食的旅客送餐时应做到餐别准确无误。

（2）主动介绍航线地标、机上设备以及乘机常识。主动征求旅客意见，耐心、细致、准确地回答旅客问讯。严禁在工作时间干与工作无关的事情。

（3）注意客舱温度，了解旅客的需要，及时同机组联系，并予以调整。

（4）旅途中，客舱里应经常保持有飞行乘务员（客舱中一般保持有两名飞行乘务员，最多不超过3名），注意观察旅客动态和需要。发现可疑现象要及时报告飞行乘务长。

5）关注特殊旅客

负责关注特殊旅客（老、幼、病、残、孕等）的安全和服务工作，应主动了解情况，给予特殊照顾。精神病患者和犯罪嫌疑人乘机，应安排在适当位置，并向随行人员介绍防范注意事项，协助做好保卫工作。

6）飞机落地后清理客舱

飞机落地后，要及时送还代旅客保管的物品，为驻外办事处带的报纸、文件都要及时卸下。旅客下机后，应认真仔细地检查客舱，如发现有遗留物品，要尽快设法归还失主。如有无人认领的物品，要及时交给地面工作人员处理。

4.厨房乘务员工作职责

1）操作舱门及设备

（1）负责相应责任舱门/滑梯操作，并监督、提醒相对舱门责任人按检查单完成舱门/滑梯操作。旅客上下飞机时应检查客梯是否放好，热情迎送，扶老携幼，照顾好需要特别帮助的旅客。

（2）正确操作机上厨房设备、服务设备，熟练掌握应急设备的使用方法；确保厨房干净整洁。检查水箱的水是否加满以及污水箱的废水储存情况。

2）负责参与客舱餐饮服务资源的安排与调配

负责经济舱餐饮、供应品的检查，按"配餐单""随机供应品服务用具配备回收单"来检查和校对本次航班所规定携带的服务用品、食品、饮料及餐食数量是否与单据上一致，并检查质量是否符合要求。确认其数量、种类、质量，并明确存放位置，报告主任乘务长/乘务长。

严禁将腐烂或变质的食品、饮料、餐食供给旅客。提供餐食饮料前先检查生产日期，如发现问题及时向乘务长反馈。做好餐饮服务的各项准备工作，确保热饮及餐食温度适中。

飞机到达前整理、清点、收回全部服务供应品，填写回收单。

3）负责厨房及洗手间区域的卫生及安全

负责厨房、洗手间的清舱和设备检查、安全监控及安全检查；负责洗手间清洁工作，做到及时清理、洗手间干净、无异味，配齐擦手纸、卷纸等卫生用品。

4）做好客舱服务补充

（1）起飞前检查服务舱内服务用具是否完好，并全部放置安全妥当。保持服务舱和用具的整齐、清洁。

（2）按工作程序做好旅客的服务供应准备工作，并确保服务用品摆放整齐。

（3）负责厨房水车和餐食的摆放，服务过程中负责补充客舱中的饮料和餐食。

五、广播员工作职责

(1)飞行前要认真熟悉和复诵广播词。

(2)携带广播词和航线介绍资料。

(3)广播时热情、准确、语速和音量适中,语调流畅柔和,语言通俗易懂。

(4)航班飞行中,广播器不得给旅客使用,但执行专包机任务时,可酌情处理。

(5)正确使用广播设备,按照规定操作进行,爱护设备。如发现失效或损坏,应报告乘务长及时填写客舱记录本。

(6)广播员由乘务长兼任或指定一名具备资格的飞行乘务员来担任。

六、专职安全员工作职责

(1)负责领取、携带空防器械,并做好交接工作。

(2)负责国际(地区)航线护照(通行证)的领取与交接,核实乘务组人数、名单。

(3)全程负责对外来物品和无证人员的监控及清舱工作。

(4)全程监控旅客动态及驾驶舱门区域的安全。

(5)紧急撤离时服从主任乘务长/乘务长的指挥。

七、乘务员安全检查职责

(1)当所有清洁、供餐和机务人员离机后,或在旅客登机前,乘务员和安全员必须对客舱进行清查。

(2)在检查中,发现任何可疑的物品,如非标准的设备或梳妆用具,非正常的导线、误放的手提行李、包裹、相机等,不要触动,要立即报告乘务长和机长。

(3)在过站时,所有乘务员都要留意下列情况:

①允许留在飞机上的旅客或行李一般可以不检查,但在起飞前要对驾驶舱、厨房、洗手间等处进行检查。

②只有经过特殊许可的人,出示适当证件后才可允许上飞机。

③在过站时,所有箱、柜的门都要关好。

(4)厨房乘务员要检查餐食的内容,如果有不能打开的容器或餐具,必须向乘务长、主任乘务长报告,即使在最后一刻装上飞机的食品,也要认真检查。

(5)确认出口座位。

①乘务长/主任乘务长必须确保已做过合适的广播或安全须知的简介。

②确保旅客对于安全须知卡上的中英文指示的责任是理解的。

③客舱乘务员在旅客登机时必须对每一个坐在出口座位上的旅客讲解紧急出口的特殊性,确认后,报告乘务长/主任乘务长。

④在离港之前,乘务长/主任乘务长将出口座位的确认情况报告机长。

⑤不能坐在出口座位处的旅客包括:双臂缺乏运动者、无成人陪伴的儿童、视力不佳者、听力不佳者、不愿或无能力遵守出口规定者。对于不符合出口座位规定的旅客,乘务员有责任为其调换座位。

第二节　飞行乘务工作流程

民航客舱服务工作有一套严格的工作程序，无论飞行航程长短如何，每个航段的飞行工作都可分为预先准备、直接准备、飞行实施和航后讲评四个阶段，客舱乘务员在每个阶段中，应各司其职，完成相应的工作任务，并达到工作标准。

一、预先准备阶段

预先准备阶段包括接受任务、个人准备（包括网上准备）、航前签到和航前业务准备会四个阶段。

1. 接受任务

接受任务可以通过飞行中队、派遣科、电话、计算机等方式进行。目前国内外各大航空公司大都提前一个月左右在公司内部网站公布飞行任务安排计划。乘务员在接受航班任务后，应及时查看航班任务书，了解航班性质、航线/航段、航班号、机型、机号、机长姓名、乘务组人员、飞机起飞时间及签到准备、机组乘车时间，预先做好准备工作。

航班性质包括正班、加班、包机、专机、急救或补班。

（1）正班：指对外公布的在班期时刻表上显示的航班。

（2）加班：指对外公布的在班期时刻表上显示以外的非正常航班。

（3）包机：指由某个团体或者个人承包的航班。

（4）专机：指由某个团体或个人有特定级别身份指定的专用航班。

（5）急救：指在发生突发事件（如医疗事故、赈灾）等情况下的临时增补航班。

（6）补班：指针对在正常时间段内无法完成预定飞行任务的正常航班的候补航班。

另外，为防止意外情况的发生，航空公司会每天安排备份人员，备份一般分在家备份和现场备份。乘务员应及时了解自己的工作要求并进行相关的个人准备。

2. 个人准备

客舱乘务员了解航班任务后，应针对本次航班，了解航班的飞行时间、飞行距离、飞行高度、沿途的地标、名胜古迹，紧急情况的处理方案，重要旅客、特殊旅客的服务，各号位岗位职责，所飞机型的应急设备和服务设备及应急处理程序，若飞国际航班，还应了解所到国家及地区海关、移民局、卫生检疫的相关规定。有些航空公司会要求乘务员在网上准备和完成航前试题。客舱乘务员应充分认识到航前准备的重要性，并合理安排休息，以饱满的精神状态执行飞行任务。

航班当天，客舱乘务员应在签到、检查前根据公司规定做好着装规范、仪容修饰的准备。客舱乘务员在签到前应检查飞行包，携带好有效证件、装具、资料及个人应携带的物品，如乘务员执照、健康证、登机证、护照等，且确认证件必须在有效期限内。个人检查制服、围裙是否干净、齐整，皮鞋是否擦亮；化妆包内的化妆品是否齐全；是否携带有秒针的手表、笔、针线包等。如果是过夜航班，还需准备过夜物品，准备备份的隐形眼镜。除此之外，对于女乘务员来说，准备少许备用丝袜也是不可忽视的一个细节。

网上准备是乘务员在飞行前必须完成的一项工作,乘务员须在规定的时间(如有航空公司规定在飞行前一天18:00)完成网上准备,掌握航班飞行相关信息。如果临时接受任务,可根据实际情况进行。

乘务员打开航空公司客舱网,输入员工卡号和密码后,进入乘务准备系统,点击"网上准备"后开始准备。网上准备的内容主要包括航班任务和航班动态、航线资料、飞行状况、飞行安全、餐饮配备与机上免税品销售、业务通告、旅客信息、乘务组人员信息、留言查询、旅客调查情况、航站天气、组员准备情况等,有的航空公司还会要求乘务员完成航前试题。

3.航前签到

乘务组应在规定的时间到公司客舱部签到。签到时应携带齐全必需的证件、资料和个人用品。乘务长需领取飞行任务书、乘务长工作箱(航线资料、业务通告、乘务日志、资料夹、铅封、班期时刻表、交接单等)、乘务组护照等,担任兼职安全员的乘务员,根据需要领取安全员工作包,并携带有效证件。

乘务员的着装、仪容仪表符合公司要求。保持个人训练有素的职业形象。工作期间着公司制服;女乘务员化妆得当,男乘务员必须净面,发型梳理整齐;遵守公司形象规定,确保制服及饰品清洁、平整、完好、得体,确保工作鞋清洁、光亮无破损。

4.航前业务准备会

航前业务准备会的时长通常为20~30min,一般由乘务长主持。乘务长提前到公司了解公司的最新通知,然后领取任务书、护照(国际航班)、乘务长箱包,了解机长和乘务组成员信息,明确与航班相关的时间、人员等方面的信息。

(1)准备会上,带班乘务长会向乘务组成员做自我介绍,然后乘务组成员之间互相认识。

(2)乘务长确认每一位成员精神状态正常,如有精神恍惚或饮酒状态,立即报部门值班岗位进行处置。

(3)检查乘务组成员的证件、装具、资料、制服着装及专业化形象,检查每位乘务组成员的个人准备情况,指出制服、外表形象的不足之处,并为乘务组成员按标准做好专业形象示范。

(4)乘务长对乘务组成员进行岗位分工,岗位分工要综合考虑全组乘务员状况,尽量做到力量强弱搭配。应挑选有上岗证书、本组播音能力最好的乘务员作为广播员;头等舱、公务舱乘务员要确保经过岗位培训,能胜任头等舱、公务舱工作;消防员应选择男性乘务员;遇有无人陪伴小旅客,应指定乘务员负责。提问乘务组成员航班的飞行时间、途经的地标、在紧急情况下如何处置、机型设备使用、特殊旅客的服务要求、公司的最新通知、目的地的气候、机供品的配备等。如为国际航班,还要准备目的地国家(地区)的海关规定等。

(5)将本次航班的有关信息通报给乘务员,如航班号、机型、飞机号、机长姓名、航线、起飞和到达时刻、餐饮配备、特殊旅客等。

(6)确保每一位乘务员都携带现行有效的"飞行乘务员手册"和有关证件资料。

(7)有关安全的问题,如客舱应急处置程序、特情处置程序、应急设备的检查、舱门滑梯的操作、出口的确认、客舱乘务员号位的分布、颠簸处置等。客舱乘务员了解飞行任一阶段可能遇有的颠簸以及遵循的程序,如遇有颠簸,乘务长可以对相应服务程序进行调整或缩减。乘务长还会要求安全员介绍空防安全形势和组员间配合安排。

(8)服务的问题,如飞行时间、服务程序和工作分配等。

乘务长要对整组准备情况进行监控,发现组员准备不合格者,有责任通知乘务值班员填写"地面抽查单",并有权利向乘务值班申请换人。

乘务值班员、检查员将随时抽查乘务员的航前准备情况,对于违反相关规定者,记录在"地面抽查单"上。

执行支线航班任务的乘务员必须自行进行航前准备程序。

准备会应使用普通话,表达清晰,如有外籍乘务员可使用英语,确保所有组员能听懂。组员应听从乘务长的指令,乘务长应以身作则,营造积极向上、训练有素的环境气氛,提倡团队精神,所有组员应明白其工作位置或安全责任。

准备会结束后,乘务组依照排列次序,按规定进行安检,准时登机,进行客舱紧急设备检查和做好准备阶段的工作。

二、直接准备阶段

直接准备阶段是指从乘务员登机开始至飞机起飞前的阶段。飞行前的直接准备是为了执行空中乘务工作而进行的最后准备,它直接关系到能否圆满完成机上服务工作,确保飞行安全。

1.安置个人行李

登机后,乘务组应先将乘务员个人箱包存放于驾驶舱或指定的行李架或衣帽间内,不得放置于旅客的座椅或应急出口处。

2.检查应急设备

客舱乘务员按照分工号位,根据客舱运行检查单进行应急设备检查,发现故障及时报告。应急设备检查,是直接准备阶段最重要的环节,要求检查各应急设备是否在位、数量是否齐全、是否处于待用状态。

(1)检查舱门:处于关闭状态的舱门是否已关闭到位并无夹带物品;滑梯是否处于解除预位状态;门区工作灯及服务灯是否工作正常。

(2)检查氧气瓶:氧气瓶是否在规定位置并固定好;氧气瓶压力表指针是否指示在1800Psi(磅/平方英寸,红色区域);氧气瓶是否配有包装完好的氧气面罩。

(3)检查灭火器:灭火器是否固定在指定位置;检查安全销是否穿过手柄、触发器位置;灭火器黄色压力指针是否指在绿色区域;灭火器是否在有效期内;灭火器是否铅封完好。

(4)检查防烟面罩:防烟面罩是否固定在指定位置;包装盒是否密封完好;捆扎带是否完整,无松开。

(5)检查救生衣:检查救生衣是否放在指定位置且配备齐全;救生衣的包装是否完好。

(6)检查手电筒:手电筒是否放在指定位置并固定好;工作状态是否良好。

(7)检查急救药箱:急救药箱是否放在指定位置并固定好;铅封是否完好。

(8)检查"安全须知卡""出口座位旅客须知卡":"安全须知卡""出口座位旅客须知卡"是否在座椅背后的口袋里;与所飞机型是否相符,有无破损。

(9)检查安全带:旅客、乘务员安全带是否在指定位置,收缩正常且搭扣使用正常;婴儿安全带及加长安全带数量是否配备齐全。

(10)检查扩音器:扩音器是否固定在指定位置,并处于完好状态。

（11）检查应急灯：测试应急灯开关，并确认应急灯开关处手完好状态（注意连续2~3个以上的应急指示灯不亮，飞机便不允许起飞）。

（12）检查洗手间烟雾探测器：洗手间烟雾探测器是否绿色能量指示灯亮；指示灯是否工作正常。

3.检查服务设备

根据客舱运行检查单进行服务设备检查。

（1）检查前后乘务员控制面板是否工作正常。

（2）检查广播/内话系统是否工作正常。

（3）检查灯光调节及音乐播放是否工作正常。

（4）检查旅客服务组件：阅读灯、通风孔，呼唤铃、耳机是否使用正常；小桌板、婴儿摇篮、座椅、靠背、阅读灯、观察窗等是否在位并完好；遮光板是否全部打开；座椅背后口袋内服务用品的配置（如航机杂志、清洁袋等）是否符合规定。

（5）检查行李架是否处于开启状态。

（6）检查客舱地板、座椅、小桌板、行李箱、衣帽间、座椅扶手、应急设备储藏柜、储物柜、壁板、玻璃窗、枕头、毛毯是否清洁。

4.检查洗手间

（1）检查洗手间设施设备：马桶、水池、地板、镜子、台面是否干净；冲水系统是否完好能够正常使用。

（2）检查清洁卫生用品：香水、润肤霜、洗手液是否齐全并放于指定位置；手纸、擦手纸、马桶垫纸是否放于指定位置并按规定摆放。

5.厨房准备工作

1）检查服务间设备

（1）厨房乘务员接通厨房电源，检查服务间配电板、水表及污水表是否工作正常。

（2）检查烤箱、煮水器、烧水杯、冷风机、冰箱、保温箱、服务车的刹车是否工作正常；储物柜锁扣、服务车锁扣等是否扣好。

2）检查机供品

机供品是航班上为旅客和机组配备的物品，包括服务用品、娱乐用品、清洁用品、饮料及食品等。厨房乘务员按"机上用品配备回收清单"检查机供品。

（1）厨房乘务员应熟悉机供品的存放位置。

（2）清点核对供应品、饮料杯、托盘、餐盘、热水壶、塑料冰桶、冰勺、酒钻、餐具包等服务用品及食品饮料的品种、数量等是否与"机上用品配备回收清单"相符。

（3）清点并检查报纸杂志、耳机（配有电视、耳机音乐的飞机）、儿童玩具（中、远程航班）等娱乐用品的数量和质量。检查报纸杂志是否为当日发行的或最新发行的中外文报纸杂志、当地文字报纸杂志（外站配发）；检查报纸杂志是否摆放整齐，以供旅客登机后阅读。

（4）设有小卖部的航班，按售货检查单检查货品是否齐全。

（5）接收并检查清洁袋、擦手油、香水、爽肤水、擦手纸、手纸、马桶垫纸、空气清新剂、杀虫剂等清洁用品是否与机上用品配备回收清单相符。中、远程航班上，配有牙刷、眼罩、耳塞，头等舱配有牙具包、拖鞋、休闲服和被子等。

（6）厨房乘务员检查无误后在机上用品配备回收清单上签字。乘务员接收机上用品配备收清单时需确认时间、航班号及航段等信息。

3）检查餐食

（1）厨房乘务员应熟悉各类餐食的存放位置。清点核对餐食（正餐含冷盘和热食）及特殊餐食的数量是否与配餐单相符，餐食是否新鲜、无损坏。厨房乘务员与送餐人员当面清点，在便笺上记录餐食的种类及数量。

（2）服务车应放冷风机位或将干冰放于服务车最上层；在烤炉架最上层放置干冰，以保持热食的新鲜程度。餐食清点完毕，厨房乘务员写好单子交给乘务长。

（3）检查服务间地板、服务台面、烤炉、冰箱、储物柜、垃圾箱等是否清洁，水槽排水是否顺畅。

6.清舱工作

（1）为方便旅客摆放行李，在登机前，乘务员将行李架打开。

（2）确认飞机廊桥、客梯车处于安全状态。客梯车扶手拉到位，廊桥、客梯车的高度适当，冬季如有覆盖冰雪霜，必要时要求地面人员进行处理。

（3）乘务长确认厨房设备完好，食品、供应品检查工作已完成，并确认文件到齐。

（4）清舱，确保无外来人、外来物。每一个航段旅客登机前和下机后，客舱乘务员都应确认客舱内无与飞行无关的人员，任何登机人员必须出示有效的登机证件或许可登机的证明文件。客舱乘务员还应配合安全员在每一段旅客登机前对驾驶舱、厨房、洗手间、行李架、储藏柜等位置进行必要的清舱检查，逐一打开所有存储空间，确认客舱各部位无不明性质的外来物。

对下列区域进行清舱检查：厨房、客舱、洗手间、机组休息室；应急滑梯、救生筏、救生衣、氧气面罩存放处；储物间、衣帽间、行李架；乘务员座位、旅客座位、固定书报架、储物柜；洗手间水池下及周围容器；烤箱、排水阀、烧水杯、烧水箱及服务车存放处。清舱检查完成后报告乘务长，同时若发现可疑物品或无关人员也要报告给乘务长。

7.乘务组与飞行机组的准备会

客舱乘务组必须与飞行机组完成准备会，乘务长、安全员在飞机起飞前按规定时间与机组进行协调。如遇外籍机长，乘务长需与副驾驶进行内容的确认，并确保每位客舱乘务员都明确相关信息。如出现机组连飞，乘务长、安全员按照规定上飞机之后与机组进行协调。在旅客登机前，机长与乘务组必须进行协作准备会。机长应把相关的信息传达给所有乘务员。准备会应包括以下内容。

（1）机组成员介绍：机组成员变化情况及有效证件检查确认。

（2）机长向机组通报：

①预计飞行时间和高度、天气状况和天气预报对航路飞行的影响（雷雨、颠簸、预计飞行时间等）。

②运行相关信息（延误、不正常运行、返航备降的分工）交流和传达。

③飞行适航状况和飞行检查情况。

④加机组人员相关情况（机组人员、运行和安全检查人员）。

⑤飞行时间以及地面滑行时间介绍、短距离滑行时对客舱服务的影响。

(3)乘务长向机组报告：

①客舱检查情况，包括旅客服务设备的完好情况，是否有严重影响飞行安全和旅客舒适的设备故障。

②特殊旅客及重要旅客情况。

(4)安全保卫人员向机长报告客舱和货舱清舱检查情况。

(5)机组协调内容：

①紧急情况下的分工及配合（中断起飞、紧急撤离或一发失效）。

②机组与客舱对旅客广播协调的相关事项。

③驾驶舱与客舱的联络。

④空防保卫（反劫机、炸机等）的行动预案。

⑤机长对其他事项的要求。

机长在进行客舱协作时，应了解客舱乘务组的具体反馈意见，检查和询问客舱准备情况，要求每一个客舱乘务员明白协作的内容和注意事项；对共同安全完成任务提出具体要求；机长应及时向乘务长通告在协作后发生的任何运行信息变化。

8. 对加机组人员的管理

允许加机组的人员包括：飞行人员，乘务人员，安保人员，监察人员，航卫人员，执行飞机排故、跟班放行任务的机务维修人员，参加航线实习的航务、签派、管制、航行情报和气象预报人员，公司领导批准的需以加机组方式乘机的人员。

机组获知有加机组人员时，应通知安全员查验加机组人员的加机组文件和证件的有效性，并核实其身份。加机组人员在登机前应将加机组文件和证件交安全员，安全员负责查验有效性并核实身份后，报告机长，通知乘务长。乘务长在得到机长允许加机组人员乘机后，负责安排加机组人员的座位。

正常情况下，加机组人员不应被委派安全相关职责；若加机组人员使用客舱乘务员座位，不能妨碍客舱乘务员执勤；应遵守旅客告示和广播介绍的安全须知。

9. 乘务长准备

(1)国际(地区)航班准备中国和外国海关、边防、检疫旅客申报单。

(2)验收客舱卫生，签收机供品。

(3)签收要客、特殊旅客通知单，了解要客、特殊旅客人数、姓氏、座位号及中途过站人数。

(4)接收商务载重平衡舱单和向海关总申报单及旅客名单，并确认无误。

(5)准备完毕后，乘务长向机长报告，请示机长有无进一步的指示。

清舱工作完成后，乘务长报告机长，经机长同意后方可上客，并通知地面人员客舱准备结束。客舱乘务员应再次进行仪容仪表自查、互查，调节好自身情绪，以最佳的状态迎接旅客登机。旅客上机前，乘务长应将客舱灯光调至明亮，并播放登机音乐。

三、飞行实施阶段

飞行实施阶段是指旅客登机至乘务组下机的阶段，在这一阶段中是乘务员为旅客提供服务的全过程，服务工作的好坏直接关系到公司的形象和利益，因此，乘务员必须严格按规章制度为旅客提供优质服务。飞行实施阶段由起飞前工作、空中服务工作和落地后工作三部分组成。

1.旅客登机服务

1）迎客

（1）迎候旅客进入客舱。旅客登机时，乘务员应根据不同机型的号位分工和公司规定，站在指定的位置，如舱门口、过道里，着装整齐、站姿端正，热情礼貌地主动迎接、问候旅客。当旅客进入客舱，乘务员面带微笑与旅客保持适当距离，上身前倾行鞠躬礼主动迎接并问候"您好，欢迎登机""您好，请往这边走""早上/下午/晚上好"等。旅客登机期间适时播放预录的登机广播，通常不超过三次。

（2）统计旅客人数。数客乘务员将计数器放在身体前部，表情专注，可以利用旅客的衣服颜色、性别、体征作为计数参照，按下计数器。数客前必须检查计数器是否工作正常，确认已经归零；数客时，要特别关注带着儿童和婴儿的旅客，对婴儿车、旅客自带摇篮内是否有婴儿要确认清楚；对地面人员上下飞机要格外注意监控。

旅客因延误、备降、非计划过夜等情况再次登机时，乘务长应确认旅客人数是否有变动，并与地服人员核对舱单的旅客人数。

（3）有秩序地引导旅客入座。

①询问查看：面带微笑，主动上前，询问并查看旅客登机牌上的座位号。

②规范引导：五指并拢，伸出右手臂，侧身指引旅客向其座位方向行进"您好，您的座位是×排×座，请跟我来/请往里面走。"行进过程中，目光及时与旅客交流。

③引位确认：旅客到达座位旁乘务员主动热情地指示座位。"您好，您的座位在这里，请入座。祝您旅途愉快。"如果座位安排时有旅客不方便的情况，起飞后可与邻近座位的旅客商量，适当调换。

（4）协助旅客摆放行李。协助旅客放好随身携带的物品和衣物。

①协助旅客将其行李摆放至行李箱，确保行李稳妥。

②确认告知：告知旅客行李不能叠放；紧急出口、第一排座椅脚下、厨房空服务车位、洗手间、储藏应急设备的柜子以及机组休息座位、无固定装置的空间不得安放行李。"您好，这里是紧急出口，为了安全，按照规定这里不得摆放行李，我们帮您把行李安排在行李架内，您看可以吗？"

③安全提醒：提醒旅客看管好自己的行李，自行保管贵重及易碎物品。

④确认检查：检查旅客携带的占座行李是否固定。

⑤调整固定：将放置于座位下面的行李固定在不超出行李挡杆限制或不影响旅客进出的位置；伞式折叠婴儿车挂在封闭式衣帽间内。

如果旅客的行李过大过重，超出规定范围，通知地面值机人员办理托运。旅客的手提行李不能捆绑在座椅上，药品不得冷藏在厨房区域，将旅客要求冷藏的药品放在盛有冰块的塑料袋内，由旅客自行保管。

（5）疏通过道。

①引导疏通：主动疏通拥挤于客舱通道上的旅客："对不起，先生/女士，请您先侧身/请您先入座，让后面的旅客过去好吗？谢谢您的配合！"

②安置行李：疏通放于客舱通道上的行李："对不起：先生/女士，请您先侧身/请您先入座，行李一会儿我帮您一起安排。请让后面的旅客先过去好吗？谢谢您的配合。"

（6）根据普通舱要客的入座情况提供服务。为其提供报纸杂志、热毛巾、饮料，起飞前收回饮料杯、毛巾等。

2）两舱旅客服务

两舱服务对象是指购买头等舱和公务舱的旅客。

（1）引导入座。两舱旅客登机时，乘务员应主动上前迎候迎候时，根据旅客名单或登机牌旅客姓名显示，使用"姓氏服务"或"职务称呼"。主动帮助提拿行李，准确引导入座。主动协助旅客摆放行李，乘务员主动向旅客做简短的自我介绍。

（2）存放衣物。旅客递交衣物给乘务员委托存放时，乘务员应检查确认衣物是否有污损，提醒旅客贵重物品自行保管；使用标识牌，做好座位号的记录；航程中妥善保管衣物，避免污损。

（3）提供毛巾和迎宾饮料。旅客入座后及时提供毛巾；提供迎宾饮料时，先摆上杯垫，将饮料杯置于杯垫上。飞机起飞前，征得旅客同意后收回旅客用完的毛巾和饮料杯。

（4）提供报纸杂志。发放报纸杂志时，应主动向旅客介绍配备的种类；根据光线情况，为旅客打开阅读灯。当旅客的需要无法满足时，应真诚地表示歉意，做好解释工作并设法以其他方式弥补，争取旅客的谅解。

（5）提供拖鞋。两舱旅客登机后，乘务员挑选合适的时机为其提供拖鞋服务。将拖鞋送至旅客手中或放于座椅前面的插袋内；主动询问旅客是否需要更换拖鞋，帮助其打开包装，将拖鞋摆放于合适位置，并协助旅客将换下的鞋子妥善放于规定的存储空间。

3）确认出口座位

向出口座位旅客进行出口座位介绍及确认："打扰了，先生/女士，您就座的是我们的应急出口座位。正常情况下，请不要触碰带红色标记的把手；在紧急情况下，您愿意充当我们的援助者，帮助其他旅客撤离吗？"得到旅客的肯定答复后："请您在起飞前阅读我们的出口座位须知卡，同时请您监督，不要让其他旅客随便触碰我们的应急窗口。如果您还有什么疑问，请随时与客舱乘务员联系。"乘务员要旅客确认"安全须知卡"后方可离开。

乘务员要确认下列人员不能安排在紧急出口座位。

（1）两臂、双手和两腿缺乏足够的运动能力、体力或灵活性导致下列能力缺陷：

①向上、向旁边和向下达不到应急出口位置和应急滑梯操纵机构。

②不能握住并推、拉、转动或不能操作应急出口操纵机构。

③不能推、撞、拉应急出口舱门操纵机构或不能打开应急出口。

④不能把与机翼上方出口窗/门的尺寸和重量相似的东西提起、握住、放在旁边的座椅上，或把它越过椅背搬到下一排去。

⑤不能搬动在尺寸与重量上与机翼上方出口门相似的障碍物。

⑥不能迅速地到达应急出口。

⑦当移动障碍物时不能保持平衡。

⑧不能迅速走出出口。

⑨在滑梯展开后不能稳定该滑梯。

⑩不能帮助他人用滑梯离开。

（2）不足15岁，或者没有陪伴的成年人、父母、或其他亲属的协助，缺乏履行紧急出口职责的能力。

（3）缺乏阅读和理解本条要求及由公司用文字或图表形式提供的有关应急撤离指示的能力，或者缺乏理解机组口头命令的能力。

（4）在没有隐形眼镜或普通眼镜以外的视觉器材帮助时，缺乏足够的视觉能力。

（5）在没有助听器以外的帮助时，缺乏足够的听觉能力听取和理解客舱乘务员的大声指示。

（6）缺乏足够的能力将信息口头传达给其他旅客。

（7）需要照料婴幼儿的旅客；或操作应急设备可能会使其本人受到伤害。

如果被安排在出口座位上的旅客很可能没有能力履行出口座位的职责，或者旅客自己要求不坐在出口座位，乘务员应当立即将该旅客重新安排在非出口座位位置。在非出口座位已满员的情况下，如果需要将一位旅客从出口座位调出，乘务人员应当将一位愿意并能够完成应急撤离功能的旅客，调到出口座位上。在出口座位就座的旅客要求更换座位时，乘务员不得要求其讲出理由。

2.关闭舱门，准备起飞

（1）旅客登机完毕后，进行欢迎词及防止登错机的广播。

（2）乘务长与地服人员核对旅客人数，确认旅客人数与舱单相符，航班文件携带齐全，机组人员到齐，供应品餐食到齐，客舱安全管理措施落实后，报告机长并在得到许可后关闭机舱门。如果所数的旅客人数与舱单不符，带班乘务长立即责成其他乘务员重新数旅客人数，避免延误航班。此时，乘务长通知全体乘务员到客舱，督促旅客在原位坐好避免旅客随意走动，同时确认洗手间是否有人。

（3）如在计划起飞的时间范围内机舱门不能关闭，乘务长如未得到飞行组通告延误或等待的原因和信息时，应及时向飞行组了解，并将了解到的信息通过客舱广播系统通告旅客；延误或等待时，乘务长应间隔地与机长联系，以便向旅客及时传达有关信息。乘务组应根据等待时间，提供必要的客舱服务。如旅客登机后需下飞机等待，对旅客提出的某些特殊要求乘务长应视情况与地面工作人员协商解决。与地面工作人员协作，力求减少延误或等待时间。

（4）关好舱门后，乘务长发出"各号位乘务员滑梯预位，并做交叉检查/相互检查"的指令，各号位乘务员在乘务长指挥下将滑梯杆预位。左右交叉检查完成之后，乘务长通过广播确认各号位的滑梯预位完成情况，并报告给机长。

（5）旅客就位后，向旅客广播电子设备的使用规定。

（6）乘务员进行客舱安全演示。通过预录视频或乘务员示范，使旅客了解氧气面罩、救生衣、安全带的使用方法以及紧急出口的位置，以便紧急情况发生时，旅客能正确使用这些装备。乘务员示范时要按规定位置站位，动作要准确整齐。以B737-800型飞机两舱布局为例，安全演示时，3号乘务员站在公务舱第一排过道处，一名乘务员站在经济舱第一排过道处，另一名乘务员站在经济舱紧急出口处。所飞航线超过4267m（14000ft），示范氧气面罩；跨海及沿海飞行示范救生衣。

(7)进行起飞前客舱安全检查：

①确认所有便携式电子设备已关闭。

②确认旅客系好安全带，扣好空座位上的安全带（以免妨碍紧急情况下人员的迅速撤离），确认儿童系好安全带，婴儿由成人抱好并系好婴儿安全带。

③手提行李存放妥当，行李架关好、锁定。

④过道、应急出口无障碍物。

⑤收起小桌板、调直座椅靠背，打开遮光板，旅客座椅上无食品、饮料和餐具。

⑥收起、扣紧门帘。

⑦关断厨房电源，固定厨房所有物品。

⑧电视屏幕归位固定。

⑨洗手间无人占用，盖上马桶盖，关闭洗手间门。

确认客舱安全检查完成后，乘务员回座位系紧安全带和肩带。如客舱安全检查未能完成，乘务长应通过内话及时向机长报告。

3.飞机滑行及起飞阶段

飞机滑行时不得为旅客提供除安全以外的服务，滑行等待时同样不许提供除安全以外的服务，除非机长明确告知等待时间。飞机滑行、起飞属飞行关键阶段，客舱乘务员不能进出驾驶舱，但如果发生紧急情况，仍需及时通报机长。

客舱完成起飞前各项准备工作后，乘务长向飞行机组报告客舱准备完毕。当客舱接收到飞机即将起飞的信息、还未完成客舱准备时，应使用内话系统通知机组，并告知需要完成准备的时间。

起飞前（安全带标示灯闪亮后），乘务员调暗客舱灯光，坐在指定位置，系好安全带、肩带；在滑行、起飞阶段始终保持坐直、紧贴靠背、双脚平放在地板上的姿势。乘务长做起飞前再次确认广播，提醒旅客确认安全带是否已扣好、系紧、手机是否关闭或处于飞行模式。

乘务员在座位上回想以下内容，做好应急处置的准备：

(1)应急设备和出口的位置及其操作方法。

(2)应急程序。

(3)在紧急情况下，能够援助别人的旅客。

(4)在紧急情况下，需要别人援助的旅客。

起飞过程中乘务员要始终注意驾驶舱情况。

4.平飞阶段的服务

1)行礼致意

系好安全带指示灯熄灭后，乘务员调亮客舱灯光，拉上门帘，广播安全带、限制性电子设备规定，介绍航线及客舱设备，并需要根据起飞时间推算落地时间并进行预报。

乘务组到前舱行见面礼：后舱乘务员到前舱行礼时，可同时将服务车和报纸带到前舱来；乘务员的站位预先安排，出列前整理好个人形象，避免小动作；乘务组在客舱内一般呈菱形站位，以B737-800型为例，乘务长站在服务间内面向客舱进行广播，3号乘务员站在公务舱第一排过道处，两位乘务员并排站在经济舱第一排，其他乘务员依次向前一排站在经济舱过道处。乘务长应根据乘务员的性别、身高等提前安排在经济舱内的站位，进场、退场秩序乘务长也应给予提前安排。乘务组行礼时，要保证后服务间有安全员或其他机组成员值守。

2）服务准备

乘务员行礼后，回到各自执勤的服务间做服务准备。前后服务间根据公司航线服务标准摆放饮料车、冲泡热饮、打开烤箱加热餐食。打开音频系统、播放电影或背景音乐；客舱内为旅客发送报纸刊物，有旅客有需要毛毯的也为其提供。

3）餐饮服务

供餐前，女乘务员应穿好围裙（大多数公司男乘务员不配备围裙）。提供热食的航班上，一般先供应饮料、再供应热食，热食发放结束后，再加一遍饮料。

（1）供餐广播。广播员进行供餐广播，提醒旅客放下小桌板，调直座椅靠背。

（2）供应饮料。客舱乘务员将服务车推入客舱时，应注意掌握好方向，速度适宜；提醒旅客注意安全（如旅客的脚、座椅扶手）。供应饮料时，45°角面向旅客，身体略向前倾，面带微笑，目光注视旅客，先向旅客介绍饮料种类，再询问旅客的选择："女士/先生，今天我们为您准备了茶水、咖啡、橙汁、可乐、矿泉水，请问您想要哪一种？"

（3）供应餐食。厨房乘务员在厨房将餐车布置好，热食的摆放以安全、美观为准不能压住刀叉勺包及湿纸巾。供应餐食时与供应饮料一样，先介绍餐食种类，再询问旅客需要何种餐食，根据旅客的选择准确提供。供应托盘餐时，要将放有热食的餐盘一侧面向旅客递送。需要时，应帮助旅客安放小桌板。送餐时，要防止汤汁倾出或盘碟碰撞。旅客预订的特殊餐食应先提供，避免用客舱广播系统直接广播。

个别未用餐的旅客应做好记录，事后及时询问旅客是否需要提供餐饮。

送餐完毕，需再次为旅客添加饮料。

（4）回收饮料杯、餐盒。回收饮料杯、餐盒时，一般使用空餐车回收，但要注意餐车外不能挂垃圾袋。

客舱乘务员45°角面向旅客，身体略向前倾，面带微笑，目光注视旅客："女士/先生，您是否还需要使用？/请问可以收了吗？"乘务员应动作及时迅速，但忌急躁，防止回收物泼洒溅漏。此时如果旅客有其他饮料需求，应随时记录，用托盘为旅客提供。

服务车停留时要随时踩刹车，在客舱内服务车应始终有乘务员看管。不使用时要收回餐车位并锁定。

4）客舱巡视

供餐饮服务结束后，进入客舱旅客休息阶段。此时乘务员应经常进入客舱巡视，了解旅客需求，监控客舱安全，注意观察旅客动态，严防劫机。乘务员工作时，脚步要慢，动作要轻，以免影响旅客休息。飞行时间2h以上的航班，乘务长应制定值勤时间表，乘务员轮流值勤。

（1）乘务员应每隔3~5min巡视客舱一次，回答旅客问题，及时处理呼唤铃，为旅客提供所需服务。

（2）与旅客沟通，征求旅客对餐饮和服务的意见和建议。帮助旅客换书报杂志。为阅读办公的旅客打开阅读灯。

（3）添加饮料，回收不用的餐盘、杯子。

（4）检查客舱和洗手间的卫生，清理走廊的不洁之处。女乘务员进入洗手间清扫时应摘下围裙,头等舱洗手间应保持一客一清扫,经济舱3~5位旅客使用后应清扫一次。

（5）视情况调节客舱灯光或调节客舱温度。一般白天飞行,保持客舱温度21~23℃;夜间飞行及旅客休息时,保持客舱温度22~24℃。

（6）照顾好特殊旅客及睡觉的旅客。

（7）要劝告旅客不要高声喧哗谈笑,保持安静的环境。

（8）设有机上小卖部或免税品销售的航班,在餐饮服务结束后进行销售。

5）为飞行机组提供服务

（1）飞机起飞前,乘务员应视情况向机组提供所需饮料。起飞后,等系好安全带信号灯关闭后,为机组人员供应饮料。

（2）向机组人员供餐的时间应事先安排好与达成一致意见。乘务员进入驾驶舱前,需按联系信号联系。

（3）在飞行期间,乘务员有责任每隔30min进入驾驶舱进行服务一次。

（4）在驾驶舱内与机组人员对话前,乘务员应注意观察,以不影响其工作为前提。

（5）所有送驾驶舱的物品,在用完之后确保全部取出。飞机下降前,乘务员应进入驾驶舱取得有关到达的信息,并从驾驶舱里取走杯子等物品。

5. 下降阶段的工作

（1）航班一般在落地前20min准备下降,或下降的"系好安全带""禁止吸烟"信号牌闪亮,或接到驾驶舱发出的"客舱乘务员做好下降准备"的指令后,及时进行客舱下降广播,并介绍到达站的地面温度、天气情况及城市简介。

（2）乘务员到前舱,列队向旅客鞠躬致意（还礼）。乘务员还礼时在客舱内的站位及要求与行见面礼相同。如遇航班延误时,启用致歉还礼广播词;晚上22:00之后的航班取消还礼。

（3）还礼后,进行客舱安全检查的广播。对客舱安全检查与起飞前一样,对旅客进行安全检查。再次确认出口座位的符合性。

（4）回收毛毯、枕头、娱乐用具、杂物等;归还为旅客保管的衣物。

（5）整理厨房,填写回收单,固定所有设备,关掉厨房内的所有电源开关。

（6）对重要团体旅客、要客和身份保密的旅客,应事先和陪同人员商妥下机顺序。

（7）检查客舱设备有无损坏并填写客舱维修记录。

（8）乘务员回座位,系紧安全带和肩带。

（9）乘务长还应确保各类申报单、表格填写完毕。客舱内已做好各项着陆前的准备工作后,及时报告机长。

（10）放起落架后（安全带指示灯闪亮后）,广播通知旅客再次确认安全带是否已扣好系紧,确认手提电脑等限用装置是否已关闭。调暗客舱灯光,准备下降。

6. 落地阶段工作

1）开舱门

飞机落地完全停稳后,乘务长做好开舱门准备,用广播器发出指令:"各号位乘务员解除滑梯预位,并做交叉检查。"各号位解除滑梯预位,左右交叉检查后,用内话系统向乘务长报告滑梯预位解除完毕,乘务长确认信息后,向机长报告,请示开舱门。得到机长指令后,确认客梯车、廊桥等衔接通道已对接完成，地面人员给予开门手势后，打开舱门。

2）送客

播放落地广播，广播结束后播放送客音乐，各号位乘务员在指定位置送客下机，向旅客表示祝福，微笑道别，提醒旅客带齐随身物品。两舱旅客先安排离机，特殊旅客最后下机。遇有衔接航班的旅客，乘务员应尽力协助，提供旅客可能的转机航班建议和指导。

中途站旅客不下飞机时，乘务长应与地面人员核对人数。对旅客托管的物品全程负责，在中途站应避免地面人员误拿，以免丢失。

国际（地区）航班的乘务长应向边防（移民局）、海关人员递交总申报单和旅客名单，得到允许后，方可安排旅客下机。

3）清舱

航班结束后，乘务员应进行客舱检查，如发现旅客丢失的任何物品，应尽快归还失主或交有关部门处理，交接时应有文字手续。

清点供应品和服务用品，与供应品回收人员办理交接手续。离机前按需关闭除客舱照明外的其他电源。

中途站待清洁队做好卫生后，乘务员应立即检查客舱和洗手间的卫生情况，补充洗手间所需的卫生用品，并做好下段航程的服务准备工作。

四、航后讲评阶段

航后讲评，是客舱服务工作的最后阶段，也是总结服务工作，提高服务质量的重要环节。航后由乘务长主持召集全体乘务组成员讲评会，认真总结本次航班的服务工作，在航班上反映出的问题，应填写"乘务日志"，认真填写客舱故障记录，对于重大事故填写重大问题事故报告单，并向单位领导如实反映，提出改进措施，进一步改进服务工作，提高服务质量。如遇有特殊情况，乘务长应写出书面报告，及时上报乘务部门。

航后讲评会可采用乘务长综合讲评、检查员点评和乘务员自我讲评等多种形式进行。讲评内容包括工作差错、典型事例、特殊旅客服务、应急突发事件的处置、旅客意见反馈以及改进乘务员工作建议等。乘务长对航班上反映出的问题，应在"乘务日志"上反馈。遇重大事故，填写相应事件报告单，并向单位领导及时、准确地反映，提出改进服务工作等的意见，征求机长对乘务组讲评的意见，并根据机长的指示汇报该次航班乘务工作情况，虚心听取机长意见。

"乘务日志"的内容如下：

（1）乘务长应将航班工作各阶段上反映出的安全及服务工作问题在"乘务日志"上进行反馈，并提出改进意见。

（2）乘务长应对乘务员在航班中的表现进行评价，并对表现突出人员进行表扬，对航班工作中存在问题的组员提出改进建议或处理。

（3）对特殊旅客服务情况的反馈。

（4）对机上突发事件的处理进行汇报。

（5）遇航班不正常事件的处理。

（6）对机上设备、卫生、娱乐报刊、机供品、餐食配备等问题提出建议。

练 习 题

1. 选择题

(1)在飞行的四个阶段中,(　　)是执行空中乘务工作的最后准备阶段。

　　A.预先准备阶段　　　　　　　　　B.直接准备阶段

　　C.飞行实施阶段　　　　　　　　　D.飞后讲评阶段

(2)在每一次飞行前,(　　)必须组织乘务员准备会,并必须将有关信息传达给所有的乘务员。

　　A.乘务长　　　　　B.乘务值班经理　　　C.机长　　　　　D.乘务检查员

(3)直接准备阶段的应急设备检查包括(　　)。

　　A.急救箱　　　　　B.氧气瓶　　　　　C.内话系统　　　D.以上均正确

(4)按照分工,厨房乘务员应(　　)。

　　A.摆放洗手间用品　　　　　　　　B.送书报杂志

　　C.为公务舱旅客送礼品　　　　　　D.烘烤餐食

(5)服务工作中,直接准备阶段属于客舱准备工作是(　　)。

　　A.了解客人人数,有无特殊旅客

　　B.认真检查书报,杂志配备数量,同时摆放整齐

　　C.随时注意检查厕所卫生及安全状况,保持厕所卫生干净整洁

　　D.以上均正确

(6)按照分工,客舱乘务员负责(　　)。

　　A.公务舱的服务工作　　　　　　　B.头等舱的服务工作

　　C.普通舱的服务工作　　　　　　　D.本区域旅客的服务工作

(7)厨房乘务员负责厨房内的(　　)。

　　A.食品供应品的检查　　　　　　　B.书报杂志的摆放

　　C.机上小卖部的检查　　　　　　　D.卫生间用品的补充

2. 判断题

(1)在厨房和客舱服务工作中,乘务员应注意"三轻",即:走路轻、说话轻、动作轻。

　　　　　　　　　　　　　　　　　　　　　　　　　　　　　　(　　)

(2)不足15岁的旅客不能坐在客舱内的紧急出口座位。　　　　　　(　　)

3. 简答题

乘务长在关闭舱门之前,需要确认哪些项目?

第八章　客舱服务技能

学习目标

通过本章的学习,熟练掌握客舱各项服务的基本规范,掌握饮品服务与餐食服务的规范;了解客舱服务中的各项管理规定,能够灵活处置客舱服务中遇到的各类特殊情况。

重难点

重点:客舱服务基本规范、饮品服务规范、餐食服务规范。

难点:客舱服务基本规范。

客舱服务能力是乘务员应具备的最基本的职业技能。由于空中服务时间及空间限制,乘务员为旅客所提供的服务必须按照民航职业规范实施,方能保证客舱安全和保障服务质量。

第一节　客舱服务基本规范

一、客舱灯光调控

客舱灯光不仅为客舱提供照明,在不同的灯光调节状态下,乘务员能够更好地完成服务工作,同时也要符合不同飞行阶段的安全管理规定。

1.客舱灯光调控规定

按照客舱服务工作流程,客舱内的灯光调控如下:

(1)旅客登机之前,将顶灯、窗灯、入口灯均调至"Bright"挡。

(2)飞机起飞前,将顶灯调至"Dim"挡,窗灯关闭、入口灯关闭,打开工作灯。

(3)飞机起飞后,"系好安全带"灯灭,顶灯调至"Medium"挡,窗灯调至"Dim"挡。

(4)平飞阶段提供服务时,顶灯调至"Medium"挡,窗灯调至"Bright"挡。

(5)夜航飞行或播放电影时,顶灯调至"Night"挡,关闭窗灯。

(6)夜航飞行开第二餐前10min,顶灯调至"Dim"挡, 5min后,再调至"Medium"挡。

(7)飞机落地前8min,将顶灯调至"Dim"挡、窗灯关闭、入口灯关闭,打开工作灯。

(8)飞机落地停稳、开舱门后,将顶灯、窗灯、入口灯均调至"Bright"挡;头等舱、公务舱灯光在有条件的机型上单独控制。

2.灯光调节的注意事项

(1)长航线夜航飞行时,灯光调节时应注意由暗逐步到亮,给旅客以适应的过程。

(2)当旅客在阅读时,必须经过询问后才帮助其打开阅读灯。

(3)飞行中的任何时候,厨房值班灯不得关闭。

（4）公务舱和普通舱的灯光调节可以根据各自工作进度的不同，分别进行调节。

（5）入口灯在迎、送客时打开，其余时间关闭；工作灯在入口灯关闭时打开。

二、乘务员迎送客服务规范

迎送客时乘务员按照号位站在规定位置，按乘务员的标准站姿站好，身体与舱门成45°夹角；面带微笑，有亲切感，目视登机旅客的眼睛；对旅客行15°鞠躬礼并问好，正确称呼旅客，欢迎旅客登机。为旅客指示座位方向时，应五指并拢、手势明确。具体站位规定见表8-1。

乘务员迎送客站位　　　　　　　　　　表8-1

登机门	乘务员号位	迎客站位	送客站位
开L1门	PS1（1号乘务长）	L1门内侧	L1门内侧
	SS3（3号乘务员）	公务舱2排D座	（1）L1门内侧，乘务长旁； （2）飞机开舱门后拉合公务舱与经济舱之间的隔离帘，待公务舱旅客下机将隔离帘收起
	SS2（2号乘务员）	R2门洗手间旁	R2门洗手间旁
	SS4（4号乘务员）	经济舱4排D座	L2门洗手间旁
	SS5（5号乘务员）	紧急出口处D座	各自座位旁
	SS6（6号乘务员）	经济舱倒数第3排D座	
开L1、L2门	PS1（1号乘务长）	L1门内侧	L1门内侧
	SS3（3号乘务员）	公务舱2排D座	（1）L1门内侧，乘务长旁； （2）飞机开舱门后拉合公务舱与经济舱之间的隔离帘，待公务舱旅客下机将隔离帘收起
	SS2（2号乘务员）	L2门内侧	L2门内侧
	SS4（4号乘务员）	经济舱4排D座	L2门内侧，2号乘务员旁
	SS5（5号乘务员）	紧急出口处D座	各自座位旁
	SS6（6号乘务员）	经济舱倒数第3排D座	

三、安全演示规范

每次起飞前，客舱乘务员通过播放录像设备或人工演示的方式向旅客介绍应急设备使用方法。安全演示应在飞机舱门关闭后立即进行。如果飞机上有录像设备，则播放事先录好的录像；如果该飞机上没有录像设备，则由乘务员进行人工演示。

1.乘务员人工演示的要求

乘务员在服务间准备好安全演示用具，按规定站位进入客舱，在乘务长的广播指令下进行演示。乘务员介绍与表演应急设备时应面向旅客站立在客舱过道中，面带微笑，目视前方，表情自然大方，仪态端庄，动作准确清晰。

安全演示站位规定见表8-2、表8-3。

窄体机安全演示的站位　　　　　　表8-2

演示站位	客舱乘务员		
	6人制（加6号）	5人制（定员）	4人制（减5号）
客舱第一排	3号	3号	3号
经济舱第一排	5号	5号	2号
应急出口第一排	4号	4号	4号
22排	6号	—	—

宽体机安全演示的站位   表8-3

演示站位	客舱乘务员				
	12人制 （定员）	11人制 （减12号）	10人制 （减11、12号）	9人制 （减10、11、12号）	8人制 （减9、10、11、12号）
1排	2号	2号	2号	2号	2号
	9号	9号	9号	9号	1号
4排	3号	3号	3号	3号	3号
	4号	4号	4号	4号	4号
7排	5号	5号	5号	5号	5号
	6号	6号	6号	6号	6号
24排	7号	7号	7号	7号	7号
	8号	8号	8号	8号	8号
32排	11号	—	—	—	—
	12号				

2.个别区域单独介绍应急设备

如果个别电视屏幕不能使用,须单独向该区域旅客进行介绍下列内容:

(1)安全带的系扣和松开方式,告知每位旅客,什么时候、什么地方、在什么情况下应当系好安全带。对旅客遵守客舱信息灯给出的信号和安全带的使用加以说明。

(2)出口位置。

(3)氧气面罩的使用方法。

(4)需要的救生衣、救生筏或其他漂浮设备的存放位置和使用方法。

(5)旅客安全须知卡存放位置和阅读的必要性。

(6)禁止吸烟的区域和标识牌,特别要提醒旅客不许在洗手间吸烟,禁止损坏烟雾探测器。

(7)应急灯信号(出口指示灯、撤离路线指示灯和过道区域指示灯)的识别和紧急撤离路线的指示。

(8)禁止或限制旅客在机上使用电子设备的规定。

3.水上逃生设备的介绍

跨水飞行或延伸跨水飞行(距最近海岸线的水平距离超过 93 km/50 海里的飞行)的航班,如果起飞后直接跨水飞行,跨水飞行的安全简介,应在起飞前完成,介绍内容应包括救生衣、救生筏和其他漂浮装置的位置及操作方法,包括演示救生衣穿戴和充气的方法。

如果飞机起飞后不直接进行跨水飞行,救生设备介绍和演示可在起飞后进行。但应当在跨水飞行前完成全部介绍。在整个演示期间,客舱乘务员应停止客舱服务及检查。

4.对特殊旅客的个别介绍

在每次起飞之前,乘务长应指派客舱乘务员对在紧急情况下需由他人协助方能迅速移动到出口的旅客进行个别介绍。

(1)告诉该旅客及其随行人员(如有的话),在应急情况下,通往每一适当出口的通道以及开始撤往出口的最佳时间。

(2)征询该旅客及其随行人员(如有的话)关于帮助的最适宜方式,尽量减少该旅客的痛苦,避免再次受伤。

（3）如旅客已在同一飞机上于前面的航段中接受过出口知识介绍,在接下来的航段中可不用再次介绍。

（4）为无成人陪伴的未成年旅客和需要帮助的旅客要单独进行"安全须知"介绍。

四、毛毯服务

飞机上毛毯的数量根据客舱座位数而定,一般B737飞机上配备毛毯数量为30条左右。毛毯在出港前均已清洗并消毒,包装在塑料袋内。一般情况,配发人员会按前、中、后舱平均分布摆放在行李架内。乘务员在航前要仔细清点毛毯数量并向后舱负责人报告。清点毛毯时不可将包装拆开,在为旅客提供时,当面为旅客拆封。

为旅客提供的毛毯必须折叠整齐、美观。折叠时,先将毛毯对折,拿住没有毛边一侧再对折,然后再对折,最后再由上至下对折即可。乘务员在叠毛毯时,需检查毛毯是否干净、无污渍。毛毯叠好后,毛边统一向里放在行李架内以便清点。

为旅客提供毛毯时手臂成90°角,将毛毯搭在一侧小臂上,另一只手自然抓住毛毯下部。盖毛毯时在通道处将毛毯打开,顺着旅客的腿部,由下至上盖到旅客腹部。

乘务员在客舱提供毛毯服务时,一次最多只能拿5条。不能在旅客座椅前方打开毛毯,毛毯盖到旅客腹部后,由旅客自行调整。为非靠通道座位旅客盖毛毯时,应考虑到对外侧旅客的打扰,提前做好解释工作。

五、毛巾与餐巾纸服务

1.毛巾服务

毛巾服务是头等舱和公务舱的服务内容。旅客登机之前,乘务员要先将毛巾打湿。将一打毛巾放入装有温水的毛巾桶里,让水将毛巾充分浸湿,再将多余的水分拧掉。为了使毛巾湿透,可以将毛巾从中间打开,让中间的毛巾也充分浸湿。毛巾应湿度适中,尽量不要旋转拧干毛巾,防止毛巾褶皱变形。根据实际使用数量浸湿毛巾,不要一次全部浸湿。

将湿过的毛巾放平整,三次对折,摆放整齐美观即可。为旅客提供毛巾时,应用毛巾夹将湿过的毛巾放入托盘内;送给旅客时,也应使用毛巾夹,不能直接用手。

2.餐巾纸服务

一般飞机上配备两种尺寸的餐巾纸,大纸巾提供给头等舱旅客,小纸巾提供给经济舱旅客。乘务员在航前需清点餐巾纸的数量,使用前打开塑料包装,为旅客提供时确保航徽正面朝向旅客。

使用时需要注意保证为旅客提供的餐巾纸是整洁的,不能给旅客提供有污渍或湿的餐巾纸。乘务员可以在围裙兜内备份2~3张餐巾纸,以便随时为旅客提供。应优先使用干净的、已拆封的餐巾纸,不要提前将全部餐巾纸都打开。

六、书报杂志服务

现在的航班飞行中,一般将杂志提前放入椅背网袋中,旅客有额外需求时乘务员会再送杂志。报纸由地面工作人员统一配上飞机,乘务员应先检查报刊日期,避免发放过期报纸。一般11:00之前起飞的航班,由于时间关系,地面工作人员无法完成分报纸程序,乘务员在清点和整理报纸时要注意将双份报纸取出,避免发放给旅客。11:00以后起飞的航班,地面工作人员一般会提前进行分报。

报纸杂志服务可分为乘务员发放和摆车发放两种形式。在服务准备阶段,乘务员将报纸折叠好整齐摆放在舱门口附近的对半车上,旅客登机时自取,乘务员可给予协助和提示。人数较少或两舱服务时,多数采取由乘务员发放。航班延误或即将延误,为不影响登机速度,乘务长可根据实际情况取消地面发放报纸,改为在空中由乘务员发放。这种方法也适用于飞机延误时或特殊情况下在地面发放报纸。

1.报纸和杂志的摆法

送报纸和杂志时要摆放整齐美观,方便旅客看清楚报纸或杂志的名称,也要方便乘务员取用。摆放报纸杂志可采用扇形摆法和层叠摆法。

扇形摆法适用于杂志和竖版的报纸。将报纸折叠好后,相同的报纸可以摞在一起,不同的报纸呈扇形展开;相同的杂志不能摞起来,直接展开即可。

层叠摆法适用于横版的报纸,相同的报纸可以摞在一起,不同的报纸露出报头,依次层叠。

拿报纸杂志时,乘务员左臂伸直(或大小臂成90°角),左手四指并拢,手心向上托住报纸或杂志的底部,拇指在里侧;右手四指并拢手心朝上,大拇指扶在报纸、杂志的右上角,其余四指在报纸杂志后面。

2.报纸和杂志的发放要求

乘务员要熟悉所配报纸、杂志的名称,要能准确地向旅客介绍或回答旅客的问询。报纸拿在手上要有力度,不能松散,以免滑落。

送报纸、杂志给旅客时,按照从前到后、从里到外的顺序发放。要注意:

(1)乘务员身体与旅客成45°对准旅客,身体微前倾,站稳后再做介绍。

(2)眼睛注视旅客而不是报纸,注重与旅客的眼神交流。

(3)询问旅客:"女士/先生,您想阅读报纸/杂志吗？我们有×××。"

(4)拿取报纸杂志时,位于最外边的直接拿;中间的和里边的报纸杂志,右手的拇指和食指捏住报纸的一边,沿着边缘滑至上角,翻手掌抽出;送到客人面前时应拇指在上,其余四指在下,刊头在上递给旅客。

(5)报纸杂志不够的情况下要向旅客做好解释,并请旅客传阅。

(6)乘务员应在后舱预留部分报纸,以备飞行过程中旅客提出需求能够及时满足,或为后续两舱服务做准备。

七、托盘的使用规范

托盘分为大托盘和小托盘两种,使用托盘端送物品时,应保持托盘平稳不洒漏。

1.拿空托盘

拿空托盘进入客舱时,托盘竖着拿,盘面朝里,自然垂直在身体的一侧;拇指卡在托盘的盘面,其余四指并拢卡住托盘的盘底。

2.端托盘

托盘内放置物品时,应将托盘端起,大小臂成90°夹角,双手端托盘的后半部分,托盘需竖着端;手放在托盘的后1/3处(靠近自己身体一侧),四指并拢托住托盘的下部,拇指扶在托盘的外沿。要注意不要将拇指伸进托盘里面。

3.端托盘在客舱内转身

大托盘内装有物品,需要端托盘在客舱内转身时,应使身体转,托盘不转动方向。一手握住面对身边的托盘边缘,一手向身后推,同时转身,再用双手握住托盘后1/3处,将托盘上的物品放于靠近身边一侧。使用盛放物品的小托盘在客舱转身时,手握托盘后1/3处直接转身。

✈ 八、发送物品的规范

1.收、送物品的顺序

乘务员在客舱内为旅客送物品应遵循:从前至后,先里后外,先左后右,先女士后男士;左边的客人用右手送,右边的客人用左手送,始终使用手心对着旅客。收物品时的顺序是:从前至后,先外后里(同一排的旅客都用完餐时,先收靠过道的,再收里侧的)。无论是发物品还是收物品,乘务员均需将物品贴着前排椅背递送,绝对不能越过旅客头顶。

2.放物品的规范

乘务员无论是在客舱还是在厨房里均要遵守放物品时轻、稳、准的原则,避免发出大的声响。为两舱旅客服务时,应为旅客摆放餐具,摆放的顺序为:面包盘→黄油碟→盐、胡椒瓶→酒杯→刀→叉→勺。

3.拿物品的规范

拿杯子、酒瓶等,应拿其下1/3处。拿取空杯子时,应使用小毛巾垫取,以免污染。杯子中装有饮料需要拿起递送给旅客时,用无名指和小指托住杯底,其余三个手指并拢扶住杯身的1/3处。拿酒瓶时,拇指张开,其余四指并拢握住瓶身下1/3处。

4.为公务舱旅客送礼品

用大托盘,将礼品摆放整齐美观,航徽或标记正面对着客人;为每位客人送礼品时,都要留有至少一份礼品的余地。

5.送果仁小吃的规范与技巧

(1)果仁小吃放在筐内或小托盘上;包装物的正面(有航徽的一面)正向对着客人。

(2)拇指不能进入筐内或盘内。

(3)乘务员送和客人自取两便。

6.推、拉服务车的规范

(1)推服务车:五指并拢扶在服务车身上方两侧,向前行进。车停下为客人服务时,要注意随时踩刹车,车不能离开人而单独放在过道上。

(2)拉服务车:双手握拳,拇指不要外露,拉服务车上方扶手,向后倒退。

7.收物品的规范

收物品遵循"先发放、先收取"的原则。

1)收杯子

收杯子一般使用托盘,乘务员要事先在托盘内铺好托盘垫纸。

(1)左边旅客的杯子用右手收,右边旅客的杯子用左手收。

（2）在托盘内将杯子由里向外摆放（即先从靠近自己身体的一侧开始摆放），每摆高度最多不能超过5个，以免颠簸时碰翻。

2）收餐

收餐盘一般用服务车收，乘务员事先在服务车的顶部摆放两个大托盘，托盘内铺好托盘垫纸，用来放餐盒等杂物。用过的餐盘放入服务车内，按照从上往下的顺序逐格摆放。

（1）收餐时，餐盘不能从旅客头顶上方通过，禁止在餐车上挤压餐盘。回收时，应礼貌地征得旅客同意后再回收，动作应迅速谨慎。

（2）如果旅客主动递交时，应表示感谢。对于还未用完餐饮的旅客可让其慢慢享用，但必须记住及时回收。

（3）收餐动作要迅速而不急躁，防止回收物品泼、洒、溅、漏。注意不要把垃圾袋撑破，插放餐盘进餐车要注意摆放技巧。

（4）收餐时，如果旅客有其他需求，乘务员需立即满足，如不能立即满足应跟旅客做好解释工作，记下座位号，尽快为旅客提供服务。

第二节　饮品服务

飞机上提供的饮料总体上分为热饮和冷饮，热饮主要包括咖啡和茶，冷饮中又分为酒精类饮料和不含酒精类饮料。含酒精类饮料主要是葡萄酒、啤酒、香槟酒、鸡尾酒等，不含酒精的冷饮包括矿泉水、果汁和碳酸饮料。

一、饮品服务规范

机上为旅客提供饮料服务主要使用饮料车（水车），不同航线或不同航空公司，航班上提供的饮料种类会有不同。

1. 短航线水车摆放

飞行时间小于60min的航线，由于飞行时间短，旅客对饮料的需求较少，航班提供的饮料品种较少，一般只提供小瓶矿泉水。

摆放水车时，使用两个透明塑料抽屉摆放在服务车上，将小瓶矿泉水放在塑料抽屉内为旅客发放。背对旅客一侧的乘务员将服务车的抽屉拉出，将果仁篮放在上面；面对旅客一侧的乘务员将大托盘插在服务车内，上面摆放果仁篮，将车门打开以便发放。

飞行时间为60~90min的航线，一般提供茶水、咖啡、矿泉水、雪碧（或七喜）和可乐等。摆放水车时，将矿泉水和水杯摆在饮料架内，水杯摆在左手边；水车一侧摆放咖啡和茶各一壶，另一侧摆放一壶咖啡。

2. 中长航线水车摆放

90min以上的中长航线提供的饮料品种较为丰富，一般有果汁、可乐、雪碧（或七喜）、冰红茶、酸梅汤、矿泉水、咖啡和茶。

摆放水车的方法：

（1）先在水车上竖着摆放一个或两个（不同航空公司标准不同）透明塑料抽屉，铺上防滑纸或小毛巾。

（2）饮料的摆放应遵循中部向两边由高到低的原则。

（3）一瓶雪碧、一瓶可乐和两瓶大矿泉水摆放在透明塑料抽屉中间，两侧摆放果汁饮料，两侧的果汁饮料品种尽量对称，标签、品名面向旅客，罐装饮料不可叠放。饮料瓶与瓶之间要稍有空隙，每种饮料各摆放一些，不同饮料错开摆放，以便取用。

（4）一壶咖啡和一壶茶放于水车一侧，一壶咖啡和一个冰桶放于水车另一侧，壶嘴与水车方向平行。

（5）杯子倒扣在大筒饮料与咖啡壶之间的左手边，杯子摆放高度不能超过大筒饮料的高度。

（6）湿纸巾（如果有）和果仁摆在大托盘上并放在饮料车里。冰桶放在水车内。

（7）车内放一盒纸巾，以方便旅客的需要。

3. 倒饮品的规范

（1）如果航班上配有纸杯和塑料杯，倒热饮使用纸杯，倒冷饮使用塑料杯。

（2）倒饮品时左手拿杯，右手拿饮料瓶或壶。

（3）为成年人倒软饮料倒至杯子的七成满；遇到飞机轻度颠簸，冷饮倒至水杯五成满，暂不提供热饮；为儿童旅客倒饮料时倒至杯子的五成满，倒好后放在桌子中间，并告诉其陪同人员。

（4）倒带汽的酒或饮料，需将杯子倾斜45°，以免泡沫溢出。

4. 饮料的送达

（1）乘务员为旅客提供饮料时，首先向旅客介绍本次航班提供的饮料种类，再询问需要何种饮料；如旅客需要的是带汽的饮料，要询问旅客要不要加冰，如果需要，要先在杯子中加冰后再倒入饮料。

（2）如果旅客的小桌板未放下，乘务员要将其放下；将餐巾纸放在小桌板上，再放倒好的饮料；旅客小桌板上如果有其他物品，要先为其整理，不能将餐巾纸和饮料杯直接放在旅客的物品上。

（3）提供饮料时，乘务员要确认旅客接稳后方可放手，并要有语言提示，例如"请您慢用/请您拿好"等。

（4）提供热饮时要提示旅客小心烫手。如儿童旅客需要热饮，需询问儿童的监护人是否同意提供。如可以提供，需将热饮递给其监护人。

（5）在水车上备份部分吸管，及时为儿童旅客及需要的旅客提供。

（6）如旅客为糖尿病人，可建议旅客饮用茶水、黑咖啡、矿泉水、热水等不含糖或低糖饮料。

（7）添加饮料时，根据实际情况为旅客更换水杯。如旅客没有更换要求则无须为旅客更换。

5. 托盘送饮料的规范

1）大托盘送饮料杯

（1）用大托盘送饮料时，将倒入杯中的饮料放入大托盘内，每盘摆15杯饮料。

（2）将杯子摆放整齐，杯子之间要留有一定的空隙。

2）小托盘送热饮

（1）用小托盘送热饮时，将热饮壶放在小托盘上，壶嘴与托盘方向平行，壶内的热饮不要太满；杯子倒扣在小托盘的左上角。

（2）乘务员用双手端托盘，边走边向两侧旅客询问是否需要热饮；不需要每位旅客都问到，但乘务员的眼神要看到每一位旅客。

（3）当有旅客需要时，乘务员用左手端托盘，右手拿起一只杯子放在托盘的右上角，然后右手拿壶倒饮料，再送给旅客。仍遵循左边旅客用右手送，右边旅客用左手送，手心朝向旅客的原则。

二、无酒精饮料服务

1. 咖啡服务

普通航线一般提供三合一速溶咖啡。乘务员在检查咖啡质量时，检查咖啡包装袋上的生产日期和保质期，不能使用过期的咖啡。此外，观察咖啡是否结块、是否变色，避免使用变质的咖啡。

一般一大瓶盖或一小包冲泡一壶，冲泡前先用约1/3壶开水将咖啡完全溶解；在开餐时再注入热水至七成满，搅拌均匀。为保证咖啡口感和香味，咖啡不要提前太早冲泡，应在使用时冲调咖啡。

2. 茶水服务

普通航线头等舱/公务舱一般提供绿茶、红茶、普洱茶；经济舱提供茉莉花茶。乘务员在冲泡前要检查茶叶的生产日期和保质期，确认没有过期。

经济舱中为旅客提供茶水时乘务员事先将3袋茶包放入壶中，注入开水至五成满冲泡；到送餐时，再注入开水至七成稀释茶汁；冲泡次数不宜过多，两次为最好。

为两舱客人提供红茶时，要询问客人是否加糖、牛奶、柠檬等。如客人需要加糖和柠檬，乘务员要将糖和柠檬片放在杯盘上，不要直接倒入茶中。如果红茶内已放牛奶，就不应再加柠檬片。红茶一定要热饮，温度以不烫伤旅客为原则。

3. 矿泉水服务

矿泉水从味道上分为咸味和淡味两类；从是否含有气体上分为有汽和无汽两类。矿泉水最好是冰镇后再提供，如旅客无要求不主动加冰。

4. 果汁服务

果汁的主要原料应大于50％，在机上需求量较大的果汁主要有橙汁、椰子汁、芒果汁、菠萝汁、苹果汁、番茄汁等。其中橙汁是机上消耗量最大的果汁，成人及孩子均喜欢；番茄汁内地（大陆）旅客消费量不大，港台客人、外宾较喜欢喝；菠萝汁饮料可以提供给糖尿病人饮用，加冰饮用味道更好；苹果汁儿童旅客喜欢饮用，冰镇饮用味道最好。

（1）在开筒前摇晃果汁筒，并擦拭干净果汁筒的顶部；乘务员在厨房提前揭开果汁筒出口的锡纸层。

（2）已开启的果汁，留存时间不宜过长。

（3）提供果汁服务时，乘务员一般不主动询问客人是否需要加冰，旅客有需要时再为其加冰。

5. 碳酸饮料服务

（1）航班提供碳酸饮料时，乘务员要提前在厨房将饮料瓶盖拧开，然后再盖上。防止饮料瓶盖比较紧，进入客舱需要花时间力气拧开，耽误时间。

（2）打开带汽饮料前不要摇晃，以免饮料随着气体溢出；为防气泡外溢，可借助小毛巾打开瓶盖，倒饮料时杯子要倾斜45°。

（3）带汽饮料不要过早打开，以免汽体外溢影响饮料的口感。

（4）倒饮料前要询问旅客是否需要加冰，如果需要，先将冰块放入杯中后再倒饮料。

（5）对婴幼儿、神经衰弱者不主动提供可乐。

三、酒品服务

1. 啤酒服务

啤酒是由大麦或其他谷物制成糊状，发酵再加上啤酒花制成。一般在有热食的航班上供应啤酒，无热食不供应。啤酒应先在冷藏柜内冰镇后再提供给客人。在旅客不主动要求的时候不要主动给其加冰。

开启啤酒时借助一条小毛巾或纸巾遮挡，倒出时杯子要倾斜45°，倒至七成，将杯子连同啤酒罐一起递给旅客。

2. 葡萄酒服务

1）开葡萄酒

开葡萄酒时，先在离瓶头上方5mm的地方用刀转一圈，但不要弄掉金属纸，再用螺旋开关对瓶塞垂直地往下转，旋转时不能面对旅客。瓶盖打开后，用餐巾纸将瓶口擦拭干净后，将瓶口的酒稍微倒掉一点，以免有渣子浮在上面，再将酒倒入杯中。

2）葡萄酒的供应温度

红葡萄酒：在室温下供应，开餐前30min开瓶。

白葡萄酒：冰镇供应，温度10~12℃。

3）送葡萄酒

送葡萄酒时，须介绍酒的全称，并可将酒的商标请旅客过目；夫妇俩坐在一起时，应先倒一点请男方品味，旅客认为可以后，再给女方倒酒，随后给男方再倒。红葡萄酒倒1/2杯，白葡萄酒倒2/3杯。

3. 香槟酒服务

开香槟酒时，应先将餐巾放在瓶盖上，用左手按住，再用右手拧开瓶嘴上的铁丝，并拿住瓶盖左右旋转打开。

香槟酒需冰镇至8~10℃，倒2/3杯。

4. 酒类服务注意事项

（1）给旅客倒酒，只倒至瓶底凸起部位，以免将瓶底的渣子倒入杯中。一般旅客很忌讳对将瓶底的酒完全倒入杯中的行为。

（2）供酒前应检查酒杯是否有破损痕迹，凡是有破损的都不应使用。

（3）倒酒完毕抬起瓶时要慢慢转动酒瓶，以免滴掉在桌上。

（4）拿酒杯时，不要拿酒杯的上部，尤其是送冰镇的酒，会在杯上留下手印，而且这种拿法也是不卫生的表现，要特别注意。

（5）对各种需要放冰块的酒，应主动将冰块放好，不必再问旅客是否需要。但不要往葡萄酒中加冰块。

✈ 四、饮料服务意外处置

送饮料时如不慎洒在客人身上，应按以下步骤进行处理：

（1）首先道歉，然后马上取干、湿毛巾各一条，帮助客人擦干净。

（2）如果打翻的是热水，应首先了解是否烫伤，如烫伤，按机上急救烫伤程序处理。

（3）弄脏衣物时应上面用一条湿毛巾，下面垫一块干毛巾，反复进行拍打，并注意更换毛巾，直至处理干净。如弄脏面积过大、过重，应按公司有关规定处理。

处理时，当事人不能离开现场，根据旅客的性别，乘务长注意调配好男、女乘务员为其提供服务。处理完毕后应多次表示歉意，工作中注意热情为其服务，经常征询有何需求，用最好的服务去弥补过失。

✈ 五、为飞行机组提供的饮料服务

（1）飞行中，乘务员不得拿烧水杯进入驾驶舱加水，盛冷热饮的容器不能超过八成满。

（2）易拉罐饮料必须开启后再送进驾驶舱。

（3）飞行中，机组成员应饮用足够的饮料，最好是中性的饮料和果汁，避免饮用含碳酸的水，应尽量少饮用咖啡和茶。

第三节　餐食服务

✈ 一、机上餐食种类

根据不同的用餐时间，机上餐食分为早餐、正餐、快餐、点心餐（果点）、热便餐、热食等。正餐一般是指午餐和晚餐。

（1）正餐：普通舱的正餐由一个点心盒加配一个热食组成。

（2）点心餐（果点）：纸装餐盒，内含水果、面包、饮用水、冷荤。1/2点心盒指内含面包和水果。

（3）快餐：汉堡包、三明治、饼干等。

（4）热便餐：热食（米饭、面条）加1/2点心盒。

（5）热食餐：锡纸盒热食加刀叉包。

中国民航局规定，飞行超过2h且正值供餐时间或飞行时间超过3h的航班，必须供应正餐；飞行时间超过1.5h且正值供餐时间或飞行时间长超过2h，必须供应点心。供餐时间指06：30—08：30供早餐、11：30—13：30供正餐、17：30—19：00供正餐。

一般经济舱供应餐食以中餐为主，提供一次性餐具；头等舱与公务舱餐食则中西餐均有，提供普通餐具，食品加热或拆袋后需在餐盘中摆盘后方可提供给客人。

含热食的餐食必须烘烤加热后才能提供给旅客，任何剩余的食品，不能冷却后再次加热进行供应。烘烤餐食时要检查烤箱有无餐食,将干冰从烤箱内取出来;热食不能直接摞在一起,每层之间要用箅子隔开;特殊餐食不要和普通餐食一起烘烤,以免送错。

如果食物中毒会影响飞行机组的工作能力,进而影响飞行安全,所以为机组供餐的乘务员应绝对保证供给机长和其他机组成员的食品是完全不同的。

厨房乘务员应首先了解本次航班配餐情况,并仔细检查餐食数量与质量,避免餐食不够的情况;其次要检查供餐时应配备的其他用具数量与质量,如有破损则不能使用。乘务员应尽可能了解机上餐食的口味、特点,以便向客人推荐。

✈ 二、摆放餐车

1.点心餐

在餐车内摆放点心餐分为横插、竖插两种方式。横插指将点心盒平放摞在车内;竖插指将点心盒竖着码放在车内,一层码满后再向上码一层,以此类推。

注意不得出现标签破损情况,点心盒上禁止放饮料等较重的物品,以免造成餐盒变形。

2.正餐

正餐餐盒摆放分为餐盒和热食盒均放在餐车内,餐盒放在餐车内、热食盒放在餐车上面两种方式。

1)第一种摆放方法

餐盒和热食盒均放在餐车内,餐盒从下往上平置。为避免滑落,摆放热食盒前,先将大托盘放入餐车,再将大托盘部分拉出从内往外摆放热食。摆放热食前确认餐车另一侧的门是否扣好,避免拉车时车门打开,餐食滑落。

2)第二种摆放方法

将餐盒横置于餐车内,热食盒摆放在餐车上面,每层平放热食盒12份,放3层;每层长边摆放5份数量较少的餐食品种,再横向摆放7份数量较多的餐食品种,呈"丁"字形。

乘务员应按照当日航班配餐要求做好餐食的清点、核对和检查工作,确保餐食数量、质量及有效日期(国内生产的食品均按照"年、月、日"格式和顺序标明生产日期或保质期限),保证餐具配套(热食餐清点时要确保配备刀、叉、勺)。可采用抽查的方法,上、中、下各抽一盘,餐车两侧均须检查。在检查餐食质量时,做到手到、眼到、鼻到。

✈ 三、送餐服务

1.送餐盒规范

为旅客送餐时,餐车门要在厨房内打开,餐盒由上至下拿取,餐盘由下至上拿取,用双手将餐盒/餐盘送出,餐盒上的航徽正对着客人。先向旅客介绍本次航班提供的餐食种类,再询问客人需要何种餐食;将热食放在点心盒上一同递给旅客,确定旅客拿稳妥后再放手。为防止热食滑落可一只手拿餐盒,另一只手扶助热食盒递送。为避免乘务员用沾着油渍的手递送饮料,可用餐巾纸或湿纸巾包裹餐盒拿取,用湿毛巾将餐盒擦干净后再发放给旅客。

(1)提供餐饮应遵循发放物品的原则逐一发放,避免出现漏发错发的现象;中后舱衔接部位要做好交接,要确认一下是否送到,避免漏送。

(2)不能从旅客头顶上方递送餐食,旁边旅客协助递送时需及时向旅客致谢。

（3）主动协助旅客放下小桌板，再为旅客递送饮料和餐食。委婉提醒前排旅客调直座椅靠背，以便后排旅客用餐。

（4）为特殊旅客（老人、盲人等行动不便的旅客）提供餐食服务时，要征求旅客意见是否需要为其打开刀叉包。

（5）旅客预定的特殊餐食需在餐饮服务前提供。

（6）为公务舱旅客送餐盘时，要将热食对着旅客，航徽正对着旅客，热饮杯把与旅客右手成45°，方便接取。

国际航线头等舱配餐的原则是：配主菜时一般应使用加热的9寸瓷盘，盘子的边缘及配菜之间要留有空隙。主菜搭配原则为由左至右，由浅入深。

2. 非正常供餐服务

（1）提供正餐时，如果旅客当时不需要用餐，要确认旅客是否需要保留餐食。

（2）为休息的旅客贴休息卡，应粘贴于前排旅客座椅套上或前排壁板上，不允许将休息卡粘贴于标有客舱安全设备提示的标志上。旅客醒来后，乘务员应及时提供餐饮服务，并确保热食的温度，同时揭下休息卡。

如有旅客在餐饮服务时提出其他的需求，要尽可能及时满足。如当时无法满足，为了避免遗忘，应该记录旅客的需求、座位号，并尽快满足其要求。

3. 服务过程中监控客舱安全

餐食服务过程中，面向机头方向的乘务员要注意监控前舱，面向机尾方向的乘务员要注意监控后舱，如有旅客进入前后舱，应及时提醒靠近该舱侧的乘务员注意。

服务过程中需及时提醒旅客系好安全带，阻止儿童在过道里或座椅上玩耍。

餐饮服务过程中，如遇旅客要用洗手间应及时让旅客通过，不能让旅客在通道处等待太长时间。

四、特殊餐食服务

特殊餐食是根据旅客个人要求，提供以适应宗教上或健康上的需要，旅客应至少在飞机起飞24h前提出申请。

特殊餐食由航空公司根据"特殊食品通知单"提供，要做好特殊标记，特殊旅客通知单上记有要求的特殊餐食及座位号。旅客登机前，乘务长要了解特殊餐食的内容、旅客座位号并确认，及时通知该区域乘务长和乘务员。如果遇到有预定的特殊餐食供应发生短缺，尽可能向旅客提供其他可替代的食品并致歉。

供餐时，应先于其他旅客提供特殊餐食。婴儿用餐时，乘务员应视情况等婴儿用餐完毕，再提供其监护人餐食。乘务员要尊重各国、各地的风俗习惯。

1. 犹太餐（KSML）

犹太餐是依据犹太教规，使用特殊的厨房并在犹太教教士的严格监督下制作的。犹太餐应在完好无损的盒中保存，整套地提供给旅客供其打开检查，打开后将由旅客本人将套餐交给乘务员加热。套餐由锡纸封严，加热后交回旅客手中时，应确保锡纸封完好无损。

在犹太餐中，禁止猪肉和火腿，其他可食用的肉食只有在犹太教教士监督下屠宰的才可以接受。犹太教旅客可食用带鳞带刺的鱼，但鳄鱼、牡蛎、螃蟹、小龙虾、龙虾、鳝鱼等不能食用。机上如无犹太教餐,可提供给犹太教旅客面包、牛奶制品、饼干、罐装鱼、干酪、水果、蛋糕、沙拉和蔬菜等食品。

2. 婴儿餐(BBML)

婴儿餐适用于10个月以上婴儿食用,这时的孩子仍不能吃固体食物,为此提供特制的去渣肉、去渣菜,提供一种小儿甜点和婴儿水果汁。

3. 溃疡餐(BLML)

溃疡餐也称清淡低纤维素餐食,适用于肠胃不适或胃肠溃疡患者。低纤维、低脂肪、清淡爽口易于消化。

4. 儿童餐(CHML)

儿童餐是为1~2岁的儿童提供的餐食,多是一些孩子喜爱的食品,如:鱼排、香肠、春卷、比萨,开胃品通常是鲜果、巧克力布丁、果料甜点等。

5. 穆斯林餐(MOML)

穆斯林餐严禁猪肉类制品,严守教规的穆斯林希望肉食是依照教规屠宰的,牛羊肉、鱼都可以接受,若无特殊食品,水果、蔬菜和米饭可作为替代食品。

严格的穆斯林教徒不饮酒,软饮料一般是茶和咖啡。斋月期间,在太阳升起至落下前不准进食。

6. 印度餐(HNML)

印度餐中绝对不允许出现牛肉,并且严格的印度教徒一般几乎是素食者。机上如没有专门配置特殊餐食时,乘务员要征求旅客意见,看是否吃肉类食物(牛肉除外),其次是素食,然后根据旅客的要求提供肉类(除牛肉)、鱼、鸡蛋、沙拉、蔬菜、水果、米饭等食品。

7. 素食

纯素食(VGML):餐食中不能含有任何的动物或动物制品。菜肴不包括肉类、鱼或奶制品、蛋类、奶酪及相关制品(人造黄油除外)。

(1)亚洲素食(AVML):按中式或东方的烹饪方法制作。不带有肉、鱼或野味、奶制品或任何生长在地下的根茎类蔬菜,如生姜、大蒜、洋葱、大葱等。

(2)西方素食(VLML):菜肴不包括肉或海鲜及其制品,但包括日常的黄油、奶酪、牛奶和鸡蛋。

(3)生蔬菜餐(RVML):餐食仅以水果及蔬菜为原料,不含有任何动物蛋白原料。

(4)水果餐(FPML):菜肴只包括新鲜水果、糖渍水果和水果甜品。

8. 糖尿病餐(DBML)

菜肴是低糖食物,适合糖尿病人食用;不含有任何种类的糖。糖尿病旅客可以吃少量面包、米饭、面条、通心粉等。所有肉类、家禽、海鲜是可以吃的,但是做法要避免有甜汁或甜果冻(如酸梅酱、薄荷果冻);所有蔬菜水果都允许吃。

在给糖尿病人送餐食时,同时要送低脂肪含量的饮料或果汁、茶、咖啡、矿泉水、葡萄酒等。

9. 无麸质餐(GFML)

菜肴是为对麸质过敏和不耐受的客人准备的。麸质是存在于小麦、大麦、燕麦、黑麦等中的蛋白质,因此面包、粥类、奶油蛋羹、蛋糕、巧克力、饼干、谷物及其制品被严禁使用。

10.低卡路里餐（LCML）

菜肴包括瘦肉、低脂肪奶制品和高纤维食物。糖、奶油、汁类、蛋黄酱、脂肪食品被禁止使用。

11.低胆固醇、低脂肪餐（LFML）

菜肴适合需要减少脂肪摄入量的客人食用。不含油炸食品、肥肉、奶制品、加工食品、浓汁、内脏、带壳水产品、蛋黄和焙烤制品。

12.低盐餐（LSML）

菜肴中的盐有一定的控制量，是为患有高血压、闭尿症和肾病的旅客准备的。食品不含盐、蒜盐、谷氨酸钠、苏打、腌渍咸菜、罐头肉和鱼、奶油、吉司、贝壳类、土豆泥、肉汁类、鸡粉、面包、罐头蔬菜。

13.无乳糖餐（NLML）

菜肴不包括乳糖、奶类制品及其相关制品，如：奶酪、奶制品、酸奶、黄油、人造肉制品、蛋糕及饼干、奶油类甜品和布丁、土豆泥、太妃糖、巧克力和奶油。

14.海鲜餐（SFML）

专为喜欢海鲜的旅客定制，菜肴包括一种或多种海鲜。不含肉类制品。

15.其他特殊餐食

为满足旅客遵医嘱而节食或禁食等的特殊需要，还有多种食品可供选择，如：肝胆病人餐（LGML）、胃病病人餐（GCML）、流食（LIET）、高纤维餐（HFML）、低蛋白餐（LPML）、低咸餐（PRML）。

五、为飞行机组提供的餐食服务

（1）飞行中，操纵飞机的两名飞行员应食用不同的机组餐食。并禁止在飞行工作中同时进餐，如果给机长和副驾驶配用同种餐食，要求机长和副驾驶间隔1h进餐。严禁机组成员在飞行运行期间，食用自行加工制作或购买的食物和饮料。

（2）食品应按规定加热，避免提供反复加热的食品。

（3）客舱乘务员给飞行机组送餐饮收餐盘时必须避开中央操纵台上方空间，不得在中央操纵台上方传递；不得同时传递两层以上的餐盘（盒），送餐饮要远离中央操纵台。

（4）飞机处于颠簸、不稳定状态时，不能送餐饮。当飞机处于上升、下降、遇到颠簸或其他紧急情况时，机组人员不得用餐。

第四节 客舱服务管理

一、客舱卫生标准

1.客舱内卫生标准

（1）客舱地板清洁，无灰尘、残杂物。

（2）座椅整洁，调至常态，安全带摆放成一字形。

（3）小桌板干净，无油迹、污垢。

(4)座椅背后口袋里配备安全须知、清洁袋、耳机、航机杂志,并按顺序安置。

(5)扶手、行李架、衣帽间、紧急设备放置箱、服务柜、客舱壁板、玻璃窗清洁无灰尘,行李架无废弃物。

(6)枕头、毛毯摆放至行李架上。

(7)保持机组休息室整洁。

(8)关闭头等舱、公务舱行李架。

2.厨房内卫生标准

(1)地板清洁,无食物、饮料造成的污迹。

(2)服务台面干净无油腻感。

(3)下水漏畅通,池内无杂物。

(4)烤箱、冰箱、储存柜清洁无杂物。

(5)垃圾箱清洁无杂物,无异味。

3.洗手间卫生标准

(1)洗手池、镜面、台面擦拭干净。

(2)地板、马桶内外、壁板擦拭干净。

(3)废纸箱内清除干净。

(4)按标准配备卫生用品(卫生纸、擦手纸、卫生巾、婴儿尿布、擦手巾、擦鞋纸、香水、洗手液、护肤液、漱口杯、马桶纸)。

4.驾驶舱内卫生标准

(1)必须在基地更换座椅套。

(2)驾驶舱内清洁无烟灰、杂物,地板、玻璃擦拭干净。

二、客舱服务检查标准

1.乘务员仪表

(1)发型符合标准。

(2)化妆合格。

(3)着装规范,制服干净、平整,皮鞋擦亮。

(4)饰物符合规定。

2.态度

(1)经常性微笑,热情友好,有礼貌,有耐心。

(2)与旅客交谈语言得体。

3.起飞前

(1)职责清楚,物品安放合理。

(2)认真履行职责,检查工作迅速准确,及时发现和通报客舱、厨房设备不整洁和不符合标准的地方。

4.餐饮服务

(1)了解服务程序。

(2)提供旅客所需食物、饮料。

（3）熟悉提供的餐谱、食品、饮料内容。

（4）有处理旅客特殊要求的能力。

5.非餐饮服务

（1）微笑迎送旅客，语言得体。

（2）协助旅客入座，安放行李，存取衣物。

（3）帮助老年人和儿童。

（4）熟练掌握免税品出售。

三、客舱服务管理

1.客舱温度的调控规定

白天飞行，客舱温度调至21~23℃，夜间及旅客休息时客舱温度调至22~24℃。

2.播放登机音乐的规定

旅客登机时，播放音乐，音量以不影响二人交谈为宜。旅客登机完毕关闭舱门后，关闭音乐。飞机落地后播放音乐送客下机，旅客下机后关闭音乐。

3.机内广播规定

负责广播的乘务员必须经过专门培训，取得广播资格证书后方可上岗。要保证相应的航线有相应语种的广播，广播语种的顺序是：中文、相应语种、英文。广播员必须按照广播词的内容根据航线进行广播，有条件的机型在必要情况下可进行分舱广播。

长航线的夜航飞行，中途开快餐时，可以不进行餐前广播。头等舱和公务舱第二餐时酌情广播。乘务长/主任乘务长要监督广播的实施，紧急情况下亲自负责广播。

4.对飞机喷洒药物的规定

按照现行规定，飞往美国、法国、英国、澳大利亚等国的飞机需喷洒药物。乘务长及区域乘务长负责接收、清点药物，在国内出境站负责交接检疫放行单。飞往澳大利亚的飞机涉及的药物有三种，红色瓶盖为货舱喷药，在国内出境站交货运人员，由他们负责喷药；绿色瓶盖为客舱喷药；黄色瓶盖为洗手间喷药。

飞机落地前20min广播后实施喷药，喷药完毕需将空瓶统一交给乘务长或主任乘务长，并与检疫部门交接。从澳大利亚回程带回的药物也由乘务长接收。

5.食品单、餐食单的核实、签收

每个厨房都有装载极限，食品公司应按装机计划发送食品和供应品。所有食品公司都应递交食品和供应品检查单，供厨房乘务员检查，任何差异应由供应者更正，若无法更正，应在乘务日志中详细记录。各区域乘务员按供应品检查单检查落实后，报告乘务长，乘务长核实各区域餐食后，在餐食单上签字。

6.核销单的管理

打开免税品车前必须确认有无核销单，核对铅封号后方可打开。出售免税品后主任乘务长必须检查核销单并签字，到达基地后，由乘务长与航机员交接。

7.货单、业务袋的签收交接

货单由货运员放在业务袋内送上飞机，乘务长签字，到达目的站后由货运员取走。危险货物由货运员送上飞机交给机组。

业务袋内装有旅客名单、平衡表、总申请单以及中国出入境检验检疫认证单（CIQ单），由配载人员送上飞机，乘务长负责检查是否齐全。到达外站后交给办事处人员；到达国内段后，在总申报单上填写过站人数、到达人数、客人情况并签名，填写四份，分别交给边防（移民局）、海关、检疫部门。

✈ 四、乘务员的服务意识与亲和力

1.接待旅客注意礼貌细节

要做到文明礼貌，面带微笑，服务中要使用文明用语。与旅客谈话时要面向对方，保持适当距离，目光要注视对方，以表示尊重，应注意自己的身份，掌握用词分寸和接触时间，避免使用专业术语。

为旅客发送供应品和食品时，要面对旅客，主动介绍名称及内容。对同一排的旅客，应从里向外，依次传递。对外宾、女宾、老人、儿童应优先照顾。对旅客提出的要求，能做到的情况下，应尽量满足，不能做到时，应耐心解释，讲究语言技巧，应允的事一定要落实，不能言而无信。

如无意碰撞或影响了旅客，应表示歉意，取得对方谅解；旅客下机时还应再次道歉。服务中对旅客要一视同仁，对爱挑剔的旅客，也要耐心，避免发生口角。对举止不端的旅客，应冷静回避，必要时报告给机长。对老、弱、病、残旅客应提供特殊服务。

2.细微服务

空中实施阶段，应随时保持有乘务员在客舱，以便细心观察旅客动态，及时处理旅客所需要帮助解决的问题。对需要照顾的老、幼、病、残、孕等特殊旅客提供及时周到的服务。

夜航飞行，乘务员应注意客舱灯光、温度的调节，乘务员经常巡视客舱，注意观察旅客的需求，提醒睡觉的旅客系好安全带，以防颠簸。乘务员工作时脚步要轻，以免影响旅客休息。头等舱旅客睡醒后，乘务员要主动送上热毛巾，提供服务。

随时注意检查洗手间卫生及安全状况，保持洗手间干净卫生无异味。

对睡觉的旅客提供毛毯，对阅读书报杂志的旅客打开阅读灯，有影像设备的飞机要协助旅客调试影像频道。

提供饮料、餐食服务时，要注意特殊旅客的餐饮服务，对休息睡觉的旅客，不要打扰，应记住其座位排号，等旅客睡醒后，及时为其提供服务。

3.语言服务技巧

服务语言是指在服务过程中，乘务人员借助一定的词汇和语调表达思想、感情、意愿、与旅客进行交流的一种比较规范的、并能反映一定文明程度的，而又比较灵活的口头语言。服务语言是旅客对服务质量评价的重要标志之一，在服务过程中，语言适当得体、清晰、纯正、悦耳，就会使旅客有柔和、愉快、亲切之感，对服务工作产生良好的反映，反之，服务语言"不中听"、生硬、唐突、刺耳，旅客会难以接受。强烈的语言刺激，会引起旅客的不满与投诉，严重影响航空公司的信誉。

服务语言是典型的职业用语，它的语言主题都是由职业词汇构成，一般情况下包括机舱内服务用语，主要有飞机结构、航空概况、航空地理、旅游景点介绍、空中服务等。

对于以语言表达方式为主要服务内容的乘务人员来说，服务用语事关服务质量、服务态度的大问题,因此,乘务员认真掌握服务语言至关重要,它是提高服务质量的关键。

客舱常用服务用语

欢迎!

早安!

晚上好!

您好。

再见。

欢迎您登机。

请问,您需要毛毯吗?

请问,您需要提供饮料吗? 再加些好吗?

您需要用餐吗? 我们现在准备为您提供正餐(小吃、点心)。

如果您现在暂时不需要用餐,我们将在您需要时提供,到时请您按一下呼唤铃,我们将随时为您服务。

我还能帮您做点什么吗?

请稍等,我会尽力为您解决。

请稍等,我来帮您办。

对不起,牛肉已经没有了,但在下次开餐前,我会请您优先选择餐食品种。

请问,需要我来帮助您吗?

对不起,您需要的饮料供应完了,但您可不可以品尝一下×××饮料,这种饮料味道也不错。

对不起,热食每位旅客仅配一盒,您看给您提供些面包可以吗?

很抱歉航班由于天气原因延误了,我们会及时为您提供最新消息。

很抱歉,飞机有点小毛病,为了保证安全,我们必须更换零件,机务人员会以最快的速度换完零件。

谢谢您给提的宝贵意见,我一定向领导如实反映。

这不属于我的职责范围,不过我可以为您代劳。

客舱内禁止使用的服务用语

没有了。	供应完了。
没办法。	这不关我的事。
这是地面的事。	这是其他部门的事,与我们没关系。
不能放这儿。	你去告好了。
找我们乘务长。	我不知道。
我忙不过来。	你想干什么。

特殊情况时服务用语

跟我来。	跟我学。	服从我的命令。
你必须这样。	听从指挥！	坐！
动作快！	到这边来！	跳！

练 习 题

选择题

(1)下列哪些酒类在供应时应提前冰镇（　　　）。

　　A. 啤酒和红葡萄酒　　　　　　　　B. 红、白葡萄酒

　　C. 红葡萄酒和香槟酒　　　　　　　D. 啤酒和白葡萄酒

(2)（　　　）旅客不吃猪肉，且忌用左手服务。

　　A.佛教　　　　B.犹太教　　　　C.伊斯兰教　　　　D.基督教

(3)使用餐车供餐时，正确的拿取方法是（　　　）。

　　A.从上至下　　　B.从下至上　　　C.从中间开始　　　D.没有规定

(4)CHML是指（　　）的代码。

　　A.儿童餐　　　　B.婴儿餐　　　　C.低糖餐　　　　D.素食餐

(5)下列对服务顺序的叙述错误的有（　　　）。

　　A.先长辈后晚辈　　B.先外后里　　C.先上级后下级　　D.先女士后男士

(6)为旅客提供饮料时，应倒至杯子的（　　　）满。

　　A.6分　　　　B.7分　　　　C.8分　　　　D.9分

(7)用餐车送餐时，餐车上热食的摆放高度不得超过（　　　）。

　　A.2层　　　　B.3层　　　　C.4层　　　　D.5层

(8)乘务员在供应餐饮服务时，如遇休息睡觉的旅客，不妥善的做法是（　　　）。

　　A.轻放下小桌板，为他倒杯茶水　　　B.等旅客睡醒后为其服务

　　C.盖上毛毯　　　　　　　　　　　　D.记下旅客座位排号

(9)乘务员在客舱内双手端盘时，大小臂之间成（　　　）。

　　A.90°　　　　B.70°　　　　C.60°　　　　D.120°

(10)乘务员在拿水杯时，应拿水杯的（　　　）处。

　　A.上1/2　　　B.下1/4　　　C.上1/3　　　D.下1/3

第九章　特殊旅客服务

学习目标

通过本章的学习，了解民航特殊旅客的服务原则，了解各类需要特别关注的特殊旅客服务要求，掌握需要专门照料的特殊旅客服务要求与技巧。

重　难　点

重点：需要专门照料的特殊旅客服务。
难点：需要专门照料的特殊旅客服务。

　　随着民航运输周转量的日益增多，航空公司对于旅客的服务水平也在不断提高。但有一部分特殊旅客在接受航空运输的过程中，承运的航空公司会给予他们特别的礼遇及照顾，以满足旅客的出行需求。航空公司对特殊旅客的服务能力也是航空公司整体服务水平的体现。

第一节　特殊旅客服务流程与要求

　　特殊旅客是指在接受旅客运输和旅客在运输过程中，承运人需给予特别礼遇，或需给予特别照顾，或需符合承运人规定的运输条件方可承运的旅客（限制运输）。特殊旅客包括重要旅客、会员旅客、无成人陪伴儿童、孕妇、婴儿、病伤旅客、残疾旅客、担架旅客、老年旅客、酒醉旅客、特殊餐食旅客、犯罪嫌疑人、盲人、超胖旅客等。

一、特殊旅客服务准备

　　航班中若有特殊旅客，地面人员会为特殊旅客准备一份"特殊旅客服务通知单"（表9-1），并将通知单送交该航班乘务长鉴定，登机通知单上应有该特殊旅客的特殊服务代码。乘务长接到通知后，应及时向乘务组传达，并根据要求确定服务方案。

特殊旅客服务通知单　　　　　　　　　　　　　　　　　　　表9-1
（PASSENGER SPECIAL SERVICE INFORMATION LIST）

上机站 Station		航班号 Flight No.		日期 Date		机号 Aircraft No.	
旅客姓名 Passenger Name	目的地 DEST	座位号 Seat No.	重要旅客 VIP	无成人陪伴儿童 UM	病伤旅客 SP	特殊餐食 SPML	其他 OTHS
说明: Remarks:							
地服值机人员 Check-in		旅客服务人员 Special Service		客舱乘务员 Cabin		到达站接机人员 Arrival	

当旅客登机时,乘务长应记下该旅客的座位号。如果被分配的座位是出口座位,应通知或反映给地面工作人员进行调整。乘务长指定责任乘务员负责照顾好特殊旅客。

飞机着陆前,乘务长应落实需特殊帮助的旅客下机后的交接,通知机长将信息传递给地面工作人员。在旅客的终点站或转港站,乘务长应将需要特殊帮助的旅客和通知单交地面服务人员。部分特殊旅客,如老年旅客、孕妇旅客、无成人陪伴儿童等,应由地面和空中服务人员填写"特殊旅客空中生活记录",记录其机上安全与生活情况,以便服务工作的深入和优化。

特殊旅客服务通知单一式四联,第一联给地服值机人员;第二联给旅客服务人员;第三联给客舱乘务人员;第四联给到达站接机人员。

✈ 二、特殊旅客服务流程

1.迎客接待
(1)特殊旅客登机时要确认旅客的信息。
(2)乘务长与地面工作人员做好交接并签字。
(3)引导特殊旅客入座并安放行李,向旅客介绍服务设备的位置及使用方法。

2.空中服务
(1)乘务长指定专人负责特殊旅客服务。
(2)起飞后及时与旅客沟通,关注旅客的需求。

3.落地前信息沟通
(1)乘务长将特殊旅客信息通知机长。
(2)机长将特殊旅客信息通知地面相关部门。
(3)指定的乘务员将落地后的安排通知特殊旅客。

4.落地后交接工作
(1)由指定的乘务员送特殊旅客下飞机。
(2)指定乘务员与地面人员交接,告诉地面工作人员需帮助的旅客姓名及需帮助的方式。地面人员在"特殊旅客交接单"上签字。

✈ 三、特殊旅客服务原则

乘务工作要体现出尊老爱幼的中华民族传统美德。对待伤残旅客并非仅仅是不歧视他们,更为重要的是要尊重、关心和照顾他们,应当把体贴、帮助伤残旅客作为一种义务和责任。这就需要乘务员敏锐观察,具有应变能力,以及细微、耐心和灵活处理的能力,并要善于分析旅客的心理,以满足各种特殊旅客的需求。

当航空公司决定而不是旅客提出要求一名人员帮助时,航空公司必须准备好这名人员。地面工作人员可在下列志愿者中征求:①班机的民航内部人员;②由该旅客选定的人员;③愿意帮忙的其他旅客;④机上工作人员志愿服务者,如果所在舱位人手允许,此项作为最后的选择。

对志愿服务者的要求:①应是体格强壮者;②必须大于15岁;③每次航班每位残疾旅客可能只有一位服务人员;④不能附带照顾婴儿、幼儿。

志愿服务者的座位必须与该特殊旅客相邻；这两人均不可坐在出口座位处。

第二节 需日常照料的特殊旅客服务

一、老年旅客服务

老年旅客指年龄超过60岁，乘坐民航飞机并申请按老年接待的健康老人旅客。一些年迈且不经常乘坐飞机的老年旅客一般都需要帮助，另一些老年旅客独立能力比较强，不希望为其提供特殊的服务，因此乘务员就要特别留心观察哪些老年旅客需要帮助。

老年旅客乘坐飞机注重安全舒适，他们身体机能减退、对事物反应缓慢、应变能力较差，又有很强的不服老心态，乘务员在与其沟通时，要体现出对老年旅客的尊重、安慰、关心、体贴。

1.安排座位

热情搀扶需要帮助的老年旅客上下飞机，主动帮助老年旅客提拿、安放随身携带的物品。安排座位时，不要把老年人安排在紧急出口和紧急出口旁的座位上。老年旅客就坐后，帮助其系好安全带并示范解开的方法。老年人使用的手杖应放在座椅下边，顺着机舱壁板方向放，或由乘务员妥善保管。

2.介绍客舱服务设备

主动为其介绍客舱服务设备，特别是阅读灯、呼叫铃、耳机、座椅的调节、洗手间的位置及使用方法。

3.细微服务

老年旅客的体温一般比正常人低，比较怕冷，老年旅客登机后要主动为其送上毛毯。帮助老年旅客盖毛毯时应注意把脚、腿盖上，因为老年旅客脚、腿最怕冷。

由于老年旅客听觉较差，对于飞机上的广播经常听不清楚，乘务员应主动告诉其飞行距离、时间，介绍客舱服务设备，特别是呼唤铃、清洁袋、洗手间的位置和使用方法。

旅途中，经常去看望老年旅客，主动问寒问暖，询问有何要求需要帮助，并热情介绍航线沿途的风景和名胜古迹，以缓解老年人的紧张心情。工作空余时，多与他们交谈，以免老年旅客寂寞。与老年旅客谈话时，声音要适量，速度要慢，语言要简练、柔和。

旅途中，老年旅客需要使用洗手间应及时满足，帮助其放好马桶垫纸。对于行动不便的老年旅客，应主动搀扶其进入洗手间，协助其回到座位。

4.餐饮服务

为老年旅客提供餐饮时，应适当提高音量，放缓语速，主动介绍供应的餐饮种类，提醒旅客哪些饮料含糖分较高。建议老年旅客尽量选用热饮软食。老年旅客在用餐时，要主动为其打开餐盒及刀叉包。

5.下降及送机

下降安检时，要特别注意老年旅客的安全带是否扣好，主动协助调节合适的松紧度。若温差较大，要提示老年旅客及时更换衣物；叮嘱其落地后不要自行下机，等待乘务员引领。

落地后提醒老年旅客别忘了自己所携带的物品,协助其从行李架上取下行李,了解到达目的地是否有人来接,搀扶其下机并交代地面服务人员给予照顾。

乘坐经停航班的无人陪伴老年旅客,应建议其过站时不下飞机,在机上等待,并安排专人负责照顾。

二、重要旅客服务

重要旅客可分为最重要(VVIP)和重要(VIP)两种。乘务长接到要客单时,要了解要客的有关情况及特殊要求。在重要旅客乘坐的航班上,不得押送犯罪嫌疑人、精神病患者及装载危险品,一般也不安排担架旅客或其他危重病人乘坐该航班。

与普通旅客相比,重要旅客通常更注重环境的舒适和接受服务时的感觉。他的自尊心、自我意识强烈,希望得到与其身份地位相符的额外尊重。同时,由于乘坐飞机的机会比较多,他们会在乘机的过程中对机上服务进行有意无意的比较,希望能够得到客舱乘务员提供的个性化服务和精细服务。

因此,客舱乘务员除了耐心周到、细致和更加用心外,还需具备更得体的言谈举止、更优雅的气度风范、更灵活的变通能力,应注意与要客精神上的沟通,言语上的交流,使重要旅客的整个航程都沉浸在愉悦的心情中。

1.服务准备

在航前接到重要旅客信息后,乘务长可事先通过公司旅客信息库、互联网等相关媒介了解该旅客的各类信息及喜好,方便乘务组能更好地为旅客提供个性化服务。客舱乘务员上机后要特别确认重要旅客的座椅及相关机上设施的完好,检查重要旅客的毛毯、枕头是否干净整洁,确认座椅前的口袋清洁。

2.登机服务

要客登机时,应按要客单上的称呼致意,尊称其头衔;并尽快接过其手提行李、引导入座。尽早与要客随行人员联系,了解要客的饮食习惯、生活习惯,为服务工作提供参考。

3.飞行中的服务

在不影响其他旅客的前提下,为要客提供特殊服务,如优先选择餐食;国际航线要优先为要客提供免税品服务。应尊重要客本人隐蔽的意愿,不宜在其他旅客前暴露其身份,在征求意见后,准确称呼要客,通常用姓氏加职位来称呼国内的重要旅客。

4.下机服务

要客享有最先下机权。到达时,乘务员协助要客将手提行李提到舱门处,并与地面工作人员做好交接工作。

三、金银卡及工商界重要旅客服务

金银卡旅客和工商界重要旅客(CIP)是航空公司的顶级会员,虽然在职位上不同于重要旅客(VVIP、VIP),但他们是能够为航空公司带来巨大收益的高端旅客。

金银卡旅客、CIP对航空公司的忠诚度很高,其需求具有个性化、高层次的特征。这些客户大多为商务旅客,他们希望享受区别于普通旅客的更为舒适、具有差异化的增值服务,比如宽松些的座位、多品种的报纸和餐食,在飞机上静静地看看文件、闭目养神、不受干扰。所以客舱乘务员要为他们提供更加精细、个性化的服务，在航程中营造温馨舒适的商务乘机氛围。

机上若有金银卡旅客和CIP，乘务长应及时获取金银卡旅客、CIP的乘机信息，接收金银卡旅客、CIP名单，并将信息通告区域乘务长和客舱乘务员，由其对本区域的金银卡旅客、CIP提供全程的姓氏服务、优先选餐服务、预留餐食服务及其他个性化服务。

乘务长应亲自与金银卡旅客、CIP作自我介绍，了解他们对服务的感受，征求意见，收集金银卡旅客、CIP相关信息并反馈到相关部门。航班结束后，带班乘务长要将金银卡旅客、CIP信息单和要客的反馈信息填写在"乘务日志"上，并带回有关部门。

✈ 四、犯罪嫌疑人及押运人员的服务

公安机关押解犯罪嫌疑人，一般不准乘坐民航班机。如确需乘坐民航班机押解犯罪嫌疑人的，必须严格执行"谁押解、谁负责"的原则并履行相应的审批程序。被押解人员不可属于涉嫌暴力及恐怖犯罪。押解人员乘机时不得携带武器。一架飞机上运送的犯罪嫌疑人不得超过3名。运送犯罪嫌疑人时，押解警力一般要3倍于犯罪嫌疑人，押解女性犯罪嫌疑人应当至少有1名女性民警。对犯罪嫌疑人可以使用必要的械具。

在押解的过程中不允许犯罪嫌疑人单独行动，以防止犯罪嫌疑人失控。如果押解人员认为有必要限制犯罪嫌疑人的行动，可正面将其双手铐住。在任何情况下，都不得将犯罪嫌疑人铐在机舱座位或航空器上以及其他无生命的物体上。

1.服务准备

乘务长接到运送犯罪嫌疑人通知后，应确认犯罪嫌疑人和押解人员的人数、座位安排等情况，详细报告机长，并及时传达到各位乘务员。乘务员要像对待一般旅客一样对待犯罪嫌疑人，不要议论且尽量避免将犯罪嫌疑人的身份暴露给其他旅客。押解单位在登机前，应向机组出具"协助押解犯罪嫌疑人乘坐民航班机通知书"，安全员应查验并留存该通知书，并告知机长该犯罪嫌疑人所坐位置及相关情况。

2.座位安排

押解犯罪嫌疑人应安排在客舱后部3人座的中间座位，他们的座位不得靠近或正对任何出口，以防情绪失控导致乱动舱门等意外情况发生。

3.餐饮服务

客舱乘务员供餐饮前应事先征求押解人员的意见，不能为犯罪嫌疑人和押解人员提供含酒精的饮料，也不得为犯罪嫌疑人提供刀、叉等有伤害性的餐具，且应尽量减少饮料供应。

4.飞行途中服务

不允许犯罪嫌疑人在飞机上来回走动，并对其使用洗手间进行监控。

5.上下机服务

犯罪嫌疑人应先于其他所有旅客登机；所有旅客离开后再下机，避免对同机旅客造成不便。在中途站经停时，犯罪嫌疑人是否下机，由押解单位决定。如不下机，则要求有3倍于犯罪嫌疑人的警力在飞机上留守。安全员不得离开岗位，应协助做好安全保卫工作。

✈ 五、被遣返人员的服务

被遣返人员是指由国外或境外以旅客身份乘坐公司航班被强制遣返原居住国家或始发

地的人员。公司实施被遣返的人员主要包括本国公民、外国人或无国籍人,具体为:偷渡旅客;非法滞留人员;在居住、旅行、公务期间因为触犯所在国家的法律,被执法当局强行遣返回国或原居住地的人员;因为涉嫌在国内违法犯罪,为逃避法律处罚而迁居国外的人员。运送被遣返人员没有人数限制。

1.机上交接程序

原则上,被遣返人员的上下机交接工作应由乘务长与专职安全员共同完成。乘务长与地面工作人员交接时,应及时将机上接收被遣返旅客的信息报告机长,得到机长同意后方可执行交接工作。

乘务长负责与地面工作人员交接被遣返人员的证件等资料(无身份证明的被遣返人员应由当地使领馆为其出具身份证明),并提醒专职安全员做好证件、资料及被遣返人员的核对。飞行过程中,乘务长应在专职安全员的监督下存放被遣返人员的证件和材料,并全程妥善保管。

2.工作要求

如果飞机上有警卫对象或要客,乘务长应提醒安全员仔细了解被遣返人员的情况,具有危险性的可以报告并请机长拒绝接受被遣返人员乘机。

要求被遣返人员在其他旅客登机之前登机,在其他旅客下机之后下机。

整个航程中不允许向被遣返人员提供金属餐具和含酒精类饮料,乘务组要全程密切监控被遣返人员,严防失控。

航班上如有特殊情况发生,立即报告机长、安全员。

六、携带枪支的警卫人员服务

携枪警卫人员在执行国家列明警卫对象和来访的正部级以上重要外宾的警卫任务时,可以佩带枪支、子弹乘坐民航班机,由本人采取枪弹分开的办法随身携带。乘机时必须持有省、自治区、直辖市公安厅(局)的持枪证明信和本人的"持枪证",机场安检部门凭证明信和"持枪证"予以放行。

1.服务准备

机长得知有携枪警卫人员乘坐航班时,需收到机场安检护卫部门提供的"携枪警卫人员登机通知单"后方可确定承运。如没有收到"携枪警卫人员登机通知单",而发现有携枪的警卫人员登机,机长应及时与地面安检联系,地面安检不能提供"携枪警卫人员登机通知单"的,不予承运携枪警卫人员。保卫部在承运携枪警卫人员时,必须确认武器的携带取得了该航班途经所有相关国家的认可,包括中转/着陆机场所在国。

机长收到机场安检护卫部门提供的"携枪警卫人员登机通知单"后,应将警卫人员及警卫对象的座位分布告知安全员和乘务长。

2.飞行中的服务

(1)客舱乘务员不得向携枪人员提供含酒精的饮料。

(2)安全员应当提醒携枪人员枪弹分离,不要暴露武器,同时,告知其无论出现何种情况,在没有得到机组人员同意的情况下,不得在飞机上使用武器。

(3)外方警卫人员执行警卫任务持枪登机,有中方警卫人员陪同时,双方武器均须枪弹分离,随身隐蔽携带;无中方警卫人员陪同时,由公安部警卫局或总政保卫部警卫局提前(国内航班提前24h以上,国际航班提前48h以上)将警卫任务及拟登机武器、弹药情况通报中国民航局公安局值班室,由民航局公安局通报相关航空公司和机场,登机前枪弹分离,并交由航班机组封存保管。

（4）机组不得公开警卫人员携枪登机信息和警卫对象身份。

（5）飞行途中遇到紧急情况时,由机组负责处置,警卫人员应服从机长决定,必要时予以支持和协助。

七、额外占座的旅客服务

额外占座旅客是指为了个人舒适或其他个人原因而要求占用两个或两个以上座位的旅客。办理乘机手续时,为旅客发放一个登机牌,在登机牌上注明旅客额外占用的全部座位的号码;旅客的座位应与额外占用的座位连在一起,并根据旅客本人的情况安排。

对额外占座旅客,应遵守特殊旅客的运输规定,将其安排在地板高度出口(舱门口)附近的座位,不要安排在紧急出口座位;要为其提供可扩展或延长的安全带,以免座位上的安全带长度不足,乘务员在落地后要收回加长安全带;如果机上有较大的洗手间,要介绍给旅客使用。

因为额外占座旅客很多都是超胖旅客,他们的行动可能相对比较迟缓,而且这些旅客也有较强的自尊心和较为敏感的心理,他们大都不太喜欢被人谈论和注视自己的体型,特别是女性,会尤其敏感。因此,为他们提供服务时要特别注意关注旅客的心理需求。肥胖旅客通常比较怕热,乘务员需主动调节客舱通风孔,夏季视情况可提供湿毛巾或冰水。

第三节　需专门帮助的特殊旅客服务

一、无成人陪伴儿童旅客的服务

无成人陪伴儿童指年龄在5周岁以上、12周岁以下的,没有年满18周岁且有民事行为能力的成人陪伴,单独乘机的儿童。这项服务是在不换机的前提下、在不备降或预计不会因气象原因改程或跳过目的地的航班上独自旅行,但必须由成人陪同,直到上机时为止,且必须配有在到达站接儿童的成人名字、联系方式及地址。无成人陪伴儿童的座位必须已经确认,且不可安排在应急出口座位处。12周岁(含)以上至15周岁(含)以下按成人票价购票的旅客,如提出申请,也可执行无成人陪伴儿童服务。机上儿童的载量不得高于机上儿童救生衣的配备量。

儿童旅客的基本特点是性格活泼好动、天真幼稚、好奇心强、善于模仿、判断能力差、做事不计后果。无成人陪伴儿童首次独自一人旅行会害怕、惊奇、担忧、害羞;而经常独自旅行自然就变得稳重、自信、自立。面对不同年龄段、具有不同乘机经历的儿童旅客,客舱乘务员应格外注意其言行,给予特殊照顾。

1.事先准备

航空公司从接受无成人陪伴儿童起就负全部责任,直到抵达目的地有成人来接为止。登机前,由地面工作人员填写"无成人陪伴儿童空中生活记录"等文件,将无成人陪伴儿童的登机牌、乘机申请书及旅行证件等各种运输凭证放入无成人陪伴儿童胸前的文件袋里。

乘务员在事先了解有无成人陪伴儿童旅客乘坐飞机时,要根据现有条件或向有关部门提出准备一些儿童读物、玩具、纪念品和餐食等。要事先了解清楚儿童旅客的到达站,接送人的姓名、地址、电话号码,了解儿童旅客的身体情况、生活习惯、日常爱好、所携带的物品,以及儿童旅客的家长提出的特殊要求等。

2.登机服务

登机时,地面服务人员将一份"无成人陪伴儿童空中生活记录"交给乘务长,向乘务长说明其目的地和接机成人的姓名。乘务长要检查无成人陪伴儿童资料袋(机票、登机牌、护照、接机人的姓名、地址、电话,家长的特殊要求等),核对无成人陪伴儿童的手提行李、交运行李牌。

无成人陪伴儿童上机后,乘务员不要把其安排在紧急出口和紧急出口旁的座位上,应安排在乘务员照顾方便的座位上,主动为其提供儿童读物和玩具。

3.飞行中服务

(1)指定专人照料:飞行中指定一名客舱乘务员负责照顾,随时掌握无成人陪伴儿童的空中情况。及时了解无成人陪伴儿童的冷暖,为其增减衣物;提醒其不要在客舱玩耍,以免受伤及妨碍他人;对于好奇、活泼、淘气的儿童旅客,不要训斥,应事先告诉他一些规定和要求。

(2)介绍服务设施:向无成人陪伴儿童介绍周围的服务设施,包括安全带、呼唤铃、阅读灯、邻近的洗手间及使用方法。

(3)餐饮服务:在饮食上尽量照顾儿童旅客的生活习惯和心理要求,对年龄较幼的儿童,用餐时,可帮助其分餐。儿童的首选饮料是果汁类,应以冷饮为主,如果提供热饮,以温水为主,倒半杯为宜,注意不要烫伤小旅客。因厨房内有服务用具和咖啡热茶等,应禁止无成人陪伴儿童旅客进入厨房,以避免其受伤。

(4)下降防压耳:飞机下降时,如无成人陪伴儿童处于睡眠状态,应将其唤醒,以防舱内压力变化压迫耳膜。飞机起飞、下降前,先在儿童旅客的腹部垫放一条毛毯,然后系好安全带。

4.落地服务

乘务长在空中填写并保管无成人陪伴儿童旅客的相关资料,直到着陆后移交给地面工作人员,并做好交接手续。

在交出儿童之前,负责接收无成人陪伴儿童旅客的乘务员必须见到与无陪文件一致的大人身份证明和获得他/她与无陪文件上一致的签名,乘务员应将签过的无陪文件交给地面代办人员,如无成人陪伴儿童无人来接或来接之人与无陪文件上的名字不符时,乘务员必须将孩子交给地面工作人员。

过站或到达时,若没有地面工作人员或客舱乘务员陪同,儿童不能离开飞机,责任乘务员一定要看护好无成人陪伴儿童。若在途中乘务组需换机组而儿童未到目的地,下机的乘务长负责将此儿童和有关资料移交给下一接机的乘务组或地面代理人员。中途站需要办理出入境手续时,乘务员应帮助小旅客办理有关手续。到达目的地后,向来接人员介绍儿童旅客的情况,如无人来接,要把儿童旅客的情况详细告诉地面工作人员,并将其所携带的物品点交清楚。

航班结束后,带班乘务长填写"乘务日志"备案,将"无成人陪伴儿童空中生活记录"的存根交有关部门保管。

由于无成人陪伴儿童旅客对服务要求有特殊性,一般航空公司对每个机型在一个航段上所乘坐的无成人陪伴儿童旅客人数有限制规定。

二、携带婴儿旅客的服务

婴儿旅客指出生超过14天、不满2周岁的旅客。婴儿旅客必须有年满18周岁以上的成人与其随行,由其陪护人抱着,不单独占座;或者乘坐在经中国民航局批准的儿童限制装置内,儿童限制装置要放在其陪护的成年人座位旁;不允许其坐在应急出口座位。每排旅客座位只允许安排一位2周岁以下婴儿;每一航班接收婴儿的数量应少于该航班机型的总排数,并且必须确保可以为每一婴儿提供独立的氧气装置。有条件挂婴儿摇篮的机型,乘务组应注意给机务人员交接并熟知摇篮的使用与管理规定。

1.登机服务

(1)乘务员要主动协助抱婴儿的旅客提拿行李(一般不要替旅客抱婴儿)、引导入座、安放行李,把婴儿常用的物品放在前排座椅下方,便于旅客取用。

(2)非折叠式婴儿车只能作为托运行李在货舱内运输,可以在飞机门口交运,在飞机门口领取。折叠式婴儿车可以带上飞机,挂在一个封闭式的衣帽间内,或放在行李箱内、非应急出口座位下的前面(尽可能远离出口),或斜放在双通道飞机中央座椅下。

(3)旅客人数不满时,主动帮助带婴儿的旅客调换到整排空座的位置,告知起飞后可抬起座椅扶手,让婴儿平躺在座椅上,并小心看护。

(4)主动为婴儿提供枕头或毛毯,用于垫其头部,征求家长意见是否关闭通风孔,防止吹风着凉。

(5)介绍呼唤铃、婴儿换尿布设备的洗手间位置。

(6)提供婴儿安全带,将婴儿安全带安装在成人安全带上;扣好成人安全带,调节长度;扣好婴儿安全带,调节长度。告知婴儿的家长,要将安全带系在大人身上,如坐在靠过道的座位,需提示旅客将婴儿的头部朝向内侧,避免他人或餐车经过时碰触。

2.飞行中的服务

(1)平飞后,在有条件的机型可挂好摇篮,垫上毛毯,放好小枕头,让婴儿平躺在摇篮里并系上安全带。客舱乘务员应帮助带婴儿的旅客坐在附近能挂摇篮的座位,并向带婴儿的旅客介绍为确保应急撤离时过道不受阻碍,飞机在滑行、起飞、下降和"系好安全带"灯亮时,禁止使用婴儿摇篮。

(2)调整好通风器,注意不要让通风口直接对着婴儿及其陪伴人员。

(3)餐饮服务:发餐时,不能将热食盒直接从婴儿头部上方递送,避免餐食汤汁滴落到婴儿身上造成烫伤。主动询问大人是否需要为婴儿准备食物、是否有其他特殊要求等。

（4）冲奶粉服务：向陪伴人员征询婴儿喂食、水的时间和分量，有无特殊要求等。根据其要求协助冲好牛奶，应先将奶瓶、奶嘴洗净、消毒；奶粉的用量应准确。冲好的牛奶太热时，要将奶瓶放入盛冷水的杯中降温，摇晃后倒出一两滴奶汁，滴于手背上，以不感到烫手为宜；再将奶瓶擦拭干净，用小毛巾或餐纸包好奶瓶后，送给旅客。

（5）协助换尿布：在洗手间内婴儿护理台上可给婴儿换尿布，有的机型没有这种设备，可以在座椅上换。如舱内客满，为了不影响其他旅客，可在乘务员座椅上铺上毛毯，准备好清洁袋，同时提醒陪伴人员乘务员座椅容易弹起，要用腿压住（最好帮助压住）以免弹起夹伤婴儿。换完后，把换下的尿布放入清洁袋扔到洗手间垃圾箱内。请陪伴人员洗手或用热毛巾擦手。铺过的毛毯做回收处理，后续航班不再使用。

3. 下降及落地服务

（1）下降时可根据情况提醒婴儿家长给孩子喂奶或喂水，或唤醒婴儿，避免睡觉时压耳。

（2）使用的婴儿摇篮要及时收回。

（3）提示大人将婴儿头部怀抱在身体内侧，以免落地时冲力过大而碰伤。

（4）落地后帮助婴儿家长整理好手提物品，穿好衣服。

（5）如果接收了婴儿车，在飞机停稳之后及时还给旅客。

（6）下飞机时，帮助旅客提拿随身携带物品，提醒其抱好婴儿。

三、孕妇的服务

孕妇旅客指怀孕超过32周（含）但不足36周的健康孕妇，乘机时应有成人陪伴，并在乘机前24h内交验"医疗诊断证明书"。

1. 登机服务

登机前，了解孕妇是否符合乘机规定。主动帮助孕妇提拿、安放随身携带物品，注意调整通风器，不要使孕妇着凉。把孕妇安排在适当座位（不要安排在紧急窗口和紧急出口旁的座位上），可视情况调换距离洗手间稍近的位置就座。

主动介绍客舱服务设备，特别是呼唤铃、清洁袋、洗手间的位置和使用方法。起飞和下降前给孕妇在小腹下部垫一条毛毯或枕头，将安全带系在大腿根部，并示范解开的方法。

2. 飞行中服务

（1）飞行中随时关注孕妇的乘机状态，如发现有不适的现象，主动询问是否需要帮助。孕妇可能对飞机上的气味或者颠簸比较敏感，可为孕妇多提供几个清洁袋、几瓶矿泉水，满足孕妇的其他需求，尽量让其感觉舒适。

（2）餐饮服务：根据孕妇的喜好推荐适合其口味的饮料和食品，以果汁类和温水为宜；孕妇如需加餐应优先提供；需要额外的配菜等，根据实际配备情况尽量满足。

（3）如孕妇需要从行李架上取拿物品，乘务员要主动给予协助。

（4）当洗手间排队人数较多时，可征询其他旅客的意见，让孕妇优先使用，并对给予配合的旅客表示感谢。

（5）如遇孕妇将要分娩，乘务员可根据分工尽快将孕妇安排在适当位置，与其他旅客隔离。了解机上是否有医务人员，如有，可协商请其协助处理；如没有，也可请女旅客协助，乘务员要参照紧急处理方案有关内容采取措施,同时报告机长通知地面,采取相应措施。

3.下降及落地服务

(1)下降阶段,协助孕妇提前整理好随身物品。

(2)客舱安全检查时,注意查看孕妇安全带的松紧程度和系的位置是否正确。

(3)下机时,协助孕妇提拿行李,送至舱门口与地面工作人员交接。

(4)对于乘坐经停航班的孕妇,可征求其意见后决定是否安排其下机休息。

四、病残旅客服务

病伤旅客是指由于身体或精神的缺陷或病态,在航空旅行中,不能自行照料自己的旅途生活,需由他人帮助照料的旅客。病伤旅客乘机,原则上需要由合适的人员陪同,最好是医生或护理人员。

残疾旅客,原则上均应先上飞机,最后下飞机。在照顾各种伤残旅客时,都要考虑到患者的意愿,不要触碰伤残部位,不要伤害他们的自尊心。

乘务长与地服人员做好交接工作,详细了解病伤残旅客的具体情况,如伤残部位、伤残程度等,询问是否有特殊服务需求。

1.上肢伤残旅客的服务

上肢伤残旅客上、下飞机时,乘务员要主动帮助上肢伤残的旅客提拿和安放随身行李。旅客就座后,应主动送上枕头或毛毯,垫在受伤者的胳膊下,帮助系好安全带,并示范解开的方法。

飞行中,主动递送书报杂志,协助其穿、脱衣服。在供应饮料和餐食时,帮助放好小桌板,在征得同意后,可将肉类食物、水果切成小块,让旅客用叉子吃。

2.下肢伤残旅客的服务

下肢伤残的旅客在上、下飞机时,应有乘务员搀扶,护送旅客至座位,或用轮椅上下飞机。客舱内没有存放设施、空间或轮椅不符合带入客舱规定时,应将轮椅免费托运,轮椅的运输优于其他货物和行李,航班到达后,托运的轮椅优先从货舱中取出,及时送到登机口交给旅客使用。

在安排座位时,要考虑到旅客的舒适,安全和上、下机的方便。乘务员帮助旅客系好安全带并示范解开的方法,介绍飞机颠簸时应如何固定保护自己。旅客随身携带的拐杖、手杖,应纵向放在沿机舱壁板的窗口座位下(非应急出口),或者由乘务员放在衣帽间内。

飞行中乘务员对使用拐杖的旅客要留意观察,当发现旅客要站立行走或上洗手间时,尽快将拐杖递给他并热情搀扶引导,帮助打开洗手间门,介绍洗手间的设备,等候扶送旅客回座位。

在长途旅行中,应经常让患有关节炎的旅客站立或活动一下患病部位,并主动送上毛毯保暖。如果旅客未随身携带轮椅,乘务长必须在飞机到达目的地之前通知机组人员,由机组人员提前与地面工作人员联系轮椅,方便旅客下飞机。搀扶可以行走的旅客到飞机舱门处,协助坐上轮椅,并与地面工作人员办好交接手续。

3.担架旅客的服务

担架旅客指因受伤或生病等原因不能坐着进行空中旅行,而必须躺着乘机的旅客。担架旅客必有一名医生或护士陪同;如让其他人陪同,则必须经过医生的同意。如果有担架旅客乘机,飞机上应有专用担架或能将医用担架在飞机上牢固地固定。

1)事先了解旅客状况

有担架旅客乘机时,飞行前要通知机组,客舱乘务员要事先了解该旅客的病症、到达站、有无医务人员或家人陪同,担架是否随机及有无特殊要求等;了解到达站有无车接。必要时,要报告机组与地面联系安排有关事宜。

2)登机安置服务

担架旅客通常先上飞机。如担架随机,乘务员协助将病人和担架安排在不影响过往通道的适当位置(如经济舱,安排在后3排左侧)。如担架不随机,要在座椅上铺垫毛毯、枕头,根据病情让病人躺卧。

帮助系上安全带,让病人头朝机头方向,下降时用枕头或毛毯垫高头部或根据病人情况可将头部朝机尾方向。检查病人是否系好安全带,提醒病人躺好扶稳。

3)飞行中的服务

飞行中乘务长指定专人负责,经常观察、询问病人及陪同人员情况,并根据需求尽可能提供帮助。了解病情,以便于调整服务预案。供应饮料和餐食时,要与病人或陪同人员商量,也要协助进食。

下降时,提醒病人防止压耳,躺好,扶稳病人和担架。

4)到站服务

了解到达站有无车接。必要时,可根据旅客要求报告机组与地面联系安排有关事宜(在某些情况下需要自付费用)。到站后,让病人最后下飞机,协助整理、提拿手提物品,护送病人下机上车。

4.聋哑旅客的服务

1)登机服务

乘务长与地面工作人员做好交接,安排专人一对一服务,主动引导其就座,协助安放随身行李,将常用的物品放在前排座椅下方,以方便旅客取用。

结合肢体语言为聋哑旅客介绍座椅周边环境和服务设施,如安全带的使用方法、座椅调节、阅读灯的位置调节,特别是呼唤铃的位置介绍,必要时可用书写方式沟通。

2)飞行中的服务

(1)聋哑旅客听不到客舱广播,因此全程需要专人为其服务和传达各类信息,如将延误或改航班等重要信息告知旅客。

(2)提供餐食时,可将各种饮料的名称或标志主动示意给旅客,由旅客自行选择。

(3)许多聋哑旅客会读懂口型,乘务员与之交谈时要面对旅客,放慢说话速度,如果不明白或语言不通,则需要借助符号或手势,但必须要有礼貌。

(4)对说话不清楚或口吃的旅客,要注意倾听其讲话,力求一次听明白;如果一时讲不清楚,更要耐心等待,不要着急。乘务员对其说话时,语调要缓慢柔和,语句应简明扼要。

3)下降及落地服务

飞机下降时要写下达到地面的时间、机外温度等信息,告知聋哑旅客。

如果旅客乘坐经停航班,需确认旅客的目的地。

5.脑出血后遗症患者旅客的服务

为脑出血后遗症患者旅客安排座位时，要特别注意了解患者行动不便的部位，应使其行动方便的部位靠近通道。

由于脑出血后遗症患者通常只能看到局部的东西，进餐时只吃餐盘的一半食物，因此，供餐时应帮助患者进餐（右脑出血导致左边半身不遂，一般可以讲话，但理解力和判断力较弱；左脑出血导致右边半身不遂，说话不清楚，但心情比较稳定，判断力稍强）。在饮食上尽量避免辛辣及刺激性的食品。

患者体质较弱，抵抗力较差，因此，要主动送上毛毯，保暖患部，预防感冒。

把颅脑疾病、手脚不灵、四肢麻痹的旅客安排在方便和适当的座位上，主动帮助其系上安全带。使其坐得舒适，心情安静。

6.盲人旅客的服务

盲人旅客是指有双目失明缺陷的旅客，不是指眼睛有疾病的旅客，对眼睛有疾病的旅客，应按病伤旅客办理。盲人旅客因为眼睛看不到，他们非常需要通过触觉的感知来对某些情景进行确认。所以在服务时要主动帮助盲人，让其感受到乘务员就在身边，给其安全感和亲切感。

1）登机服务

乘务员主动上前做自我介绍；让盲人旅客左手从乘务员背后搭在乘务员的肩上；乘务员将自己的右手背向身后，让盲人旅客扶住这支手臂，行进时不断提醒其前后左右方向，引导入座，遇有障碍物时要及时告诉旅客，帮助盲人旅客提拿和安放随身行李。

入座后，乘务员要向盲人旅客介绍安全带、呼唤铃、座椅调节、小桌板的位置和使用方法，介绍时协助旅客用手一一触摸，以增加记忆。使用座椅方位或步数方位等方法介绍紧急设备的方向、位置和使用方法。

旅客的导盲手杖沿着机舱壁板放置于座椅底下，也可放在头顶行李架内。

如旅客随身带有导盲犬，可安置在盲人座位的前方地板上，将导盲犬的头朝向走廊。在飞机飞行中，除可给导盲犬少量饮水外，禁止喂食。如航程较长，需要在中途喂食时，应在经停站地面饲喂，食物由旅客自备。

2）飞行中的服务

（1）餐饮服务：供应餐食和饮料时，协助盲人旅客放下小桌板；主动介绍餐饮种类，用钟表指针法介绍小桌板上放置的食物，将餐盘内的各种食物（热、冷食、饮料、水果等）的位置告诉盲人旅客，并告知从哪开始食用，提醒哪一种是烫的；帮助旅客打开餐食包装及刀叉包。帮助盲人切削肉食和水果等服务要在厨房内进行。

（2）放置于旅客小桌板上的食品、物品，未告知盲人旅客之前，不要挪动位置或取走，因为盲人旅客是靠记忆确认位置的。

（3）主动询问盲人旅客是否需要使用洗手间，需要时将其引导至洗手间内，并详细向其介绍洗手间内的设施设备，使用完毕后送旅客回到座位。

（4）飞行中专人负责，经常询问盲人旅客的需求。

3）下降及落地服务

（1）飞机下降前及时告知盲人旅客到达时间、机外温度等信息，协助更换衣物。

（2）帮助盲人旅客整理随身物品，提醒盲人旅客飞机落地后最后下机，等待乘务员引导。

（3）引导盲人旅客下机时，先检查其座椅周边是否有遗留物品，协助旅客提拿行李，搀扶其下机；与地面人员做好交接。

（4）乘坐经停航班的盲人旅客，建议过站时不下飞机，安排专人照顾。

7.精神障碍旅客服务

航空公司一般不承运单独出行的精神障碍旅客，有陪同人员一同旅行时方可接受运输该类旅客。

1）登机服务

客舱乘务员要与陪同人员了解病人的情况，必要时调整座位，与其他旅客保持一定的距离，但不能安排坐在紧急出口处。尽量由陪同人员为其系好安全带，乘务员做好确认工作。

2）飞行中服务

（1）乘务员不要长时间盯着旅客，为其服务时应表情轻松自然，不要有嫌弃、躲闪的行为。乘务员全程均要关注旅客的情绪状态，必要时协助陪同人员控制旅客的情绪。

（2）餐饮服务时，征询陪同人员意见后再提供，避免提供含酒精的饮料。

3）下降及落地服务

下降阶段按正常的服务程序为旅客提供服务。落地后主动征询陪同人员是否需要帮助，根据客人意愿给予协助。

在航班上，客舱乘务员还会遇到一些不属于特殊旅客的范畴，但由于种种原因，仍需要特殊帮助的旅客，如首次乘机者、语言不通的旅客等。在向这些旅客提供帮助前，客舱乘务员应先询问旅客是否需要提供特殊帮助。除此之外，对在洗手间内滞留30min以上的旅客应引起警觉，可在门外询问旅客的情况或通过敲门判断旅客反应，在询问和敲门都没有反应的情况下，客舱乘务员要从外面打开洗手间门以检查情况。

练 习 题

1. 选择题

（1）无人陪伴儿童旅客需是（　　）未成年儿童。

A. 2～12岁　　　B. 5～12岁　　　C. 2～15岁　　　D. 5～15岁

（2）婴儿出生（　　）可以乘机。

A.12天　　　B.14天　　　C.15天　　　D.18天

（3）老年旅客一般较（　　），在服务中乘务员应（　　）。

A. 活跃，与之交谈　　　　　B. 怕冷，多供应热饮

C. 怕热，多供应冷饮　　　　D. 沉默，不予理睬

（4）乘务员在协助盲人旅客在客舱行走时，应（　　）。

A.拉着旅客的手　　　　　B.让旅客拉着乘务员的手

C.乘务员扶着旅客的手臂　　　D.以上均正确

（5）使用拐杖的旅客上机后，拐杖应（　　　）。

  A.交给乘务员保管   B.横放在旅客的座椅下

  C.放在衣帽间内   D.竖放在旅客的座椅下

2. 判断题

（1）担架旅客应安置在不影响过往通道的位置，病人的脚部应朝向驾驶舱。 （　　　）

（2）乘务员应提醒孕妇将安全带系在上腹部，以免压到胎儿。 （　　　）

（3）乘务员在为犯罪嫌疑人及其押送者服务时，不得提供具有伤害性的用品及任何含酒精的饮料。 （　　　）

（4）轮椅旅客除了规定的免费行李额外，可免费携带一部轮椅入客舱运输。 （　　　）

第十章 客舱安全与旅客管理

学习目标

通过本章的学习,掌握在各种情况下对旅客的管理,针对不同类型的突发状况进行适当的处理;熟悉客舱中的各种安全管理规则,在客舱出现非正常情况及旅客纠纷时能灵活运用这些规则进行处理,妥善解决问题。

重难点

重点:航行中的旅客服务管理。

难点:处理客舱纠纷。

航空公司对旅客的运输责任,不仅是将旅客运送至目的地,还要保障旅客在运输过程中的安全。尤其是在飞机航行过程中,处于高空且相对狭小的客舱空间内,客舱内的安全管理极为重要。客舱乘务员不仅要做好旅客日常服务工作,更要时刻保持警惕,承担起安全管理职责。

第一节 客舱安全管理

客舱服务要以安全为本,现在越来越多的航空公司已明确把客舱乘务人员的基本职责定位在飞行安全方面,并以此作为客舱服务的新标准。客舱内每一位旅客的安全和健康,很大程度上依赖于机组成员实施的有效的客舱安全管理。客舱安全管理是指在飞机内部、驾驶舱、客舱及货舱内,涉及飞行员、乘务员和乘机旅客的一种特殊的安全管理。

一、客舱安全管理的目标

客舱安全管理的目标是通过规范飞行员、乘务员和乘机旅客的行为举止、服务技能和程序,共同创造安全运行和舒适、和谐的客舱环境。

(1)飞机在正常运行状态下,机组能不受干扰,能正常履行岗位职责;旅客能获得人身安全不受侵犯,享有舒适、和谐的旅行环境,一般病痛、损伤能得到适度的医疗与救治。

(2)机组能正确处置紧急情况,旅客的人身安全能受到最大限度的保护;能通过应急设备和程序尽快撤离飞机,减低事故给旅客造成的伤害。能正确识别爆炸物和飞机承运的危险品标志,了解一般处置程序,一旦发现机上有爆炸物或危险品事故发生,能正确控制和疏散乘机旅客,正确处理事件,减少可能的危害程度。

(3)有效防止和制止机内犯罪行为,维护飞机正常运行环境,保证旅客人身安全和尊严;一旦发生劫机行为,机组应设法尽力减轻劫机行为造成的后果。

(4)防止机上人员误动舱内开关、手柄等禁止动用的装置,以免影响飞机安全;保护飞机不被故意破坏；适时调整旅客座位和移动货舱内的货物位置，以保持飞机正常运行的重心位置及飞机平衡状态。

二、客舱安全管理的要求

1.保护飞机安全正常秩序

（1）维护客舱正常秩序：控制、制止机上人员的暴力行为及其他干扰飞行机组工作的违法行为；控制和制止机上人员违规使用无线电话、电脑、电子玩具等。

（2）及时处置紧急情况：及时发现火情并正确使用灭火器实施有效灭火；飞机高空飞行增压座舱失密时，要采取恰当的措施保护机上人员的生命安全；及时发现、控制和正确处置非法干扰飞行的违法行为；发现或获悉机上人员隐匿携带炸药、雷管、枪支、子弹、管制刀具或其他危险品时，要及时采取措施正确处置，防止可能的危害发生。

（3）控制特殊及病态旅客的危害行为；保护客舱内特殊设施，防止旅客误动而影响安全飞行。

（4）机上人员从观察窗观察发现机外情况变化以及从听觉、嗅觉系统感知到异常信息等时，应及时向机长报告并协助驾驶舱机组实施情况判断。

（5）严格按岗位要求正确履行职责，按不同飞行阶段坚守岗位。做好机组用餐的供应，以防止发生食物中毒而危及飞行安全。乘务组成员要保证所有成员不处于病、伤、疲劳、精神或药物影响以致不能履行职责的状态。

2.保护机上人员生命和财产安全

（1）切实完成旅客告示要求的各项通知、演示，必须保证旅客熟悉安全带应急出口、救生衣、供氧设备、供个人使用的其他应急设备，包括应急处置说明卡的位置和使用方法。向旅客介绍机上携带的供集体使用的主要应急设备的位置和一般使用方法。

（2）起飞、着陆或遇有颠簸时，及时发出告警信息并确认每位旅客的安全带均已系好。遇到颠簸时，注意保护在洗手间或正在走动人员的安全。

（3）防止服务用品及餐饮品对旅客的伤害，特别注意供应热饮料时的防范措施。防止旅客头顶行李舱的物品跌落对旅客造成伤害。

（4）客舱、洗手间火警及灭火设备完好；客舱通道保持畅通；按规定安排好应急出口处人员。正确使用机上应急设备、氧气、药品并具备适当处置技能。

（5）防止机上人员的暴力行为对其他旅客的伤害；做好机上含酒精饮料的管理，防止酒醉伤人行为的发生；驾驶舱与客舱乘务员要密切协调配合，保证机上指令的贯彻落实。

（6）熟悉航空医救机上用具的使用方法、作用及存放处，具备一般的医救知识与应用能力。

三、飞行中驾驶舱的安全管理

飞机的驾驶舱与客舱之间均有分隔门，在第一位旅客登机前至最后一位旅客离机后，驾驶舱门应保持锁闭状态。执行任务时除机组成员或按有关规定可进入驾驶舱的人员需要进出驾驶舱以外，驾驶舱门应全程锁闭。

1.进出驾驶舱的规定

为保证飞行安全，飞行中任何人员进入驾驶舱必须经机长同意，且机长具有为了安全而要求其他人离开驾驶舱的应急决定权。

（1）经机长同意后可以进入驾驶舱的人员包括：机组成员、正在执行任务的民航局监察员或民航局代表、正在执行任务的本公司飞行检查员或安全监察员、经公司批准的其他航空公司雇用的持有驾驶员执照的航空人员、经民航局批准进行空中交通管制程序观察的空中交通管制员和进行运行观察的飞行签派员、经公司批准进行监视飞机设备或操作程序的本公司人员、经公司批准进行监视飞机设备或操作程序的该飞机或其部件制造厂技术代表、得到机长允许并且在其进入驾驶舱对于安全运行是必需或者有帮助的人员、经公司特别批准的其他人员。

（2）被准许进入驾驶舱的非机组人员，应当在客舱内留有供该人员使用的座位。监察员执行监察任务时，必须向机长出示民航局监察员证件后，机长应当允许该监察员不受阻碍地进入该飞机的驾驶舱。

机组成员进入驾驶舱应使用事先确定的联络信号；其他被准许的人员进入驾驶舱前，乘务长应先通过内话系统与驾驶舱联络，在获得机长批准后方可进入驾驶舱。进入驾驶舱后应将舱门锁定，防止他人尾随而入。驾驶舱内人员出驾驶舱时，需先通过观察孔确认驾驶舱门外没有旅客后，方可开门。全体客舱乘务员应提高警惕，注意观察进入前服务间的人员，如发现可疑情况，应及时报告机长。

（3）两人制飞行机组执勤时，当一名飞行员由于工作或生理原因需要离开驾驶舱时，飞行员要内话通知乘务组，乘务长应指定一名客舱乘务员进入驾驶舱，前舱必须有人员监控，被指定的客舱乘务员进入驾驶舱后，需要离开的这名飞行员方可离开。客舱乘务员在驾驶舱期间如遇有颠簸，应坐在观察员位置上，并系好安全带。该名飞行员返回驾驶舱后，被指定的客舱乘务员方可离开驾驶舱。

2. 驾驶舱与客舱的联系

在飞行期间，客舱乘务长/乘务员应使用机上内话系统与飞行机组保持联系。当条件不允许时，如飞行关键阶段、起飞或着陆阶段，飞行机组可使用其他的信号方式来联系客舱，比如，先关闭再打开"系好安全带"灯的方式。

客舱与驾驶舱的内话系统出现故障，乘务长必须立即通知机长，并协同制定另一种通信联络的途径。乘务长则负责将新的联络方式通知所有客舱乘务员。在紧急情况时机组可使用向旅客广播直接给乘务组发布指令。

3. 为驾驶舱提供服务

飞行过程中乘务组需要进入驾驶舱为机组提供服务时，应注意在进入驾驶舱前，按联络信号联系后，得到许可才能进入。特别注意的是，提供给机长和其他机组成员的食品应该不同。

飞机在地面停留时，客舱乘务员禁止使用敞口杯为驾驶舱内的飞行机组提供饮料。为驾驶舱提供饮料和餐食时，需绕过中央仪表板，颠簸时禁止向驾驶舱提供餐饮，禁止将茶壶放在驾驶舱内。提供给驾驶舱的餐饮，使用完毕后要及时收回。

4. 机组成员损伤/丧失能力

为了更好地与驾驶舱进行沟通，客舱乘务员在飞行中每隔20~30min与驾驶舱联络一次。当得知其中一个飞行员丧失能力时，应当立即广播寻找医生，将丧失能力的飞行员搬运出驾驶舱进行急救。

如果不能将丧失能力的飞行员搬运出驾驶舱,乘务员协助将其双臂交叉放在安全带下,拉紧并锁住安全带固定在座椅上,以防止其碰撞控制系统;将丧失能力的飞行员座椅向后拉到最大限度并使其后倾,然后把飞行员双腿后拉;如果需要氧气,帮助失能机组人员戴好驾驶舱应急氧气面罩,按照接替操纵飞机的飞行员的指示提供帮助。

四、机上非法干扰行为处置

根据《民用航空机场航空安全保卫规则》的相关规定,非法干扰行为是指危害民用航空安全的行为或未遂行为。

1.非法干扰行为的类别

非法干扰行为包括扰乱行为和严重危害飞行安全的行为。

1)扰乱行为

(1)违反规定使用手机或者其他禁止使用的电子设备的行为。

(2)使用明火或者吸烟的行为。

(3)强占座位、行李架的行为。

(4)盗窃、故意损坏、擅自移动飞机设备的行为。

(5)妨碍机组人员履行职责或者煽动旅客妨碍机组人员履行职责的行为。

(6)打架斗殴、寻衅滋事的行为。

(7)危及民用航空安全和扰乱客舱秩序的其他行为。

对扰乱行为的旅客,应当口头予以制止;制止无效的,应当采取约束性措施予以管束。

2)严重危害飞行安全的行为

(1)强行冲击驾驶舱。

(2)放火、爆炸、杀人等其他严重威胁飞行安全和他人人身安全的行为。

(3)破坏飞机设备,对飞行安全构成严重威胁的行为。

(4)以暴力方法抗拒或者阻碍航空安全员执行任务;或者暴力袭击航空安全员,危及航空安全员生命安全的行为。

对于严重危害飞行安全的行为,航空安全员应当按照公司制定的处置程序立即采取措施予以制止。

2.非法干扰行为的处置原则

处置非法干扰行为的基本原则是确保受到非法干扰的航空器上的旅客和机组的安全,直到其能够继续旅行。具体要求如下:

(1)确定性质,区别处置。

(2)及时控制事态,防止矛盾激化。

(3)教育与处罚相结合。

(4)机上控制,机下处理。

(5)空地配合,互相协作。

3.机组人员在处置非法干扰行为中的职责

(1)机长对机上发生的扰乱行为以及非法干扰行为等严重危害飞行安全行为的处置负

全责。

（2）航空安全员负责落实机长指令，在紧急情况下，航空安全员为了保证飞机及机上人员生命财产安全，可采取必要措施先行处置后再报告机长。

（3）飞行中发生严重非法干扰行为时，航空安全员或乘务员应及时将情况报告机长，机长应立即将情况报告地面有关当局，并随时通报事态发展情况。

（4）飞行中，对非法干扰航空安全的行为，机长可视情节予以劝阻、警告，并决定对行为人采取管束措施等必要措施。管束措施是指机长指令航空安全员及其他机组人员（必要时可请求旅客协助）对非法干扰行为人实行看管、强制约束以使其不能继续实施非法干扰行为。

（5）飞行中遇到特殊情况时，机长对飞机有最后处置权。

（6）在对飞机上出现的扰乱行为或者非法干扰行为等严重危害飞行安全行为处置结束后，机长应当责成航空安全员填写《机组人员与公安机关案件移交单》。经机长签字确认后，航空安全员应当将行为人与有关证据一并移交有管辖权的机场公安机关调查处理。

对于飞机起飞后发生的事件，移交最先降落地机场公安机关；飞机未起飞时发生的事件，移交起飞地机场公安机关。

国际民用航空运输中发生的扰乱行为或者非法干扰行为等严重危害飞行安全行为的移交按照有关国际条约或协定办理。

4.非法干扰行为的处置程序

1）在客舱内酗酒滋事、性骚扰、打架斗殴等扰乱秩序行为的处置

（1）舱门关闭前，机组人员应及时制止，制止无效经机长同意，通知机场公安机关将行为人带离飞机。

（2）舱门关闭后，机组人员应及时制止，制止无效应报告运行控制中心，视情况滑回停机位处理。

（3）飞行中发现酗酒滋事者、打架斗殴等，应责成其同行者予以控制。如无同行者或同行者无法控制，航空安全员可报请机长同意，对其采取临时管束措施，着陆后交机场公安机关处理。

（4）飞行中，对性骚扰、争抢座位（行李架）打架斗殴的，机组应视情调整当事人的座位，避免发生冲突。

（5）飞行中发生治安案件直接威胁机组、旅客人身安全、飞行安全或无法制止事态发展时，航空安全员应报请机长同意对当事人采取临时管束措施。如果无法控制，机长应按照《飞行运行总手册》宣布紧急状态。

2）对非法使用无线电及电子设备行为的处置

机组人员应立即进行劝阻，不听劝阻、提出警告仍坚持不改者，对其设备暂时予以扣押、保存。

3）对于偷窃、故意损坏应急设备行为的处置

机组应及时采取措施制止，并将行为人及相关证据移交公安机关处理。

4）对于无意触碰、开启机上应急救生设备的行为处置

机组人员应及时制止；未造成后果的，可对行为人进行教育；致使设备损坏、造成严重后果的，机组及时收集有关证据，以便日后追究经济赔偿。情节严重的移交公安机关依法处理。

5）旅客企图打开驾驶舱门的处置

机组人员发现旅客企图打开驾驶舱门时,应当立即予以制止,并说明有关规定。对不听劝阻企图强行进入者,航空安全员或其他机组人员应当立即启动反劫机处置程序。

6）旅客吸烟的处置

机组人员发现旅客在洗手间内吸烟,应当立即予以制止并检查洗手间,消除火灾隐患。对不听劝阻者,应收缴其烟具予以暂时扣押,收集证物,并进行必要的证人、证言记录,待飞机着陆后,交机场公安机关处理。

7）殴打机组人员的处置

当发生殴打机组人员事件时,航空安全员应立即制止,对不听制止者予以制服,并采取管束措施。飞机着陆后,移交机场公安机关处理。

需移交地面处理的非法干扰事件,机组人员要及时收集证据。取证对象包括当事人(行为人及权益受侵害人)和证人(事件知情人,主要是指机场工作人员、机组人员,乘机旅客);证据的种类包括当事人陈述(当事人身份基本情况,座位号、联系方法、事件经过)、证人证言(证人身份基本情况,事件经过情况,证人在事件过程中所处具体位置、联系方法等)、书证、物证、视听材料、鉴定结论、勘验笔录、现场笔录。

五、航班可拒绝接受的旅客

1.航班拒绝接受的旅客

根据《大型飞机公共航空运输承运人运行合格审定规则》(CCAR-121FS-R7)(中华人民共和国交通运输部令2021年第5号)的规定,航空公司有拒绝运输的权利。航空公司根据自己的运输能力,出于安全原因或根据合理的判断,可能会拒绝运输下列旅客:

(1)旅客不遵守国家的有关法律、政府规章和命令,以及航空公司的规定;拒绝接受安全检查;不听从机组人员指挥者。

(2)旅客无合法客票:非法无票登机者(无登机牌的旅客)或旅客未能出示或拒绝出示国家的法律、法规和政府规章及其他规范性文件规定的有效证件;出示客票的人不能证明本人即是客票上"旅客姓名"栏内列明的人;旅客出示的客票是非法获得或不是在航空公司或其授权销售代理人处购买的,或属已挂失或被盗的,或是伪造的;旅客未支付适用的票价、费用和税款或未承兑其与航空公司之间的信用付款;登错飞机的旅客。

(3)旅客的行为、年龄、精神或身体状况不适合航空旅行,或可能使其他旅客不舒适或反感,或对其自身或其他人员或财产可能造成任何危险或危害;有醉酒或吸毒迹象;神志不清或因受到酒精、麻醉品或其他毒品的侵害并处于麻醉状态而给其他旅客带来不愉快,造成不良影响的旅客;或像是中毒者;要求静脉注射者;面部严重损伤,有特殊恶臭或怪癖,可能引起其他旅客厌恶者。

(4)不符合乘机要求的孕产妇及婴儿:怀孕35周(含)以上的孕妇;或无法提供证明其孕期的材料或拒绝配合接受机场急救中心检查且不愿按航空公司规定填写相关声明的孕妇;产后不满7天的产妇;出生未满14天的婴儿(不计算出生当天)或出生未满90天的早产儿(指未满37周出生的婴儿,不计算出生当天)。

(5)自身安全或其他旅客安全无法保证者:不符合旅客运输安全规定的担架旅客;或病

危的旅客,濒临死亡或已经死亡的旅客;患有传染性疾病的患者;心智不健全的旅客,其行为可能对自身、机组成员或其他旅客造成危险。

(6)影响客舱安全者:因伤、病而只能占据通道运输的旅客;携带国家规定的禁止物品,未经航空公司同意运输的危险品,异常气味、腐败的物品或易污损飞机的物品的旅客;携带未经公安机关批准或航空公司同意运输的军、警武器和警具的旅客;违反《航空安全管理条例》,对飞机、旅客、机组可能造成安全威胁的旅客。

上述旅客如已登机,可被要求下飞机。但航空公司不得以旅客在紧急情况下需要别人帮助才能迅速移到出口,因而会对飞行安全不利为理由,拒绝运送该旅客。若已经指定了紧急情况下有其他人员帮助此种旅客迅速移到出口的程序包括合理的通知要求,而该旅客不遵守该程序的通知要求,或者该程序不能运送该旅客的情况除外。

2.需持有医疗证明旅客的管理

如果旅客需携带下列物品或具有下列情况者,航空公司将要求出具医疗证明。医疗证明必须说明一切应遵守的措施,并在乘机之日前的十日之内签署,旅客登机前,必须将医疗证明交给乘务长一份。

(1)需用早产婴儿保育箱者。

(2)要求在空中额外吸氧者。

(3)可能在空中有生命危险或要求医疗性护理者。

(4)已知有传染性疾病但采取措施可以预防者。

六、飞行关键阶段的管理

飞行关键阶段是指所有包括地面滑行、起飞、着陆及低于约3000m(10000ft)时的飞行,以及起飞3min,着陆前8min的阶段。民用航空法禁止机组成员在飞行的关键阶段做任何活动,因为这种活动会分散飞行员的注意力,影响工作质量。在飞行关键阶段,乘务员不要进入驾驶舱或与驾驶舱进行联络。

第二节　航行中的客舱管理

一、飞行颠簸时的客舱管理

颠簸强度是指单位时间内飞机在气流的作用下升降的幅度和次数,飞机升降的幅度越大、次数越多,表示颠簸越强。按剧烈程度,颠簸划分为轻度、中度和严重颠簸三种,乘务员与机组之间沟通时要注意使用这三个颠簸等级术语,判断颠簸的剧烈程度,并针对不同程度采取应对措施。

1.轻度颠簸

轻度颠簸时,飞机有轻微、快速而且有些节奏的上下起伏,但是没有明显感觉到飞机高度和姿态的变化,或飞机有轻微、不规则的高度和姿态变化。机上乘员会感觉安全带略微有拉紧的感觉,饮料在杯中晃动但未晃出,服务车移动时略有困难。

此时乘务员送热饮时需小心，或视情况暂停服务，固定服务车和服务设施。提醒并检查旅客已入座和系好安全带，手提行李已妥善固定。客舱乘务员视情况增加广播内容。

2.中度颠簸

中度颠簸时，飞机快速地上下起伏或摇动，但没有明显感觉飞机高度和姿态的改变，或飞机有高度和姿态的改变，但是始终在可控范围内。通常这种情况会引起空速波动。机上乘员明显感到安全带被拉紧，饮料会从杯中晃出，旅客明显感到行走困难，没有支撑物较难站住，服务车移动困难。

此时要暂停服务，固定服务车和服务设施。乘务员视情况检查旅客已入座和系好安全带以及手提行李已妥善固定，自己也坐好并系好安全带和肩带。机长或指定的飞行机组进行广播（若有可能），客舱乘务员广播，视情况增加广播内容。

3.严重颠簸

严重颠簸时，飞机高度或姿态有大幅度的急剧改变。通常空速会有很大波动，飞机可能会短时间失控。机上乘员的安全带急剧拉紧。舱内物品摔落或被抛起，未固定物品摇摆剧烈，不能在客舱中服务、行走。

此时乘务员要立即停止一切服务，立即在原地踩好服务车刹车，将热饮料放入服务车内或放在地板上。乘务员马上在就近座位坐好，抓住客舱中的服务车，对旅客的呼叫可稍后处理。机长或指定的飞行机组进行广播（若有可能），客舱乘务员广播，增加广播内容和次数。

颠簸结束，"系好安全带"灯熄灭后，客舱乘务员巡视客舱，并将情况报告乘务长；乘务长向机长报告是否有人员受伤，客舱是否有破损等异常现象，如机上有人员受伤，按照急救处置程序进行处置。

4.可预知性颠簸的处置

航前准备会上，飞行机组应告知客舱乘务员所有可预知的颠簸的信息。飞行中，飞行机组通知客舱乘务员预知性颠簸的等级和准备时间。

当被通知将遇有颠簸，客舱乘务员应视准备时间完成以下工作：先储藏服务车等大件物品，储藏热饮，固定厨房设施，检查客舱和洗手间，固定、保护自己。若是长时间的颠簸，必须作间隔性的广播，提醒旅客系好安全带。

"系好安全带"灯亮时应停止一切服务，客舱乘务员广播通知旅客就座并系好安全带。如果停止服务，对旅客进行广播说明服务暂停的原因。

"系好安全带"灯熄灭后或接到通知后，客舱乘务员检查旅客、机组人员和客舱情况，向乘务长报告，乘务长向飞行机组报告。

5.不可预知颠簸的处置

客舱乘务员立即固定自己，在客舱的乘务员口头提醒周围旅客系好安全带，直到"系好安全带"灯熄灭或接到通知，广播通知旅客就座并系好安全带。如果停止服务，对旅客进行广播说明服务暂停的原因。"系好安全带"灯熄灭后或接到通知后，检查旅客、机组人员和客舱情况，向乘务长报告，乘务长向飞行机组报告。

6.预防因空中颠簸造成人员伤害的措施

（1）每次服务结束后立即将服务车及服务设施及时归位并固定。

（2）服务车使用时避免无人监管。

（3）固定客舱、服务间内的服务用品。

（4）起飞后广播告知旅客在飞行过程中系好安全带。

（5）因驾驶舱和客舱对颠簸的感觉程度不同,应保持机组之间的充分沟通。

（6）客舱乘务员应具备评估颠簸程度的能力,在不安全的情况下即使未得到任何指示,也应遵循相应的程序,并能够及时指导旅客系好安全带。

二、延误/等待航班的客舱管理

1.等待时的服务

飞机舱门不能在规定时间范围内关闭或关闭舱门后不能在规定时间内起飞,乘务长应及时与驾驶舱沟通,掌握推迟的原因并进行广播通知旅客。因特殊原因等待,乘务长应与机长保持联系,并根据等待的时间长短,向旅客提供相应服务。

2.登机后的服务

旅客登机后,需重新到候机室等待,乘务员应了解旅客的特殊要求,由乘务长根据情况与地面值班人员协商解决。旅客登机后,遇有再次验票,乘务长应配合地面服务人员,广播通知旅客准备好机票/登机牌。乘务组应积极与地面人员配合,力求减少不必要的延误或等待时间。

三、飞机加/抽燃油时的客舱管理

飞机上加/抽燃油时如果机上有旅客,驾驶舱应通知乘务组,严格遵守所在机场的相关规定,严格遵守"禁止吸烟"信号。乘务长要广播通知旅客在原位就座。

1.确认客舱应急设备正常待用

客舱乘务员要确认灭火器处于待用状态。保证厨房设备已固定好,客舱通道无障碍物。

2.打开出口

最少前后各打开一个连接登机桥或旅客梯的舱门,打开出口的相关一侧不得停放加油车。如果没有登机桥或旅客梯,客舱门一定要有乘务员值班,而且地面的滑梯展开区必须没有障碍物。保证厨房设备已固定好,客舱通道无障碍物。每个紧急撤离出口必须有一名乘务员值班,以备紧急撤离。若有担架旅客,必须指定一个出口,确保出现紧急情况时担架能移动,并确保担架旅客在周围出现火情时有指定客舱乘务员的援助。

3.广播通知旅客

广播通知旅客:飞机将要执行加油程序,不得使用任何电子设备;禁止吸烟;不得使用闪光灯、火柴和打火机;必须解开安全带。

4.客舱内做好安全监控

客舱内的旅客必须解开安全带。如果出现任何可能构成潜在威胁的情况或任何的非正常情况时(如在客舱中发现任何的油烟),乘务长有责任通知驾驶舱停止加油,直到恢复安全为止。如出现任何危及机上人员安全的情况,乘务长必须组织迅速下飞机。在机上出现火灾等严重情况下,应使用所有可用的出口撤离。

5.准确沟通

乘务长须与飞行机组成员保持有效联系,接到加/抽燃油的开始时间和结束时间后,应及时通报乘务组其他人员。当飞行机组无法使用内话系统与乘务组进行信息传递工作，乘务长应指派专人在机舱门口负责与机组及时沟通，确保及时、准确、畅通。

四、中途过站的客舱管理

在经停站停留时，过站旅客是否下飞机应征得过站机场地面保障和/或机长的同意。

1.保证出口畅通

旅客停留在飞机上，必须保证飞机发动机已关闭，并且至少打开一个地板高度的出口，以供旅客下飞机，廊桥或客梯车必须靠在舱门上。

2.乘务员数量符合规定

必须保留在飞机上的客舱乘务员数量，应当至少是该机型客舱乘务员最低安全配置数量的一半，有小数时，舍去小数，但决不能少于一人，且前舱必须留有客舱乘务员。客舱乘务员必须在客舱内均匀分布，以便在紧急情况下最有效地帮助旅客撤离。乘务员数量不足时，可以用其他人员代替。代替客舱乘务员的人员应当是符合应急撤离训练要求的合格人员。

3.乘务员应易于旅客识别

代替客舱乘务员的人员应当能够为旅客所识别；如果在过站时，该飞机上只有一名飞行乘务员或其他合格人员，则这位乘务员或其他人员的所在位置必须在打开的主登机门处，并且需要有明显的值班标志，易于旅客识别。

4.乘务员过站监控

在过站时，所有乘务员都要留意下列情况：

（1）允许留在飞机上的旅客或行李一般可以不检查，但在起飞前要对驾驶舱、厨房、洗手间等处进行检查。

（2）只有特殊许可的人，出示适当的证件后，才可允许上飞机。

（3）在过站时，所有的箱、柜的门都要关好。

五、含酒精饮料的供应管理

除了飞行乘务员提供的含酒精饮料外，任何人不得在飞机上饮用其他含酒精饮料。含酒精饮料可以不提供给有将含酒精饮料带出飞机的意图的任何旅客。对于频频要求喝酒的旅客，客舱乘务员可酌情减少酒量的调配。

1.不提供含酒精饮料的规定

飞行中不得为下列人员供应任何含酒精饮料：

（1）表现为醉酒状态的人。

（2）押送机密文件人员。

（3）犯罪嫌疑人及其押送者。

（4）遣返者。

（5）特准携带武器者。

（6）18岁以下旅客。

（7）正在护送别人的人或者被护送的人。

（8）勤务动物携带者。

当发现有人拒绝遵守以上规定,或者发生处于醉酒状态的人进入飞机引起的骚扰事件时,机长和机长授权人员应当场制止,乘务长应当在事发后第一时间按规定上报,公司在5天内向民航局报告。

2.受酒精、毒品和麻醉品影响的旅客处置

根据《大型飞机公共航空运输承运人运行合格审定规则》(CCAR-121FS-R7)规定,任何显示醉态或在毒品、麻醉品作用影响下的旅客禁止登机。旅客在飞机上已显示醉态,乘务员不可供给其任何含酒精饮料。如果显示醉态或在毒品、麻醉品作用影响下的旅客制造出的骚乱已构成对机组工作的干扰,必须尽快通知地面工作人员。

(1)起飞前:如果登机时旅客显示醉态或在毒品或麻醉品作用影响下,干扰了机组成员的工作或危及旅客与机组安全,应通知机长和地面工作人员。乘务员应注意不要当面指认。

(2)飞行中:飞行中发现旅客显示醉态或出现毒品或麻醉品作用反应,乘务员应报告给机长,乘务长应根据机长的指示,采取进一步措施。注意使用礼貌而坚定的态度与该旅客沟通,并特别注意避免身体冲突;寻找至少2名目击证人。

(3)着陆后:客舱乘务员协助执法人员或地面工作人员上飞机进行处理,并寻找目击者。如旅客的不当行为涉及并危及机组成员工作,报告机长通知相关部门。

乘务长在该航班结束后应及时向有关部门报告,并第一时间写出书面报告提交客舱服务部。

六、应急出口(翼上出口)的监控要求

(1)在登机时有旅客入座,客舱乘务员应先向旅客简单表达应急出口的操作禁止内容;在一侧应急出口的旅客入座完毕后,客舱乘务员对旅客进行能力判断后,应及时进行应急出口的详细介绍。

(2)在飞行关键阶段,客舱乘务员应确认在应急出口通道的地板上未放置任何行李或物品;应急出口前排座椅下方也不得放置任何行李或物品。

(3)应急出口的空座位,其安全带必须确认扣好;如有零散物品(如衣物),必须用安全带固定好。

(4)在飞行的任何阶段都应随时关注应急出口的情况。禁止在舱门上放置、悬挂、摆放任何物品;禁止非机组成员在正常情况下情况下触碰舱门;任何人不得坐靠舱门。

(5)经停站加油旅客不下机时,客舱乘务员须监控应急出口情况及旅客情况。

(6)因延误航班等原因造成旅客情绪激动时,客舱乘务员应及时关注应急出口的情况。

七、飞机清舱

飞机清舱分为正常清舱和特殊情况清舱。

1.正常清舱

正常清舱必须在旅客登机前、下机后以实施,目的是防止未经授权的人员、武器、危险装置、爆炸品及其他可疑物品混入飞机。当所有的清洁、供餐和机务人员离机后,或在旅客登机前,乘务员和安全员必须对客舱进行检查。

(1)安全员和客舱乘务员按照规定内容进行客舱检查。清舱中发现特殊情况,应及时向

机长报告。

（2）在检查中,发现任何可疑的物品,如非标准的设备或梳妆用具,非正常的导线、误放的手提行李、包裹、照相机等,不要触动,要立即报告机长。

（3）厨房乘务员要检查餐食的内容,如果有不能打开的容器或餐具,必须向乘务长报告,即使在最后一刻装上飞机的食品,也要认真检查。

2. 特殊情况清舱

特殊情况清舱是指发生特殊情况时,对飞机进行全面或部分清理和检查。特殊情况清舱时,机长可以视情况请当地机场公安局、安检部门和地面服务部门等单位协助实施。清舱检查结束后,检查人员应及时向机长报告,安全员要对客舱进行监护,防止无关人员登机。

1）引起特殊清舱的原因

起飞前有匿名电话称某(与本航有关)航班存在劫机或爆炸物威胁,必须按照"航空公司安全保卫搜查单"进行,各区域检查负责人由机长指定。旅客携带全部手提行李重新进行安检,货舱物品全部卸下重新安检。

发生以下情况之一,旅客携带全部手提行李重新进行安检并进行客舱清舱检查,确保无外来物遗留在客舱内。如对货物、交运的行李有怀疑,应重新对货物和旅客交运的行李进行安检,并核对交运行李的数量、目的地。

（1）旅客登机后,有人声称劫机或有爆炸物。

（2）旅客登机后,公安、安检怀疑存在漏检情况。

（3）旅客登机后,机组人员对旅客的安检质量产生怀疑。

（4）未经安全检查的人员和物品进入飞机。

2）局部清舱

针对由于航班延误、飞机备降或返航等客观原因,导致航班已超出预计起飞时间,旅客登机后要求终止旅行的情况,机长可视情况决定不清舱或局部清舱。局部清舱时,旅客不下飞机,清舱程序如下:

（1）调查该名旅客终止旅行的原因。

（2）核对托运行李,确认该名旅客的托运行李已卸下飞机。

（3）仔细检查该旅客前后五排的座位、行李舱及附近区域,确认没有无人认领的行李或物品。

（4）旅客登机后提出终止旅行,如该旅客无托运行李,则仅需按规定对客舱进行清舱检查,确保无外来物遗留在客舱内。如该旅客有托运行李,则必须在货舱找出其行李,并拿下飞机交有关部门处理。旅客携带全部手提行李下机等待,无须重新安检。

3. 清舱的顺序及处置

（1）清舱检查应由前往后,由上到下,由左到右。检查中应眼到手到,不留任何死角,不放过任何可疑物品、可疑现象及可疑人员。

（2）清舱中发现可疑人员,应报告机长,通过当地机场交由公安机关或有关部门处理,发现不明物品或可疑状况,应向相关部门报告,并彻底排除。

（3）清舱中发现乘机旅客遗失的非危险性物品,应进行登记,记载内容包括航班号、飞机号、发现物品时间、位置、品名、大小和数量,移交给地面服务部门,并办理移交手续。

（4）对于清舱中发现的武器，凶器，易燃、易爆、毒性、放射性物质以及危害旅客和飞机安全的危险物品，机组应保护好现场并报告给相关部门。

（5）机长对清舱有最终决定的权力。

八、航行中的客舱管理

1. 旅客要求冷藏物品的处理

旅客在机上提出要求乘务员帮助冷藏物品时，乘务员应向旅客介绍"原则上旅客要求冷藏的物品应自行保管"的规定。

如有旅客坚持要求帮助冷藏药品，客舱乘务员应先确认其种类、用途，凡是带有传染性、病菌的实验用药一律不得接受和保管；可以使用清洁袋或塑料袋，在其内放入冰块冷藏。禁止把旅客的物品直接放在厨房的冷藏箱、冰桶内。提醒旅客要求冷藏的物品如有损坏，应自行负责。

2. 旅客要求更换座位的处理

飞机起飞前，为了飞行安全，避免飞机的配载平衡失调，不得随意地大面积调换座位；旅客若要求更换座位，一般让旅客在各站直接向地面工作人员要求，获得正式的座位更换。

飞机飞行中，经客舱乘务员允许后，旅客可更换座位。但不允许不合条件的旅客坐在应急出口处座位。飞机着陆前，机组人员若认为配载平衡不能保证安全，可要求旅客回到原座位。

3. 进入头等舱/公务舱访客或使用洗手间的处理

原则上禁止经济舱旅客进入头等舱/公务舱访客或使用洗手间。乘务员在飞行中扣好门帘，以避免经济舱旅客进入头等舱/公务舱。如果旅客有此需要，乘务员通过收取适当费用可将旅客舱位升级，或要求头等舱/公务舱旅客进入经济舱访客。

乘务员主动向经济舱旅客介绍和提醒其所应用洗手间的位置。有时服务车会挡住过道，旅客有时也会存在健康上的原因，因此在处理老、弱、病、残、幼、孕旅客希望使用头等舱/公务舱洗手间时，乘务员要根据实际情况灵活处理。

4. 旅客使用医用氧气装置的管理

在飞机上，旅客可以付费要求使用氧气装置。如在飞行中使用氧气，必须提供注册医生签字的书面证明（说明使用氧气的医学需要及每小时需要氧气的最大流量）。由地面机务人员将设备送上飞机，并根据旅客的选择或使用标准氧气面罩或鼻腔插管，进而连接合适的呼吸装置。

当空中使用氧气时，乘务长必须报告机长。乘务员要注意管理旅客在距离医用氧气设备10ft（约3m）内不允许吸烟，使用医疗氧气的旅客不能在出口座位上，任何氧气装置使用后，应填写客舱维护记录本。

氧气设备要妥善安置，以免妨碍接近或占用客舱中任何必需的应急出口/正常出口/过道。氧气设备的许可储藏位置：

（1）氧气设备放置在与该旅客同排的一个相邻的座位上。

（2）如相邻座位均被占用，放置在非应急出口窗口座位下。

（3）如果其他许可的地方均不能用，可小心地将它放置在行李架内。

九、客舱储藏间的使用管理

行李架、旅客座位下部到前限制区域和侧面到靠走廊座位限制区域、衣帽间封闭区域为中国民航局批准的储藏间区域。机组成员和加入机组人员的手提行李应均匀地放置在储藏区域内，不能放在头等舱/公务舱内。

1.旅客手提行李的储藏

在关闭登机门和飞机落地之前，每件手提行李都必须妥善地储藏好。

（1）储藏位置：手提行李不能被放置在影响机组人员接近应急设备或阻挡旅客看到信号指示牌的任何区域内；不能捆绑在座椅上；不能放置在洗手间里。不封闭的衣帽间仅能用来放置衣物或悬挂衣袋，手提行李不能放置在这些区域的地板上。

（2）重量限制：每个储藏区域都标明了各自的重量限制，乘务员应在旅客登机时监督储放行李，确保这些储藏区域的重量未超出限制。遇有无法放入储藏空间的超大超重行李，乘务员应联系舱门口处地勤，办理舱门口行李托运手续。

（3）尺寸显示：每个放置于座位下面的行李必须受行李挡杆的限制。每个靠过道的座椅下的行李必须置于前行李挡杆内，以防止置于座位的行李物品在紧急着陆的极限惯性力的撞击下，向侧面滑到过道上。放入行李架内的行李不能超过行李架尺寸限制，要保证行李架能关好门、扣严。

2.客舱服务用品的储藏

（1）所有的食品/客舱服务供应品都应放置在装机规定的区域里。

（2）食品配备人员有责任将不能储放的物品或乘务员提出的任何物品卸下飞机，如果时间紧张，在离港前无法将这些供应品由地面服务人员或食品配餐人员移走，这些物品应放置在廊桥上，并在航班离港后，由得到通知的地面工作人员与食品配餐员一起协作将其移走。

（3）烤箱、行李架和旅客座椅下部不得用来大量存放餐饮用具和设备或其他客舱供应品。

第三节 处理客舱纠纷

一、解决服务冲突的原则

航班中发生冲突，乘务员要重视冲突发生的原因，停止争论，互相聆听，尊重对方，及时予以妥善解决，以免冲突升级而引发抱怨、投诉，造成更大的影响。一般遵循下列三个处理原则。

1.冷静控制原则

乘务员要在冲突管理中起到积极协调的作用。发生冲突之后，乘务员要以大局为重，保持冷静，控制情绪，应该停止争论，互相聆听，要"就事论事"，而不是"情绪论事"。例如，旅客对起降之前关闭手提电脑的安全规章不理解、不支持时，乘务员要心平气和、耐心礼貌地向旅客详细解释和说明使用手提电脑对应急撤离的影响，争取旅客的理解，获得支持。

2.换位理解原则

乘务员要学会换位思考,运用有效的沟通技巧,缓解冲突的影响。要站在旅客的立场思考与理解,如飞机落地后还在滑行,许多旅客会迫不及待地打开行李架拿取行李,乘务员对旅客将进行劝阻时,要理解旅客想提前下机的急切心情,进行友善礼貌的劝阻,就能避免冲突的发生。

3.求同存异原则

发生冲突时,乘务员要遵循求同存异原则,学会在各种冲突中寻求共同之处。如遇到旅客与旅客之间的冲突,乘务员应及时安抚双方的情绪,找到旅客的共同需求点,避免进行是与非的评论,帮助旅客双方进行协调沟通,求同存异,达成共识。

二、调节旅客的纠纷

旅客之间的纠纷原因是多种多样的,但他们共同的心理特征是希望得到同情、尊重,希望有关人员向他们表示歉意或立即采取行动。针对这一心理特征,乘务员应该迅速了解旅客之间产生纠纷的原因,寻求合适的解决方案。采取积极有效的措施化解矛盾,而不是针锋相对,使矛盾激化。以冷静、宽容的态度对待旅客,必要时主动承担责任。

设法改变产生纠纷的状况,如主动为旅客安排行李、调整座位等。要掌握自己的语言分寸,较好地控制、调节自己的情绪,使旅客感到自己受重视、受尊重,从而得到心理平衡。

三、生气/投诉旅客的处理

对待生气的旅客,乘务员要全面地听取其抱怨,切不可与其争执、辩论;如可能,应设法改变当时的状况。

向旅客道歉并保证他的意见能转达给适当的人员;如该旅客不满意,到达时通知给地面工作人员。如有可能,记录下旅客情况,包括旅客姓名、地址,以便事后与旅客联系。乘务员要及时将处置情况报告给乘务长;对于难以解决的问题,乘务长要及时与机长进行沟通,征求机长对此事的处置意见。

四、旅客遗失物品的处理

1.旅客在地面遗失物品的处理

(1)当旅客报告在地面遗失物品时,乘务员始终应以认真负责的态度体谅失主的心情,并耐心做好工作。

(2)登机后,有旅客提出丢失了物品,客舱乘务员要将所丢失的物品了解清楚,询问清楚丢失物品的品名和丢失的地点、时间、物品颜色、大小、特征、旅客姓名等,并尽力帮助寻找。

①如果飞机未起飞,立即报告乘务长和机长,与地面工作人员联系,请他们帮助查询,如找到丢失的物品后,应让旅客确认一下,当面交还失主。

②如果飞机已关闭舱门或已经起飞,旅客报告丢失物品时,除了要了解清楚上述物品情况外,还应问清楚遗失物品旅客的地址、旅行目的地、联系方法等,并向旅客解释飞机已关门(起飞),不能下机寻找,这件事已报告地面工作人员去查询,有消息会马上通知旅客。

经查询,若地面来报物品已找到,应尽快告知旅客,并将物品尽快带到目的地,交给客人；经查询而未找到旅客的遗失物品时,应先向失主表示歉意,然后表示如以后找到会及时通知旅客,并希望失主和候机楼问讯处经常保持联系。

2.客舱内拾到物品的处理

(1)在飞行中拾到旅客的物品,客舱乘务员应有两人在场,清点遗失物品并报告乘务长。如有失主认领,乘务长应确认系该旅客的物品后归还旅客,必要时留下该旅客的姓名及有效证件号码。

(2)旅客离机后或在旅客登机前,客舱乘务员在客舱捡到任何有价值的物品时,必须立即报告乘务长进行查看,而且两人在场,将遗失物品逐一记录。乘务长填写"遗失物品交接单",将遗失物品交接给相关人员处理。

3.机上发生盗窃的处理

如果有旅客报失,乘务长应先通知安全员确认。如证实盗窃是在机上发生的,乘务长应向机长报告下列信息:

(1)机上发生盗窃事件。

(2)丢失物品及其价值。

(3)机上查找情况。

(4)在第一个到达站,旅客是否要求报案。

如果旅客要求报案,乘务长或安全员应与其确认:如果警方介入,会产生一些不方便,旅客不能按时下飞机;如果失物是很难确定物主的物品(如现金等),找回的希望很小。

落地前,由乘务长宣布由于有旅客提出报案要求,已向警方报案,因此请旅客在飞机落地后坐在原位,乘务组要尽量让其他旅客知道这不是航空公司采取的行动。

落地后,乘务长要及时确认执法人员到位情况。开舱门后,若执法人员没有及时到位,机组人员无权拘押机上旅客。

4.机上发现贵重物品的处理

(1)登机过程中发现旅客携带大量黄金等贵重、逾重物品,应要求其出示相关付费证明。如果旅客未能出示付费证明,应告知旅客将按照公司规定程序进行补钱处理,同时报告机长通知地面服务人员前来办理。

(2)舱门关闭后发现旅客携带大量黄金等贵重、逾重物品,应及时向机长汇报,并要求其出示相关付费证明。如未能出示付费证明,应告知旅客将按照公司规定程序进行补钱处理,同时报告机长,通知到达站地面人员,在旅客下机时由地面工作人员到现场做出相应处理。

(3)黄金等贵重、逾重物品由旅客自行保管。在客舱存放时,必须符合安全规定。在处理时,应注意维护旅客的合法权益,尽量保障其财产的隐秘性。

五、重大事件的报告

在飞行的任何时间,发生了飞机失事、劫机、特殊声音(如异响)或事件,飞行乘务员应向乘务长报告,乘务长尽快报告机长。

1.重大事件定义

飞行中发生的重大事件包括下列情况:

(1)喝醉酒的旅客。

(2)危险旅客。

(3)打扰别人的旅客。

(4)劫机。

(5)威胁或炸机。

(6)违反吸烟规定。

(7)拒绝执行机组人员的指令。

(8)应急撤离。

(9)客舱内有烟、臭气或火。

(10)失压。

(11)滑梯展开。

若发生上述重大事件,要以书面形式报告给本单位业务科,由业务科上报乘务业务处。

2.报告的形式和内容

乘务长应完成飞行重大事件业务报告,报告一定要由乘务长签名,第一联交主管部门,第二联交机长,第三联乘务长保留,第四联交本单位。

(1)报告应详细陈述事件,导致事件的原因和采取的措施,要特别注意事件发生的时间、地点,旅客姓名和地址,目击者姓名和地址,乘务员和旅客受伤情况,报告一定要包括全体机组人员的姓名。

(2)报告要准确完整,避免有损任何人的评论。

(3)需要写飞行中客舱内重大事件报告时,乘务长要把有关最新情况报告给机长。

(4)若重大事件导致法律控诉或民事指控,要上报民航局。

练习题

1.选择题

(1)飞行关键阶段是指在(　　)以下的飞行阶段,此时乘务员禁止出入驾驶舱。

　A. 8000m　　　　　B. 10000m　　　　　C. 3000m　　　　　D. 500m

(2)当系好安全带的旅客警告灯亮时,(　　)禁止出入驾驶舱。

　A. 乘务长　　　　　B. 乘务员　　　　　C. 安全员　　　　　D. 任何人

(3)(　　)不能用来储存整箱的饮料、餐饮设施或其他用于餐饮服务的客舱服务设施。

　A. 烤箱　　　　　B. 行李箱　　　　　C. 旅客座位底下　　　　　D. 以上均正确

(4)可以用来放置全折叠式婴儿车的储藏位置是(　　)。

　A. 衣帽间　　　　　B. 过道座位　　　　　C. 靠窗座位　　　　　D. 服务间

(5)(　　)时,乘务员需确认旅客满足紧急出口座位的要求,并做出合理调整。

　A. 登机时　　　　　B. 关舱门后　　　　　C. 滑行时　　　　　D. 起飞后

(6)在客舱服务中,客舱乘务员禁止向(　　)以下旅客提供酒类饮料。

　　A. 17岁　　　　　　B. 18岁　　　　　　C. 19岁　　　　　　D. 20岁

(7)旅客要求冷藏药品规定是(　　)。

　　A. 不允许放在厨房内　　　　　　B. 允许,但不能放在冰柜

　　C. 可以放在冰柜和餐车　　　　　D. 可以放在饮料车内

(8)在(　　)不能使用婴儿摇篮。

　　A. 滑行、起飞　　　　　　B. 下降着陆阶段

　　C. 紧急情况下　　　　　　D. 以上均正确

(9)航班中不允许大面积调换旅客的座位,是为了(　　)。

　　A. 方便乘务员工作　　　　　　B. 飞行安全

　　C. 便于旅客识别　　　　　　D. 避免旅客有意见

2. 判断题

(1)不管旅客是否有意,当其做出可能危及飞机或机上旅客安全的任何行为,公司可不接受该旅客。　　　　　　　　　　　　　　　(　　)

(2)遇有中度颠簸时,应小心地继续提供客舱服务,送热食和热饮时要小心。　(　　)

(3)公安人员押解犯罪嫌疑人员乘机时不得携带武器。执行押解任务要内紧外松,晚上机,早下机,避免对同机旅客造成不便。　　　　　　　(　　)

(4)在登机门关闭之后,如果旅客显示醉态、在毒品或麻醉品作用影响下,应报告机长,由机长决定是否责令其下机,并通知地面工作人员对其作妥善处理。　(　　)

模块三

机上急救与应急处置

　　机上急救与应急处置模块包括机上紧急救治、机上常见医疗事件、应急撤离处置及机上各类紧急情况处置四部分内容。通过本模块的学习,应了解机上常见疾病种类与发病机理,掌握各类常见疾病的紧急救助办法;了解机上各类紧急情况的处置原则,掌握应急撤离各阶段的工作内容,能保证自身安全并协助旅客逃生,达到民航乘务员职业标准中应急处置能力要求。

✈ 第十一章　机上紧急救治
✈ 第十二章　机上常见医疗事件
✈ 第十三章　应急撤离处置
✈ 第十四章　机上各类紧急情况处置

第十一章　机上紧急救治

◎学习目标

通过本章的学习，了解机上急救的处置原则，掌握心肺复苏的方法，掌握机上常见的各类旅客外伤的急救方法。

◎重难点

重点：心肺复苏、外伤急救。
难点：外伤急救。

航空运输过程中，因飞机座舱所处高空环境、飞行状态及旅客自身等原因，可能会引发旅客出现意外损伤。在高空中因医疗条件所限，客舱乘务员必须能够及时处置这类紧急状况，为地面救治创造条件。

第一节　机上紧急救治的处置原则

机上紧急救治（简称机上急救）是指对遭意外损伤或突然发病的旅客给予立即和暂时的处理，以等待医生到来或送往医疗单位诊治。

一、判断生命体征

在遇有危重伤病患者时，乘务员要对患者的基本情况进行判断，其中最重要的是对以下生命体征的判断。

（1）意识：指人对外界环境的认知能力或对外来刺激的反应能力。给病人刺激时，病人完全没有反应，就应该认为病人已经昏迷。

（2）呼吸：是身体获取氧气的方式。呼吸是指喘气的频率，一次呼吸分为呼出和吸入两个过程，正常成年人的呼吸频率为16~20 次/min，儿童稍快些。呼吸也会因各种生理或病理情况而改变。

（3）脉搏：指由检查腕部或其他部位的动脉而数得的每分钟心跳次数，代表循环的状况，以次/min记录。正常的脉搏在60~100 次/min，脉搏会因各种病理或生理情况而改变。

（4）体温：正常的体温是腋下测量为 36~37℃，它与年龄无多大关系。人的机体只有在正常体温下才能正常工作。

（5）血压：是循环系统的重要指标。成年人血压正常值范围为：收缩压（高压）在90~139mmHg（毫米汞柱）之间，舒张压（低压）在60~89mmHg 之间，详见表11-1。

血 压 类 别 表11-1

血压类别	收缩压（mmHg）	舒张压（mmHg）
正常血压	90~139	60~89
正常高值	120~139	80~89
理想血压	90~120	60~80
轻度高血压	140~159	90~99
中度高血压	160~179	100~109
重度高血压	≥180	≥110
单纯收缩期高血压	≥140	＜90

二、机上急救的一般原则

在遇有严重伤病时应保持镇静，在采取直接措施之前要询问患者情况并进行分析、判断，可能时要询问患者情况，观察损伤情况。

在急救时，应选用恰当的言辞来表达出客舱乘务员愿意并有能力帮助处理患者的伤病。同时还应避免出于好意而采取不当的方法所带来的错误。客舱乘务员应该只限于采取必要的措施，并尽量少搬动病人。要避免使用诊断性和预后性的词句。

1.判断现场环境

了解现场是否存在火灾险情，火势是否加剧，是否有毒气体继续泄漏等情况；判断现场存在的险情是否还会对伤（病）员与施救者造成新的伤害。如果存在以上险情，应遵循"先抢后救"的原则，使伤（病）员尽快撤离险境。

2.判断伤情

迅速通过看、问、触的方法来判断和评估伤（病）员的伤情。

（1）看：即通过目测，了解现场伤员的基本情况，大致掌握受伤人数与伤情，重点是查看是否有急症、危症、重症伤员，如面色苍白、大汗淋漓、气喘、气急等，要特别注意表情淡漠、不动不哼不叫的人。

（2）问：通过询问伤（病）员，了解受伤情况，如疼痛的部位、难受的程度等。询问要切入主题，突出重点；语音要简明易懂，不要浪费时间。

（3）触：在看、问的基础上，对伤员疼痛的部位进行检查，必要时可以剪掉伤员伤口上的毛发、衣物等，尽可能地暴露出伤口。

在现场，施救者不要进行按部就班的常规检查，以免耽误时间。

3.急救要点

确定病情后要尽快行动，要先处理最紧急的情况。下列措施是救命要点：

（1）确保呼吸和呼吸道通畅。

（2）检查并立即止住出血。

（3）预防休克，尽可能暴露伤部。

（4）确保正确处置昏迷者并保证有人照看。

对飞行中发生的应急医疗事件进行记录并保存记录24个日历月，在每年1月底前将上一年度的紧急医疗事件进行汇总，并书面向民航局报告。

三、机上严重伤病的处理程序

当机上出现严重伤病旅客时，乘务员首先要在机上广播寻找医务人员的帮助。在医务人员到来之前或机上无医务人员时，按急救箱内所附的"急救指导"进行急救。要尽量使患者感到舒适，根据情况决定是否给患者吸氧。

乘务员要取得并记录以下内容：

（1）旅客身份。

（2）发病情况或主要症状，包括处理及效果。

（3）到站后是否需要担架或轮椅等搬运工具，是否需要救护车或医务人员到场。

患者的情况要及时报告机长并始终与驾驶舱保持联系，在着陆前通知地面有关部门。

四、急救中的自我保护

在实施急救过程中，乘务员要注意保护自己和旅客，遵循"急救人员绝对不应使自己处于不利地位的原则"。

（1）避免皮肤或嘴巴直接接触血液和伤口。

（2）采用某种类型的保护措施，以防皮肤直接接触任何体液。建议用手套、塑料袋、清洁纱布或餐巾等。

（3）戴上口罩，以便能有更卫生的清洁隔离。

（4）清洁被体液污染的物体。

（5）提供急救后应尽快洗手。

（6）在急救过程中，如果机组人员在提供急救时接触了任何体液，被接触的机组人员和乘务长应报告实情。

如果机组人员在提供急救时接触了任何体液，被接触的机组人员和乘务长应报告该事故。

五、飞行中旅客死亡的处置

航空公司工作人员没有资格正式宣布旅客的健康状况。如出现旅客死亡时，应与处理旅客正处于严重情况的程序一样，要求救护车接飞机，且不要张扬，以免惊吓其他旅客。

（1）飞机在起飞前，发现有旅客休克或死亡时，应立即报告机长，停止起飞。

（2）空中发现有旅客死亡时，应立即报告机长，保持现场，加盖毛毯，调整周围旅客的座位。

如果有医生在场，请医生帮助确定是否死亡，如已死亡，请医生填写"死亡报告"／"机上重大事故报告单"（一式三份），并请医生、责任机长、乘务长分别签名。在到站前及时通过机长向地面报告机上所发生的情况，并按机长或医生的指令搬移死者。到站后，将"死亡报告"交机场有关部门一份、医生一份、客舱乘务部一份。

如果没有医生在场，乘务员无权宣布旅客死亡。应及时通过机长通知到达站地面做好集中病人抢救准备；按要求填写"机上重大事故报告单"，尽可能由机长联络基地急救部门，取得其支持，并按其指令行事；搜集死者的遗物，保留该航班的旅客舱单。航班抵达后，未得到当地有关部门的许可前，不要搬动死者。落地后应向公司如实汇报死者的情况，并通知卫生部门对客舱进行处理,特别是对死者用过的毛毯等物品进行销毁。

航班结束后 24h 内,由乘务长将书面说明报告递交给客舱服务部业务主管部门、公司有关部门,再由公司有关部门及时报告民航局。

该报告至少应包括以下信息:

(1)机组人员姓名。

(2)航班号和机号。

(3)旅客的姓名、国籍、性别、大致年龄和地址。

(4)旅客的座位号。

(5)明显死亡的大致时间。

(6)至少三位目击者的姓名、地址、电话号码和陈述。

(7)处置此事件的医生的姓名和地址。

六、突发公共卫生事件

突发性公共事件是指突然发生,造成或者可能造成社会公众健康严重损害的重大传染病疫情、群体性不明原因疾病、重大食物和职业中毒以及其他严重影响公众健康的事件。目前主要是指:甲类传染病(如鼠疫、霍乱)和乙类传染病[如传染性非典型肺炎(SARS)、人感染高致病性禽流感]。

1.突发公共卫生事件的处置程序

在运行中凡发现有传染病人、疑似传染病人或病原携带者时,机组应按下列程序操作。

1)报告

客舱乘务员立即报告给乘务长或直接向机长报告:

(1)患病旅客的主要症状、体征,发病人数及其座位号、姓名、年龄,目前采取的救护措施,是否有生命危险。

(2)机上旅客总数、患病旅客周围是否有其他旅客、有无症状。

(3)机上 VIP 旅客人数、外籍旅客人数、儿童人数。

(4)机组人员是否被传染,目前采取的防护措施。

2)污染源或伤病人员的临时隔离及舱内人员健康保护

(1)立即封锁病人、疑似病人、病原携带者所在座位,尽量将患病旅客转移到后三排隔离,禁止前、中、后舱人员流动,控制机组人员进出驾驶舱。

(2)实施应急医学措施,提供专用吐泻容器。封闭被污染的洗手间,并对吐泻物及其排泄物进行采样留验,交由专人处理。

(3)对污染或者可能被污染的环境和病人的分泌物、排泄物进行消毒处理。

(4)单独收集可能被污染的物品,并交地面防疫部门处理。维持客舱内的秩序,并向旅客婉转说明情况。利用机上现有条件,对必须接触病人者进行必要的个人防护(如戴手套、口罩,穿隔离衣等)。

3)机舱环境消毒处理

(1)向机长报告病人情况、目的地等,由机长通知前方到达站机场准备消毒事宜。

(2)将传染病旅客使用过的东西放入塑料袋中,待下机后交相关部门处理。

（3）及时准确地向卫生防疫部门提供传染病旅客的座位号及其周围环境，以利于防疫部门进行消毒处理。

（4）遵守到达站机场防疫部门的隔离和检疫措施。

2. 重大食物和职业中毒的机上处置

（1）一旦发现重大食物和职业中毒事件，立即报告机长。

（2）对引发中毒的排泄物、呕吐物等应采样和留样，以便调查。

（3）利用机上现有条件进行必要的处置。

航后乘务长应填写"客舱不正常事件报告单"。

第二节 心肺复苏

对于在短时间内出现的呼吸和心跳停止的病人，如果能立即进行人工呼吸和心脏按压，将会为其进一步的救治争取宝贵的时间，有时还可以直接救活病人。

世界卫生组织最新的心肺复苏术标准内容包括 ABCD 四个方面，称之为心肺复苏 ABCD，分别来源于这四项内容英文名称的首字母：开通气道（Airway），人工呼吸（Breathing），心脏按压（Circulation），尽早除颤（Defibrillation）。目前心肺复苏操作过程以 C-A-B 为主，但如果获得除颤仪，应尽快提供除颤。

一、判断意识，检查呼吸

发现病人倒地，确认现场是否存在危险因素，以免影响救治。

持续不断的呼吸和心跳是维持我们生命的基础，但在某些外伤或疾病状态下，常常会发生呼吸、心跳的停止，这就是我们常说的"临床死亡"。在人体所有的组织细胞中，大脑细胞对缺血、缺氧最为敏感。在临床死亡后的很短时间内（一般认为是 4min 左右），大脑细胞还没有发生不可逆的损伤，如果抢救及时，仍然可以复活，但超过这一时间限度，大脑细胞就会因为缺血、缺氧而发生不可逆的损伤，这时即使通过各种抢救也不可能复活，我们称其为"生物死亡"（或"脑死亡"）。

判断病人意识及有无呼吸，轻拍双肩并呼唤，如无反应，应立即检查呼吸（检查呼吸时间大于 5s，小于 10s），如发现无呼吸（或叹息样呼吸），要立即查看是否气道阻塞（图 11-1）。气道阻塞分舌根阻塞和异物阻塞两种情况，发现有气道堵塞要立即开放气道（图 11-2）。

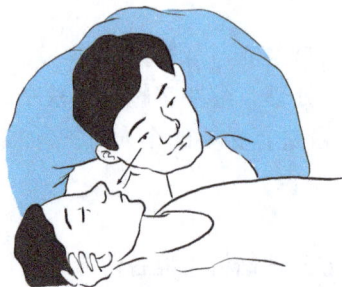

图 11-1　呼吸检查

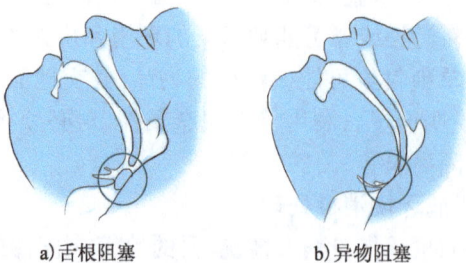

a) 舌根阻塞　　　　b) 异物阻塞

图 11-2　气道阻塞的两种情况

二、开放气道

让病人仰卧在表面坚硬之处，比如机上的厨房区域或过道上。千万不要将病人置于一排座位上，也不要让病人躺在松软、容易变形的地方。

首先检查病人口鼻有无异物，如有，宜先清除口腔异物，并尽量避免手指直接接触分泌物或血液，可应用手套或就地取材实施保护（图11-3）。

采用仰头提颏法或推举下颌法开放气道（推举下颌法可在怀疑患者头部或颈部损伤时使用），使病人头后仰、下颌抬起，使下颌角与耳垂连线与地面垂直（图11-4）。注意不要使劲按压颏骨下软组织，不要完全封闭患者嘴巴。

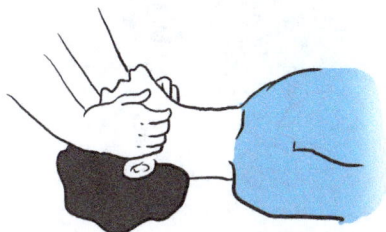

图11-3　推举下颌法开通气道　　图11-4　仰头提颏法开通气道

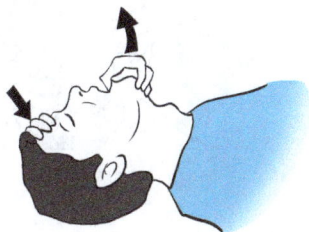

开通气道后要立即检查有无呼吸，检查呼吸应看病人胸腹部有无起伏运动，听有无呼吸音，感觉口鼻部有无气流，如果以上三项均无，应立即进行人工呼吸。

三、成人心肺复苏

将病人置于复苏体位（平卧位）施行胸外心脏按压和人工呼吸。

1.胸外心脏按压

胸外按压的目的是驱动已经停止的血液循环，使大脑等重要器官和组织恢复血液和氧气的供应。此时应迅速将病人的外衣脱去，只留内衣，胸部应裸露。

（1）救护人员在患者一侧，确保患者仰卧在坚固平坦表面，如需翻转患者，尽量使其头部、颈部和躯干保持在一条直线上，避免扭曲。

（2）按压部位在病人胸部中央、胸骨下半部。

（3）救护人员伸直双臂，双手肘关节伸直、手臂垂直于胸壁，双手掌跟重叠、十指相扣，手指翘起，掌根用力，用上半身的力量垂直向下压迫胸骨。每次按压使胸廓下陷达到5~6cm。以每分钟100~120次的平稳速率按压，每次按压结束确保胸壁完全回弹，尽量减少按压中断。按压时勿用力过猛，以免引起肋骨骨折、气胸、心包积血等。操作中，救护人员的手应始终不离开病人的胸部。

（4）按压30次后立即开放气道，进行口对口人工呼吸；人工呼吸与胸外按压比例为2：30。有条件要及早实施体外除颤。

2.人工呼吸

人工呼吸是采用简单有效的口对口吹气方法，如图11-5所示。在保持呼吸道畅通的基础上以一手捏紧病人鼻孔，吸气后张口包牢病人口部向内吹气（有效的吹气应使病人胸腹部鼓起），以每分钟12~16次的速度连续吹两次，如果气吹不进，应再次确认气道是否开通，或口鼻咽腔内有无异物。如发现有异物,应清理干净后再行吹气。

进行人工呼吸时应使用单向活瓣嘴对嘴呼吸面罩或者球囊面罩装置,对施救者提供保护。吹气时间 1s,使患者胸廓隆起,并避免吹气过大。

吹气两次后应立即检查颈动脉有无搏动。成人检查在其喉正中旁开两指下压,如图 11-6 所示。婴儿在其上臂内侧中部下压,如图 11-7 所示。

3.双人实施心肺复苏

双人实施心肺复苏时,每名施救者有各自特定的职责,如图 11-8 所示。

图11-5　人工呼吸

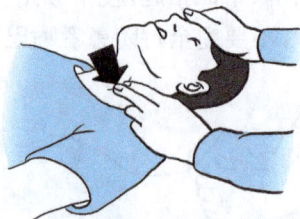

图11-6　复查脉搏

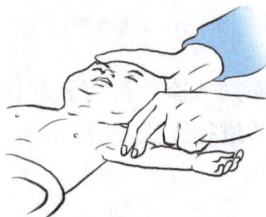

图11-7　婴儿脉搏复查部位

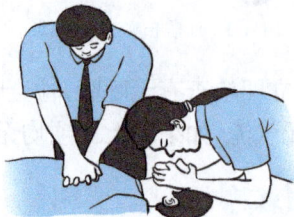

图11-8　双人实施心肺复苏

一名施救者在患者的体侧进行胸外按压,尽量减少按压中断,努力使胸外按压中断时间小于10s。按压与通气比例为30∶2,应大声计数按压次数。

另一名施救者在患者的头侧,使用仰头提颏法或推举下颌法保持气道开放,给以人工呼吸,观察胸廓隆起,避免过度通气。鼓励第一名施救者进行足够深、足够快的按压并使胸壁在按压期间完全回弹。

两名施救者每5个周期或每2min交换职责,交换职责用时小于5s。

4.心肺复苏常见错误姿势

(1)手重叠位置不正确,如图 11-9a)所示。

(2)按压用力方向不垂直,如图 11-9b)所示。

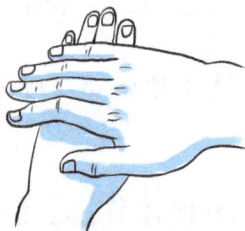

a)手部重叠放置错误

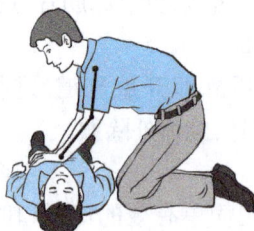

b)用力方向不垂直

图11-9　心肺复苏错误姿势

四、体外除颤

尽早使用自动体外除颤器（Automatic External Defibrillator，AED），这是医院外发生心脏猝死时进行自救与互救的重要工具，虽然心肺复苏可暂时维持心、脑血液循环，在电除颤前（CPR）延长室颤持续时间，但初级心肺复苏并不能将室颤转为正常心律。

操作 AED 有四个通用步骤。使用方法如下。

（1）打开 AED：打开携带箱或 AED 的盖子，开启 AED（当打开盖子或箱子时，有些 AED 将自动开启）。

（2）将 AED 电极片贴到患者裸露的胸部：对于 8 岁及以上患者，选用成人电极片，将 AED 电极片的衬背撕下，将黏性 AED 电极片贴到患者裸露的胸部，将一个 AED 电极片放在患者胸部右上方（锁骨正下方），将另一个电极片放在左乳头外侧，且电极片的上缘位于腋前线，将 AED 的连接电缆接到 AED 盒上（有些已预先连接）。

（3）离开患者，分析心律：确保无人接触患者，包括负责人工呼吸的施救者。一些 AED 会指导按下一个按钮以使 AED 开始分析心律，而另外一些 AED 会自动进行该步骤。AED 可用 5~15s 的时间进行分析，然后 AED 将提示是否需要电击。

（4）如果 AED 建议电击，它将告诉您务必离开患者。在施以电击前，遣散患者周围的人，确保无人接触患者。施救者要大声喊"离开患者"，确认没有人接触患者的情况下，按下电击按钮，电击将造成患者肌肉突然挛缩。

（5）如果无须电击或施以电击后，立即从胸外按压开始继续心肺复苏。

5 个 CPR 周期或约 2min 后，AED 会提示重复步骤（3）和步骤（4）。如果"不建议电击"，则立即从胸外按压开始继续心肺复苏。

五、儿童与婴儿心肺复苏

由于儿童解剖学特点，气道较成人狭窄，舌在口腔所占体积相对较大，容易发生气道梗阻和缺氧。

1. 儿童心肺复苏

进行儿童心肺复苏时，首先呼叫判断儿童有无意识、有无呼吸；无意识、无呼吸或者异常呼吸，先进行 2min 的心肺复苏；呼叫，继续心肺复苏。

儿童心肺复苏操作流程如下所示。

（1）开放气道：观察口腔，如有异物，进行清除，压头抬颌法打开气道，下颌角与耳垂连线与平卧面呈 60° 角。

（2）人工呼吸：应用单向活瓣嘴对嘴呼吸面罩或者球囊面罩装置对施救者提供保护。吹气时间 1s，可见胸廓起伏。

（3）心脏按压：单手掌或双手掌按压胸骨下 1/2，频率 100~120 次/min，按压幅度至少胸廓前后径的 1/3，每次按压后胸廓复位。

2. 婴儿心肺复苏

先拍打婴儿足底或足跟判断意识，判断呼吸；无意识、无呼吸或有异常呼吸，先进行 2min 心肺复苏，按压与通气比例为 30∶2，5 组心肺复苏评估一次效果；呼叫，继续心肺复苏。

婴儿心肺复苏操作流程如下所示。

（1）开放气道：下颌角与耳垂连线与平卧面呈30°角。

（2）人工呼吸采用口对口鼻，每次通气1 s，可见胸廓起伏。

（3）胸外按压：部位为乳头连线下一横指，采用双指按压法，按压幅度至少为胸廓前后径1/3，每次按压后胸廓复位。

六、心肺复苏效果

高质量心肺复苏的标准是：按压深度5~6cm；每次按压后胸廓完全回复，按压与放松时间比大致相等；尽量保证按压连续；按压频率100~120次/min；避免过度通气，详见表11-2。

成人、儿童、婴儿心肺复苏对照表　　　　表11-2

项目分类		成人（青春期以后）	儿童（1~12岁）	婴儿（出生至1周岁）
判断意识		轻拍双肩、呼喊	轻拍双肩、呼唤	拍打足底
检查呼吸		确认没有呼吸或没有正常呼吸（叹息样呼吸）	没有呼吸或只是叹息样呼吸	
检查脉搏		检查颈动脉	检查颈动脉	检查肱动脉
仅限医务人员，检查时间不超过10s				
胸外按压	CPR步骤	C—A—B	A—B—C此步骤亦适用于淹溺者（包括成人）	
	按压部位	胸部正中乳头连线水平（胸骨下1/2处）		胸部正中乳头连线 下方水平
	按压方法	双手掌跟重叠	单手掌跟或双手掌跟重叠	中指、无名指（两手指）或双手环抱双拇指按压
	按压深度	至少达到5~6cm	至少约胸廓前后径的1/3	
	按压频率	至少100次/min，但不多于120次/min		
	胸廓反弹	每次按压后即完全放松，使胸壁充分恢复原状，使血液回心脏		
	按压中断	尽量避免中断胸外按压，应把每次中断时间控制在10 s以内		
人工呼吸	开放气道	头后仰呈90°角	头后仰呈60°角	头后仰呈30°角
	吹起方式	口对口或者口对鼻		口对口鼻
	吹气量	胸廓略隆起		
	吹气时间	吹气持续约1s		
按压：吹气		30：2		

实施心肺复苏后，判断施救是否有效果，主要从以下几个方面进行判断：

（1）出现大动脉搏动。

（2）瞳孔由大变小，意识恢复，出现挣扎。

（3）发绀减轻。

（4）出现吞咽动作，自主呼吸恢复。

如果施救没有明显效果，需进行心肺复苏循环，即持续实施心肺复苏，直到病人的心跳、呼吸恢复。如果已无力再继续下去，可换另一人继续心肺复苏，交换时间尽可能短，一般不超过5s。每5个CPR循环，复查一次脉搏和呼吸，判断时间为10s。以后每3~5min检查判断一次。

如果患者恢复呼吸和脉搏，则将其置于侧卧体位（只要头、颈、背部没有受伤），观察病人生命体征。

七、机上心肺复苏术的注意事项

（1）向机长报告有一心脏停搏的病人正在进行心肺复苏，机长综合考虑后决定飞机是改变航向着陆还是继续飞行。

（2）取来氧气瓶并与氧气面罩相连，如果患者恢复呼吸，就用它来供氧。另外，氧气管也可放入进行口对口人工呼吸的施救者嘴内，使吹出的气体氧含量较高。

（3）取出飞机上的医疗箱，请求飞机上任何医生的帮助。

（4）宣布机上有旅客发生了意外，需要抢救，要求所有旅客留在各自的座位上。

（5）如果抢救无效，心肺复苏术至少应该持续30min。机上乘务员不能宣布旅客已经死亡，因为这是医务人员的职责。机上医生可以承担宣布停止做心肺复苏的责任。

（6）在着陆过程中的心肺复苏，应遵循"急救人员绝对不应使其自身处于不利地位"的普遍准则，即进行心肺复苏的急救人员在飞机着陆时应注意自身的安全，此时可以停做一会儿，但时间应该尽量短。

第三节 机上外伤急救

一、出血与止血

成年人血液占其体重的8%左右，约为5000mL。当出血量在500mL以内（小于总量的10%）为小量失血，此时全身反应不明显，止血后也不需做进一步的特殊处理。出血量在500~2000mL（占血液总量的10%~40%）为中等量失血，它能引起不同程度的急性失血症状，如面色苍白、心慌气短、出冷汗、手脚冰凉、脉搏快而细弱甚至摸不到等，此时机体通过代偿机能，尚可维持一段时期基本的生理需要，也为进一步的抢救留有一定的机会。出血量在2000mL以上（超过血液总量的40%）为大失血，此时可造成严重的循环衰竭和组织细胞的缺氧，若救治不及时，常常会导致迅速死亡。因此，无论在什么情况下，如果发现伤员出血，必须立即止血。

1.外伤出血的判断

根据出血的部位不同，出血可分为内出血和外出血两种。内出血是指内脏或深部组织血管损伤、破裂，血液流入胸腔、腹腔、盆腔、胃肠道、呼吸道或泌尿道等体腔或空腔器官内，如脾脏破裂等，内出血在体表是看不到的；外出血是由于外伤导致表层血管损伤、破裂，血液流出体外，在体表可看到明显出血。内出血较为隐蔽，不易被发现，而外出血又会给人视觉上的较大影响。

根据损伤血管的种类不同，出血还可分为动脉出血、静脉出血和毛细血管出血三种。

（1）动脉出血的特点：血色鲜红，出血如喷泉一样随着动脉搏动，从伤口喷出；出血急，出血量大，不及时止血，危险性极大。

（2）静脉出血的特点：血色暗红，出血像流水一样，从伤口流出；出血随血管口径和伤口大小而不同，如不止血亦有危险。

（3）毛细血管出血的特点：血色鲜红，出血像水珠一样，从整个伤口面慢慢渗出；时间稍久，出血可以自止，危险性不大。

2.止血步骤

由于内出血相对少见，一般人不易判断，且只能在医院处理，所以在此不做介绍。

在飞机上常见到的是外伤所致的外出血，其处理步骤是：

（1）将受伤的肢体抬高到心脏水平以上，如果是下肢受伤，先要让伤员躺下。

（2）直接压迫止血，如果出血不是太多、太快，在直接压迫前应先用消毒纱布清理伤口；如果出血量多且速度快，则首要任务是紧急止血，把防止感染的威胁放在第二位，避免耽误时间。

3.止血方法

1）加压包扎止血法

用消毒纱布或干净毛巾压住伤口，再用绷带或三角巾适度用力包扎，如图11-10a）所示，这适用于毛细血管、静脉或小动脉的出血。包扎范围要足够大，包扎后应将伤肢抬高，如图11-10b）所示。

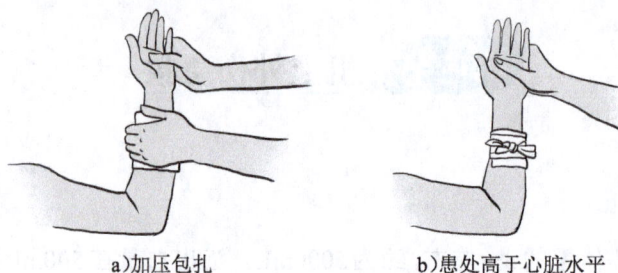

a）加压包扎　　　　　b）患处高于心脏水平

图11-10　加压包扎止血法

2）指压止血法

指压止血法适用于较大的动脉出血，需立即用手指把伤口近心端的动脉压在骨面上，达到迅速止血的目的，指压时间15~20min，具体指压位置见图11-11。小的动脉出血，指压后可用加压包扎。

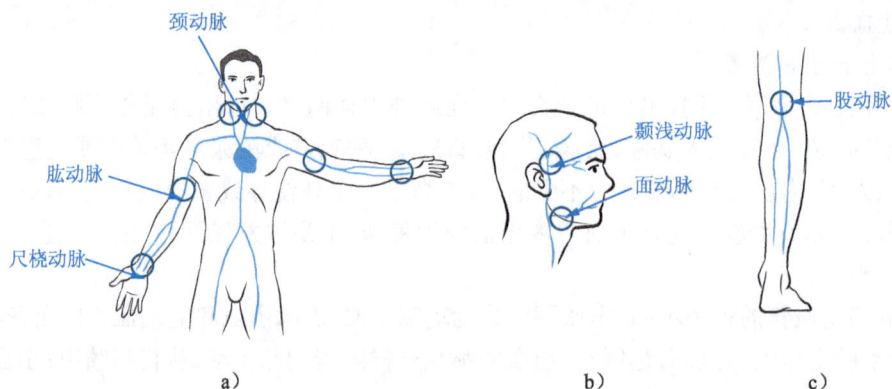

a）　　　　　　　　　　b）　　　　　　　　c）

图11-11　指压止血部位

（1）头顶部出血压迫法：在耳前对准下颌关节上方压颞浅动脉。

（2）面部出血压迫法：在下颌骨下缘中部压面动脉。

（3）上肢出血压迫法：在上臂中点肱二头肌内侧，将肱动脉压于肱骨上。

（4）手掌部出血压迫法：用手指分别压在腕部尺桡动脉上。

（5）下肢出血压迫法：在腹股沟中点，将股动脉用力压在股骨上。

3）止血带止血法

（1）橡皮止血带用法：在伤口近心端的肢体上，在准备结扎的部位加好衬垫，左手拿止血带一端约 10cm 处，右手拉紧止血带绕肢体两周，余下部分交于左手，用中食指夹持，顺势向下拉出一环套，将短头插入环套并收紧，如图11-12所示。如果需要松止血带时，只要将尾端拉出即可。

（2）临时绞棒止血法：在无橡皮止血带情况下，可用绷带、三角巾、手帕或绳带等就地取材，在止血部位绕一圈打结，然后用笔杆或小木棒在结下穿过，旋转绞紧直至止血为止，把绞棒固定在肢体上。

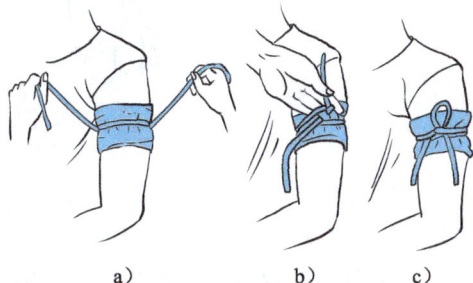

a)　　　b)　　　c)

图11-12　止血带止血法

（3）使用止血带注意事项。

使用止血带用六个字概括：准、垫、近、宜、标、放。

①上止血带前，应先将伤肢抬高。

②部位：止血带应扎在伤口的近心端，上肢出血结扎应在上臂上 1/3 处，上臂的中 1/3 以下禁扎止血带，以防止压迫神经引起麻痹。下肢大出血结扎部位应在大腿中上部。

③衬垫：应在止血带下加衬垫，避免止血带损伤皮肤。

④松紧度：扎止血带以不出血为原则，避免过紧或过松。过松会使出血加重，过紧则容易导致组织坏死，因此要以刚好止住血的松紧度为宜。

⑤结扎时间：每40~50min松开一次，松解约3min后，在比原结扎部位稍低的位置重新结扎止血带。总时间尽量不超过2h。其间用指压止血法代替。

⑥标记：扎好止血带后，要在明显部位加标记，注明启用和放松的时间，应精确到分钟。

🛩 二、外伤包扎

包扎的目的是保护伤口、减少感染、压迫止血、固定敷料、夹板及药品等。要求严密牢固，松紧适宜，包扎前伤口上一定要加盖敷料。

1.包扎的操作要点

（1）尽可能戴医用手套，做好自我防护。

（2）脱去或剪开衣服，暴露伤口，检查伤情。

（3）加盖敷料，封闭伤口，防止感染。

（4）动作要轻巧而迅速，部位要准确，伤口包扎要牢固，松紧适宜。

2.绷带包扎法

（1）环形包扎法：用绷带作环行缠绕。用于颈部、额部、四肢及胸腹部粗细大致相等的部位，如图11-13所示。

图11-13　环形包扎法

（2）螺旋形包扎法：先作几圈环形缠绕固定始端，再作蛇行上绕，每圈约盖住前圈的 2/3，成螺旋形。适用于小腿、前臂粗细不等的部位。

（3）"8"字形包扎：手掌、手背、踝部和其他关节处伤口选用"8"字包扎，如包扎手时，从腕部开始，先将绷带环形缠绕两圈，然后经手和腕"8"字形缠绕，最后绷带尾端在腕部固定。包扎关节时绕关节上下"8"字形缠绕，如图11-14所示。

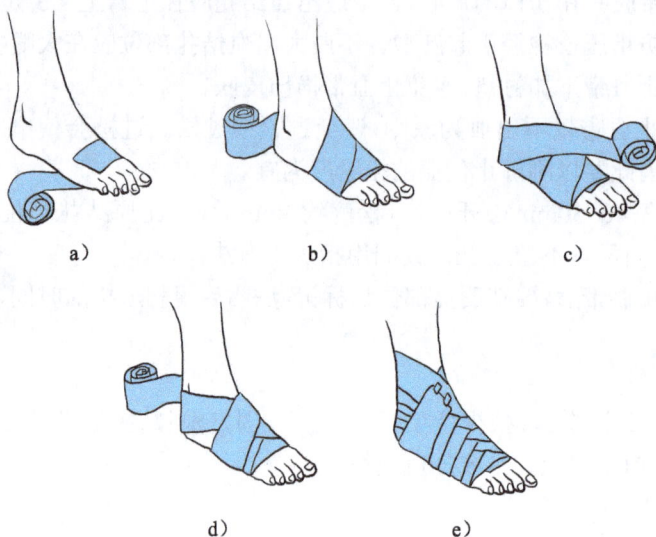

图11-14　踝关节"8"字形包扎法

3.三角巾包扎法

使用三角巾时，注意边要固定，角要拉紧，中心伸展，敷料贴实。

（1）头部包扎：先将三角巾的底边折叠成1~2 横指宽，边缘置于伤员前额齐眉处，顶角向后，把三角巾两底角经两耳上方拉向头后部枕骨下方交叉并压住顶角，再拉到前额打结，将顶角拉紧反折入头后部交叉处，如图11-15所示。

（2）面部包扎：把三角巾的顶部打结，在预计遮盖眼、鼻、嘴的地方剪成小洞，然后包扎头面，把左右两角拉到颈后，再绕到前面打结，常用于面部烧伤。

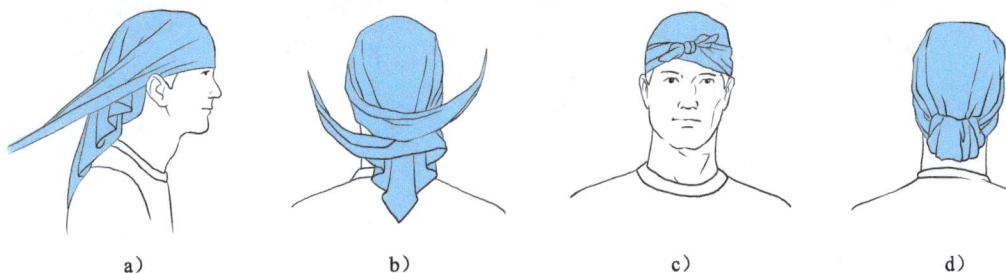

图11-15 头部包扎

（3）耳部包扎：将三角巾折成条状，从头部至下巴绕一周，在未伤的耳部扭一下，从额部再绕一周，在伤耳的上方打结。注意不要压迫伤耳。

（4）眼部包扎：将三角巾折成条状，包住伤眼，将好眼露出，在头后部打结。或用两条折成条状的三角巾，一条从头顶部，搭在好眼下，再将另一条斜包在伤眼上，头侧部打结，将垂直的三角巾向上掀起，露出好眼，在头后部打结。

（5）膝部和肘部包扎：将三角巾对折两次，使其呈条带状，将膝盖或肘部包住，在后面交叉将两端各自从膝盖或肘部上、下部绕过一周，在肢体外侧打结。

（6）胸部包扎：把三角巾的顶角放在伤侧肩上，底边向上反折置于胸部下方，并绕胸至背的侧面打结，然后把顶角拉紧，顶角系带穿过打结处上提系紧。

（7）背部包扎：与胸部包扎法相同，不同的是从背部包起，胸前打结。

（8）前臂包扎：将直角点放在受伤一侧的伤臂与身体之间，一端放在颈部一侧，另一端包住伤臂放在颈部另一侧，在后面打结，将直角点掖好。注意保持手部略高于肘部，如图11-16所示。

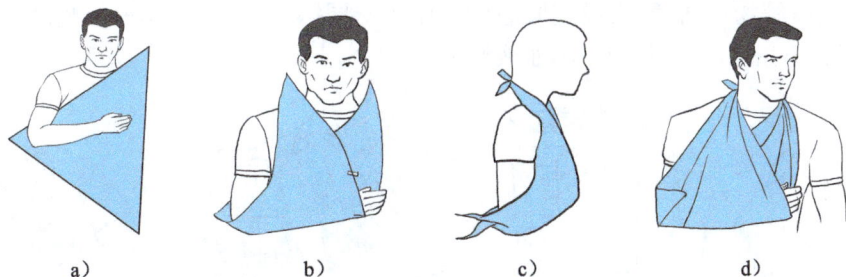

图11-16 前臂包扎

（9）腹部包扎：三角巾底边向上，与腰部平，并将毛边折两指宽，顶角向下横放在腹部，顶角对准两腿之间；两底角围绕腹部至腰后打结；顶角由两腿间拉向后面与两底角连接处打结。

（10）手足包扎：将手（足）置于三角巾上，指（趾）尖朝向顶角，将上顶角折起，包在手（足）背上，将左右两角交叉，向上拉到手腕（足踝）的两面，最后缠绕打结，注意指缝或趾缝间插入敷料，如图11-17所示。

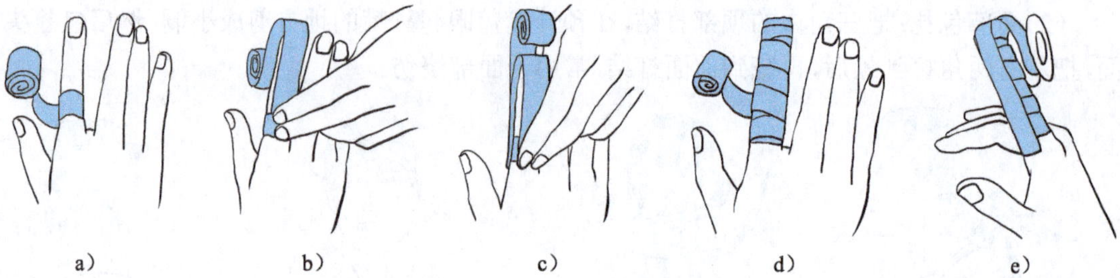

图11-17　指尖包扎法

🛪 三、固定患处

发现骨折时必须及时给予固定，以减轻疼痛，防止发生休克，避免骨折端刺伤血管、神经和肌肉，利于搬运及愈合。

1.固定的原则

（1）夹板的长短和宽窄应与骨折部位相适应，长度应超过骨折部位上、下两关节。没有夹板时，可用木板、木棍及竹竿等代替。

（2）夹板上应包以棉花，以免夹伤皮肤，亦可用衣服、毛巾等代替。

（3）上夹板时，首先固定夹板两端，后固定上、下关节。

（4）绑好夹板后，要检查是否牢固，松紧是否适宜。若太紧，肢体可能坏死。

（5）开放性骨折现场不要冲洗，不要涂药，刺出的骨端不要送回去，以免引起深部感染。应先止血、包扎再固定送医院。

（6）肋骨骨折可用多头带或胶布，在伤员深吸气时固定。

2.上臂骨折固定

放置少许衬垫物到患者的腋下，轻轻地将患者的上臂置于身侧。手肘成直角，前臂放于胸前，将有衬垫的夹板放在上臂外侧，绑好固定，再用一条窄的吊带绕过颈部吊住前臂，用三角巾或大毛巾等物将伤臂、夹板连同患者的躯体一同绑好，系在身体另一侧，如图11-18所示，注意要露出指端，方便检查末梢血液循环。

图11-18　上臂骨折固定法

3.前臂和腕部骨折固定

小心地将前臂与上臂成直角横置胸前，握拳，拇指向上，然后将有衬垫的夹板置于前臂两侧，并超过肘关节和腕关节，再将夹板绑好，用三角巾绕过颈部，吊住前臂，如图11-19所示。注意指端应露出，以方便检查末梢血液循环，手指头应稍高于肘关节。

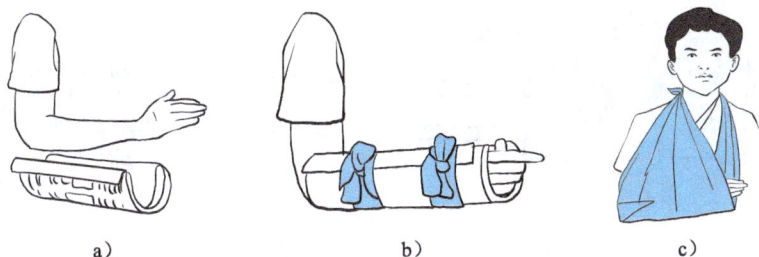

图 11-19　前臂骨折固定法

4.颈背部骨折固定

颈背部骨折是所有骨折中最严重的一种,颈部骨折后不管是任何方向的移动都有可能造成瘫痪或死亡,因此,对怀疑有颈部及背部伤的患者,非专业人员没有经过严格的培训,不主张移动伤员,不要使病人抬头或扭转头部,注意保暖并密切观察。颈背部损伤时的症状主要是颈或背部疼痛,并可能会有麻痹或瘫痪,感觉异常、没感觉或针刺样感觉,也可能出现大小便失禁。必须搬运时应绑在硬板担架上,小心地用毛巾、报纸或其他可做衬垫的东西折至10cm宽,沿着患者的颈部包起来绑好,尽可能地将头固定,如图11-20所示。

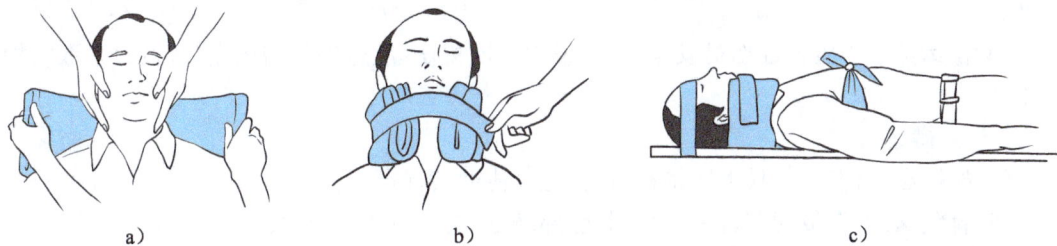

图 11-20　怀疑颈背部骨折固定法

5.腿部骨折固定

腿部骨折常见的有大腿骨折(股骨骨折)、小腿骨折(胫骨、腓骨骨折)及膝盖骨骨折(髌骨骨折),几种骨折救护处理时基本相似,用包有衬垫的夹板放在脚部外侧,夹板长度应超过骨折处的上、下关节,各关节与夹板接触的地方应放衬垫,并用绷带固定。在无夹板的情况下,可将患腿与健腿绑在一起,以达到固定目的,如图11-21所示。

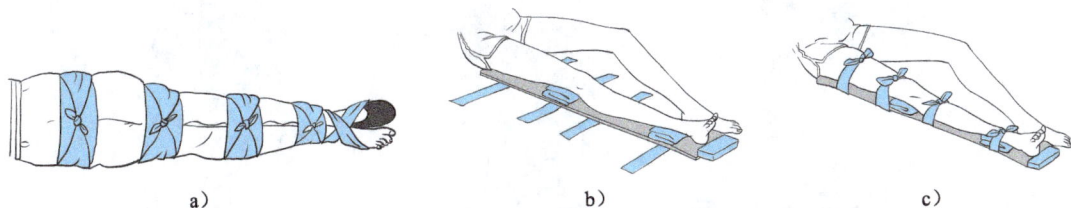

图 11-21　腿部骨折固定法

6.足踝骨折固定

保持平躺,小心地脱去患者的鞋子,用一个枕头或卷起的毯子从小腿到足跟把脚包起来,枕头边刚好平脚尖,然后将枕头固定,将延伸至足跟的枕头的末端卷起来支撑脚部,如图11-22所示。

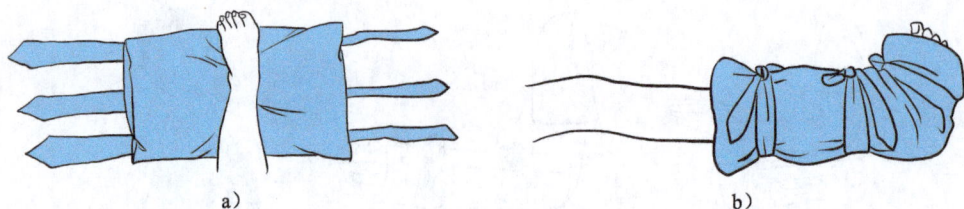

图 11-22　足踝骨折固定法

四、搬运伤员

伤员经过止血、包扎、固定的初步处理后,如果现场环境安全,尽量等待救护车的到来,只有在现场环境不安全或是条件限制无法实施救护时,才可搬运伤员。

1.搬运护送原则

(1)搬运应有利于伤员的安全和进一步治疗。

(2)搬运前应做必要的准备,做必要的伤病处理(如止血、包扎、固定)。

(3)根据伤员的情况和现场条件选择适当的搬运方法。搬运时要轻、快、稳,避免颠簸及振动。

(4)搬运护送中应保证伤员安全,防止发生二次损伤;注意伤员伤病变化,及时采取救护措施。

2.一人搬运法

(1)扶持法:将伤员一只手臂搭在自己肩上,协助其行走。

(2)背负法:将伤员背在背上,手从其腿部绕过,向上抓住其双手。

(3)抱持法:将伤员一只手臂搭在自己肩上,一只手托住其背部,另一只手托住其腿部。

(4)腋下拖行法:将伤员的手臂横放于胸前,救护者的双臂置于伤员的腋下,双手抓紧伤员对侧手臂,将伤员缓慢向后拖行。

(5)消防员救生法:搬运方法如图11-23所示。

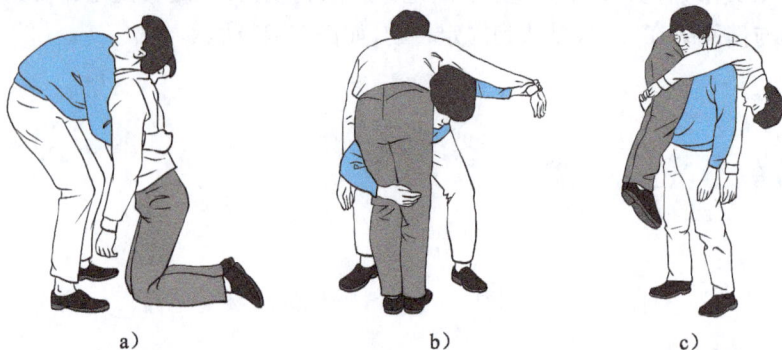

图 11-23　消防员救生法

3.二人搬运法

(1)抱持法:一人从后面抱住伤员的两肩,另一人抬住两膝,如图11-24所示。

图11-24　二人抱持法

（2）椅托法：两人对面，两个人的手在伤员背部和腿部交叉拉紧，如图11-25所示。

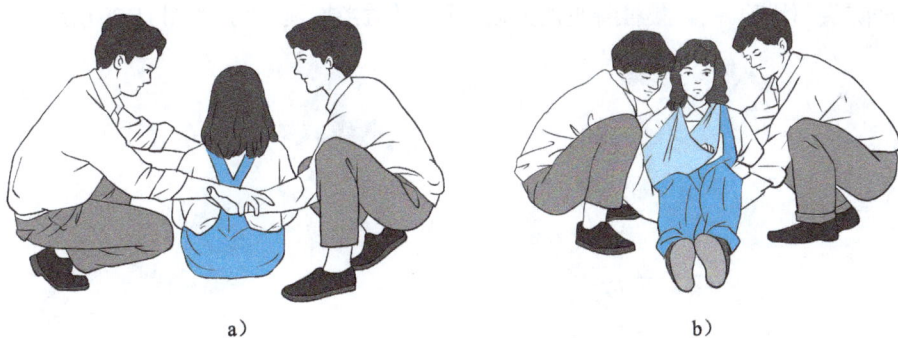

图11-25　二人椅托法

（3）田字交叉法：两人面对面，双手以"田"字交叉互握，让伤员坐于其上，伤员两臂搭在援助者肩上，如图11-26所示。

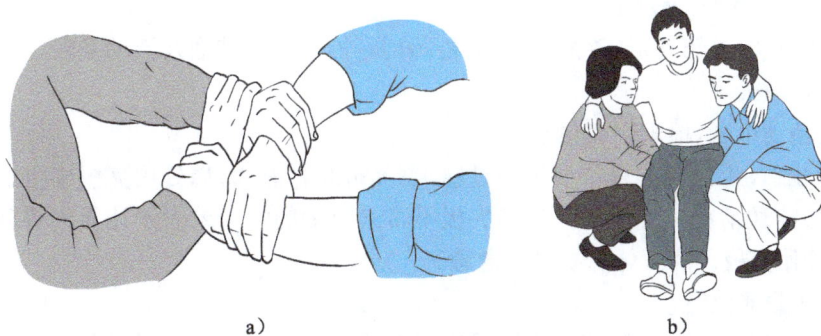

图11-26　二人田字交叉法

4.三人搬运法

（1）两人在同一边，分别托住腿背部和头部，另一人在另一边，托住臀部，三人同时用力将伤员平躺抬起。

（2）三人在同一侧，分别在肩部、腰部和脚踝部将双手伸到伤员对侧，手掌向上抓住伤员,三人协调动作,同时用力,保持伤员的脊柱为一轴线,平稳抬起,先置于大腿上,再协调一致抬起伤员。放下时可按相反的顺序进行。

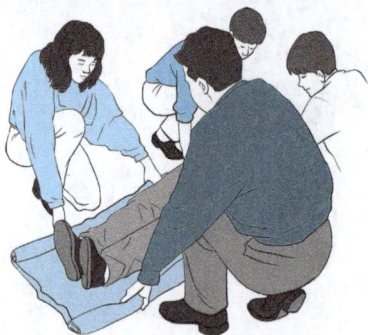

图11-27　四人毛毯搬运法

5.四人用毛毯搬运法

将毛毯的一侧向上卷起至一半,轻轻搬动伤员的身体,使卷起的毛毯的这一侧放在伤员身下,然后再将卷起的这一侧展开。每一侧需两人搬运,如图11-27所示。

6.平板搬运法

(1)脊椎骨折时,禁止伤员坐起或站立。搬运时必须小心,由三至四人用手臂托起,保持伤员身体平直,严禁脊柱弯曲或扭曲;伤员要放在硬板床或担架上搬运,如图11-28所示。

(2)颈椎骨折,要有人牵引固定头部,以防脊椎损伤脊髓;不要垫枕头,颈部的两侧适当加垫固定,严防头部活动。胸、腰椎骨折病人,腰下可以适当加填塞物,如图11-29所示。

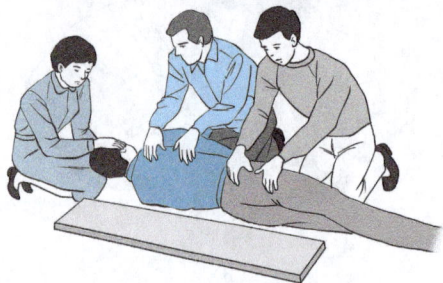

图11-28　脊椎骨折平板搬运法

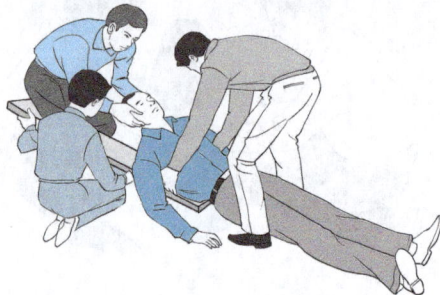

图11-29　颈椎骨折平板搬运法

✈ 五、机上常见外伤的救治

1.骨骼、关节和肌肉受伤

(1)症状表现:骨骼变形、疼痛、关节功能障碍、肿胀、皮下渗血及活动受限。

(2)处置方法:

①不要移动患者,检查生命体征。

②进行止血,止血应注意不要用力过猛,以免折断骨骼;将患处用夹板固定。上夹板前后,检查血液流通情况。要注意只有当夹板不带来更多的痛苦或者不让此人感到不舒服的情况下,才能用夹板。病人休克要进行急救。

2.背部和颈部受伤

(1)症状表现:疼痛,一侧或两侧肢体出现功能障碍,背部或颈部骨折,可能影响部分或所有器官,手臂、腿部有麻木或针刺的疼痛感。

(2)处置方法:

①不要移动患者,必要时进行固定。

②颈部受伤时不要抬起头,让患者安静地休息,注意保暖。

③通知乘务长和机长,实施全航程监护。

3.头部受伤

（1）症状表现：在头部有明显伤口或血肿，伤处出现严重疼痛或肿胀，眼、鼻、口部有清稀的液体或血液流出，大脑意识降低或丧失，说话迟钝，耳鸣或听力受限，头痛、有时眩晕，惊厥，失去知觉，双瞳孔大小不一，单眼或双眼视觉障碍，单一或多个器官瘫痪，喷射性呕吐，脉搏细、弱。

（2）处置方法：

①确保呼吸道畅通，切勿轻易挪动头部；让患者安静地休息，观察生命体征。

②不要试图阻止耳朵或鼻部流出的液体；不要清理头皮上的伤口。

③止血时用力不要过猛，因为可能存在骨折，用绷带轻轻绕在伤口周围包扎。

④向有意识的患者提问，以确定患者是否有记忆丧失，语言混乱等意识障碍。

⑤需要时吸氧。

⑥准备处理可能出现的呕吐。

⑦为休克病人提供急救。

4.割伤和挫伤

（1）症状表现：割伤时有明显伤口，流血，疼痛，挫伤时皮下淤血、肿胀。

（2）处置方法：

①止血；无外出血时冷敷。

②用肥皂水冲洗小伤口。

③用干净的绷带包扎伤口。

④为休克病人提供急救。

5.眼睛受伤

1）眼睛揉伤

（1）症状表现：眼睛充血及烧灼感、视物模糊、流泪、头痛。

（2）处置方法：

①轻轻加上直接压力。

②用水冲洗。

③用干燥的消毒绷带轻轻包扎眼睛。

2）眼睛有灰尘等漂浮物

（1）症状表现：眼睛里有明显的可见异物，充血、灼痛，流泪，头痛。

（2）处置方法：

①翻起上眼睑，让病人向下看。

②用湿的纸巾角，轻轻粘出异物。

③用凉开水冲洗眼睛。

④如果漂浮物出不来，可让患者闭上双眼，用绷带轻轻包扎双眼。

3）眼睛有穿透性的异物

处置方法：让患者平躺；不要试图取出异物；尽快联系医生旅客。

6. 鼻出血

鼻出血的处置方法：

（1）让病人的头稍前倾。

（2）捏住鼻子，以控制出血，儿童鼻出血多在鼻腔前部，40岁以后多在鼻腔后部，施加压力不少于10min。

（3）冰敷鼻部的周围，前额及后颈部，用冷水袋或湿毛巾敷10~15min。

（4）让病人坐好，一般坐位；有休克时头低脚高位。

（5）提醒病人不要擤鼻，吐出口中积血。

如果怀疑头部、颈部或背部受伤的话，请不要尝试控制流血。相反，要固定伤者的头部；并使其保持安静。

7. 烧伤/烫伤

烧伤是指火焰、电流、化学物质、放射线、热辐射以及灼热的液体、固体和气体等所引起的机体损伤。由灼热的液体所致的机体损伤又叫烫伤。烧伤不仅会伤及皮肤，还会伤及深层的肌肉或骨骼，严重时可引起感染、休克甚至死亡。及时正确的急救处理，可以减轻痛苦，预防或减轻感染，降低休克发生率，甚至可以挽救伤者的生命。

1）一度烧伤/烫伤

（1）症状表现：伤部明显疼痛触痛，皮肤发红水肿。

（2）处置方法：

①在烧伤部位用冷水冲，直至疼痛缓解；或用冷敷，但要避免用冰块直接冷敷。

②用剪刀剪开取下伤处的衣服，不可强行剥脱。

③可涂烫伤膏。

④如有需要，给予包扎。

2）二度烧伤/烫伤

（1）症状表现：伤部起水泡、皮肤红肿、皮肤有溢出液、疼痛。

（2）处置方法：

①未破的水泡用冷水冲洗，直至疼痛缓解，或冷敷，但是避免用冰块直接冷敷。

②已破的水泡不要用冷水冲洗，因为它会增加休克和感染的危险。应用干燥的消毒绷带包扎，将烧伤肢体轻轻抬起。

③严重口渴者，可口服少量淡盐水。

④为休克病人提供急救。

3）三度烧伤/烫伤

（1）症状表现：皮肤深部损伤，皮色苍白呈蜡样改变、表皮脱落，组织或骨骼可能暴露，可能出现休克。

（2）处置方法：

①不要试图脱下或移动烧伤处的衣物。

②用干燥的消毒绷带轻轻包扎。

③将烧伤肢体轻轻抬起。

④严重口渴者，可口服少量淡盐水。

⑤为休克病人提供急救。

练 习 题

1. 选择题

(1)当机上发生烫伤事件时,乘务员应立即(　　　)。

　　A. 广播找医生　　　　　　　　　　　B. 用湿毛巾冷敷

　　C. 用冰水、矿泉水、软饮料冲洗患处降温　D. 以上均正确

(2)使用止血带止血时,应注意每隔(　　　),放松2~3min,使远端肢体得到供血。

　　A. 10min　　　　　　B. 20min　　　　　　C. 30min　　　　　　D. 40min

(3)发现飞机上有重病人或严重损伤病人时,乘务员(　　　)。

　　A. 立即广播寻找医生帮助,报告机长,同时采取急救措施

　　B. 立即广播寻找医生帮助,并等医生来急救

　　C. 立即采取急救措施,并在必要时广播找医生帮助

　　D. 立即报告机长,一同采取急救措施

(4)飞机上遇有烫伤病人可用下列方法止痛(　　　)。

　　A. 吃止痛药　　　B. 用凉水冲　　　C. 包扎止痛　　　D. 涂烫伤膏

(5)两人合作心肺复苏时,人工吹气与心脏按压的比例应是(　　　)。

　　A. 1：15　　　　　　B. 1：10　　　　　　C. 2：6　　　　　　D. 2：10

(6)检查病人有无呼吸是(　　　)。

　　A. 看病人胸腹部有无起伏运动　　　　　B. 听病人有无呼吸音

　　C. 感觉有无气流通过　　　　　　　　　D. 以上均正确

(7)四肢发生严重出血时,最好的止血方法是(　　　)。

　　A. 指压法　　　B. 直接压迫法　　　C. 包扎加压法　　　D. 止血带法

2. 判断题

当发现旅客没有脉搏及呼吸时,乘务员应立即采取人工呼吸的措施;如仍无效,则我们可判定旅客死亡。　　　　　　　　　　　　　　　　　　　　　　　　(　　　)

第十二章　机上常见医疗事件

通过本章的学习,了解与航空活动有关疾病的症状、发病机理及救助方法;了解机上常见疾病的症状,掌握救助方法。

◎ 重　难　点

重点:机上常见疾病的医疗服务。
难点:机上常见疾病的医疗服务。

按照以往的飞行经验,机上旅客出现部分疾患的概率相对较大,对于这些常见医疗事件,乘务员要了解其发病机理及临时处置方法,帮助旅客减缓痛楚,等待进一步的治疗。

第一节　与航空活动有关的疾病

由于航空环境与人们适应的地面环境有较大差别,特别是高空大气中氧含量减少、大气压力降低、振动和加速度等不良因素的存在,致使飞行人员、乘务员和旅客有可能罹患如高空减压病、高空胃肠胀气和航空性中耳炎等航空活动中特有的疾病。

✈ 一、高空减压病

高空减压病是飞机在上升过程中人体可能发生的一种特殊综合征,其主要症状表现为关节及周围组织的疼痛,此外还伴有皮肤、呼吸或神经系统的一些症状,如皮肤瘙痒、刺痛、蚁走感以及异常的冷热感觉,胸骨后不适和呼吸困难,以及头痛、视觉机能障碍、四肢无力和瘫痪等。

高空减压病的发生有一定阈限高度,绝大多数都是上升到8000m以上高空,并停留一段时间以后才发生的,降至8000m以下,症状一般都会自行消失。

1.高空减压病的发病机理

高空减压病是由于在人体组织、体液中溶解的氮气离析出来形成了气泡,压迫局部组织和栓塞血管等引起的一系列临床症状。由于形成气泡的多少以及栓塞和压迫的部位不同,所引起的症状也各异。

随着飞行高度的升高,大气压力逐渐下降,空气中氮的分压也相应下降,而人体肺部血液中氮的分压却没有改变,如果上升速度过快,体内的氮气来不及排出,则会从组织、体液中游离出来。当体内的氮气的饱和度超过正常值的2倍以上,氮气就形成气泡。

2.高空减压病的影响因素

(1)上升高度。该病在8000m以下很少发生。在8000m以上,飞行高度越高发病率也越高。

(2)高空停留时间。当上升到高空后,人体一般不会马上出现症状,而需要经过一定的时间后才会发病。在8000m以上高空,停留时间越长,发病率越高。据有关资料,最早发病者大约在高空停留5min后发病,而最迟发病者可在高空停留2.5h后发病。

(3)上升速率。上升速率越快,体内过剩的氮越来不及排出体外,发病率越高。

(4)重复暴露。24h内重复暴露于低气压环境中容易发病。这是因为前次暴露时形成的气泡以及体内的其他变化,在下降增压后的时间内尚未完全消除,或者说有累积效应。

(5)高压条件下活动后立即飞行。例如在24h内曾做过水下运动或潜水活动者,上升高空时容易发病,这是由于在高压条件下,体内溶解了较多的氮气,在返回水面后一定的时间内,残存在体内的过多的氮气甚至若干气泡没有完全消除。有报道称,人潜水后立即乘坐飞机,在1500m高度即会发病。

(6)环境温度。寒冷的温度条件,能增加本病的发病率。

(7)体重与年龄。肥胖者与年龄大者发病率较高。这可能与身体发胖、脂肪组织增加,心血管功能降低,影响氮气排出速度有关。

3.高空减压病的预防

(1)保证座舱内足够的压力。这是预防高空减压病的最根本的措施。若能在飞行期间保持座舱压力不低于8000m高度的压力值(267mmHg),即可取得良好的预防效果。在民用航空中,只要密封压力座舱的结构完好就可以满足这个条件。

(2)吸氧排氮。这是预防本病的重要方法。呼吸纯氧时,由于肺泡氮分压低,溶解在静脉血中的氮气就可不断通过肺毛细血管弥散到肺泡中而被呼出。血液中的氮分压也会相应地降低,于是溶解在身体各种组织、体液中的氮气又会向血液中弥散,再由肺泡排出体外。这样不断循环,逐渐将体内的氮排出。

在军事航空中,对那些没有装备增压座舱或座舱压力制度订得不太严的机种,可在高空飞行前,采用吸氧排氮的预防措施,这是降低高空减压病发生的方法。而对于民用航空,本方法则没有实际意义。

(3)飞行中若发生事故性减压,飞机应逐渐下降至较安全的高度。当密封增加座舱在8000m以上高空受到破坏时,应尽量减少不必要的体力负荷;在高空已发生病症时,应迅速与地面指挥联系,以便及时下降高度。

(4)控制重复暴露的间隔时间。通常情况下,潜水活动后24h内不应飞行。有的国家规定,紧急情况下,潜水活动后12h内可以飞行,但需要经过航空医师的允许。

(5)合理膳食和坚持体育锻炼,可防治肥胖,增强呼吸、循环功能,对预防本病发生具有积极的意义。

二、高空胃肠胀气

与高空缺氧症和高空减压病不同的是,高空胃肠胀气没有明确的发病阈限高度,即使在较低的高度也可发生。高空胃肠胀气的主要症状是腹胀和腹痛,一般都发生在上升过程中,或在达到一定高度后的最初阶段内。若能经口或肛门顺利排出气体,则短时间内腹胀、腹痛的症状即可消失,否则,高度越高,症状将越重。

1.高空胃肠胀气的发病机理

人体胃肠道内通常含有1000mL左右的气体，它们大多是随饮食和唾液吞咽下去的空气，少部分是食物分解而产生的。它们同样遵循"波义耳定律"，即当温度保持一定时，一定质量气体的体积与其压强成反比，即压力越大，体积越小，反之亦然。当高度上升时，若胃肠道内的气体不能顺利排出，则气体的体积随高度的增加也会不断增大，使胃肠壁扩张，而引起腹胀、腹痛等症状。另外，因胃肠道内气体经常被体温条件下的水蒸气所饱和，加上胃肠道壁的弹性对膨胀气体的限制作用，以及部分气体能从口及肛门排出等因素，体内气体随压力降低而膨胀的关系，并不完全符合波义耳定律所述的压力—容积关系。

2.高空胃肠胀气的影响因素

（1）飞行上升高度及上升速度。上升的高度越高，气压降低越多，胃肠内气体的膨胀也越大，高空胃肠胀气的症状也越重；上升速度越快，胃肠道内膨胀气体越来不及排出，高空胃肠胀气的症状也越重。

（2）胃肠道的机能状态。在含气的空腔器官中，以胃肠道与体外相通的管道为最长，所以肠道内气体的排出受阻也较多。凡是能影响胃肠道通畅的因素（如便秘、胃肠道慢性疾病等），均会妨碍膨胀气体的排出，从而加重高空胃肠胀气的症状。

3.高空胃肠胀气对人体的影响

（1）机械性影响。由于胃肠道内气体膨胀压迫膈肌使其升高，呼吸动度受到限制，肺活量减少，严重时可发生呼吸困难。另外，由于腹内压力增高，下肢静脉血液向心脏的回流也将受到影响。

（2）神经反射性影响。胃肠道管壁上有接受扩张刺激的拉长感受器，当胃肠道内气体膨胀程度较轻时，拉长感受器接受的刺激较弱，一般不引起主观感觉，最多只有腹胀或轻微的腹痛。大约从10000mL开始，由于气体膨胀程度较大，特别是在排气不通畅时，胃肠道也会被动地显著扩张，此时拉长感受器受到较强的刺激，引起胃肠道反射性的收缩和痉挛，从而导致不同程度的腹痛。如果胃肠道管壁的扩张已能反射性地引起呼吸、循环等机能改变时，则对飞行工作能力会产生不良的影响；如果腹痛严重时，个别敏感者还会产生一系列自主神经机能障碍的症状，如面色苍白、出冷汗、脉搏徐缓、动脉血压下降以致发生血管迷走性晕厥，此时会严重危及飞行安全。

4.高空胃肠胀气的预防

（1）保证密封增压座舱的良好功能状态。通常情况下，民航客机舱内压比舱外压高出0.5kg/cm²，可减轻或消除胃肠胀气的影响，因此，在起飞前应该经常检查座舱的加压密封设备，保证其处于良好的工作状态。

（2）自觉遵守生活作息和饮食卫生制度。注意饮食卫生，养成良好的饮食习惯，进食不宜太快，以免吞咽过多的气体；进餐要定时、定量，使胃肠活动机能保持正常，以利消化而少产气；严格遵守《中国民用航空卫生工作规则》规定，即飞行人员进餐半小时后方可参加飞行。

（3）飞行人员在飞行期间，应限制食用易产气及含纤维素多的食品，如韭菜、芹菜、萝卜、扁豆、洋葱、洋白菜、黄豆芽等；禁饮能产气的饮料，如啤酒、汽水、大量牛奶等；控制食用含脂肪多或油炸的食物，少吃刺激性食物。

（4）防治便秘。飞行前排空大、小便，保持胃肠道功能良好。

三、航空性中耳炎

耳由外耳、中耳和内耳三部分组成。外耳和中耳是声波的传导器官;内耳是声波的感受器官,同时也是身体位置的感受器官。

中耳由鼓室、咽鼓管和乳突小房三部分组成。咽鼓管为连接中耳与鼻咽部的通道,有吞咽动作时,此管开放,空气由咽部进入中耳,维持中耳与外界的气压平衡,保证鼓膜的正常振动。当咽鼓管因感冒等原因发生闭塞时,由于中耳内的空气逐渐被吸收,而外界的空气又不能进入中耳,导致中耳内气压下降,鼓膜内陷,从而影响声波的传导功能,使听力下降,出现临床上的耳聋。此时可用捏鼻鼓气法,由鼻咽部向中耳鼓气,使中耳与外界的气压平衡,恢复鼓膜功能,听力也可以得到相应的改善。

1.航空性中耳炎的发病机理

在飞机上升过程中,舱内气压下降,鼓室内气压相对增高,形成正压,出现略向外膨隆的现象,耳内也有轻度的胀满感;当鼓室内外压差达到10~20mmHg(1.33~2.67kPa)时,咽鼓管被冲开,部分气体自鼓室内排出,鼓室内、恢复平衡。在继续上升的过程中,舱内气压继续降低,咽鼓管可再次开放。此过程反复发生,除非咽鼓管有严重的阻塞,一般不会引起气压性损伤。

在飞机下降过程中,舱内气压不断增高,鼓室内形成负压,鼓膜向内凹陷,于是产生耳压感和听力减退,此时,咽鼓管不能自行开放,必须主动做咽鼓管通气动作才能使之开放,让外界气体进入鼓室,使鼓室内外压力恢复平衡,鼓膜复位,耳压感及听力减退现象消失;但当中耳腔内负压增大到一定程度时,即使再做主动通气动咽鼓管开放,鼓室内负压不断增加,耳痛等症状也不断加重,最终导致鼓膜破裂,即为航空性中耳炎。

2.影响航空性中耳炎发病的因素

(1)飞机的飞行高度。不同高度的大气层密度不同,越接近地面,密度越大,故当飞机下降率相同时,越接近地面,气压增加率越大。一般来说,中耳气压性损伤多发生在4000m以下,以1000~2000m高度为多。

(2)飞机的下滑率。单位时间内飞机下降的高度越大,鼓室内外压差也越大,发生航空性中耳炎的概率越大,特别是在军事航空中作高速率、大下滑角的下滑和俯冲或特技飞行时更是如此。有增压座舱的飞机,在飞行中舱内压力的变化虽较舱外压力的变化缓和,但由于喷气式飞机的运动速度大,气压性损伤仍经常发生。

(3)上呼吸道感染。上呼吸道感染常引起咽鼓管咽口周围黏膜组织充血、水肿,从而影响咽鼓管的开放而导致气压性损伤。

3.航空性中耳炎的预防

(1)飞行人员如患有影响咽鼓管通气功能的疾病时,应及时找航空医师就诊矫治,治愈后方可参加飞行。严禁上呼吸道感染患者参加飞行。

(2)对于机上旅客,"瓦尔萨瓦动作"是最实用而可靠的预防措施。瓦尔萨瓦动作由一套捏鼻鼓气的动作组成,它使后鼻腔压力升高,迫使空气排除障碍通过咽鼓管进入中耳,使鼓膜内、外压力重新恢复平衡。虽然这种办法对预防航空性中耳炎是有效的,但鼻腔感染时可能将细菌随空气通过咽鼓管带入中耳。

（3）吞咽动作能使鼻咽后部组织活动，从而打开咽鼓管开口，使空气能够进入中耳，所以也颇有效果。单是吞咽唾液或喝水就能达到这一目的，在飞机起飞和降落时给旅客发糖的一个重要目的就是为了帮助旅客做吞咽动作。鼓励旅客做吞咽动作，打呵欠，嚼口香糖。

（4）如果单做"瓦尔萨瓦动作"或吞咽动作不能有效地打开咽鼓管，可以尝试将"瓦尔萨瓦动作"和吞咽动作结合起来，即在嘴里含一口水，在做"瓦尔萨瓦动作"的同时做吞咽动作，常常能收到满意的效果。

其他的方法，如用棉花塞耳朵或用一杯热水向耳朵熏蒸气是根本没有用的。

对已有严重症状且使用上述方法效果不好时，建议下机后去医院耳鼻喉科检查。

四、航空性鼻窦炎

鼻窦是与鼻腔相通的含气空腔，左右对称，共有4对。正常情况下，无论在飞机上升减压或下降增压过程中，鼻窦向鼻腔的开口都可保证空气自由出入，使窦腔内、外气压保持平衡。如果因为窦腔黏膜发炎肿胀或有赘生物存在而造成阻塞，在飞机上升减压时，窦腔内形成正压，一般能冲开阻塞，使部分气体逸出，从而使窦腔内、外压力基本保持平衡，极少发生气压性损伤；当下降增压时，窦腔内形成负压，窦口附近的阻塞物被吸附，窦口发生阻塞，这时阻塞物起活瓣作用，外界气体不能进入窦腔内，会引起窦腔黏膜充血、水肿、液体渗出、黏膜剥离，甚至出血等，并产生疼痛，此即航空性鼻窦炎。航空性鼻窦炎一般多见于额窦，因为额窦含气量多，且与鼻腔相通的鼻额管细而长。上颌窦的含气量虽然比额窦还要多，但它与鼻腔的开口比额窦要多，而且呈短管形，所以很少发生损伤。筛窦含气量少而开口多，蝶窦的开口最多，故它们均不易发生损伤。本病与航空性中耳炎相比，其发病率要低得多。

预防：上呼吸道感染患者严禁飞行；患有鼻及鼻窦的急、慢性疾病时，应及时去航医室就诊治疗；在飞机下降增压过程中，如果出现鼻窦区压痛，在条件许可的情况下可复飞至原来的高度，然后再缓慢下降。

五、航空性牙痛

多龋齿患者，有的虽然经过填充治疗，但牙齿内残留有小空腔，或龋齿中有小气泡，或填充不严密，在高空气压改变时，可因为混有气泡的唾液进入其中而发病。

预防：飞行人员若患有龋齿，应及时去医院牙科就医。

第二节 机上常见疾病的医疗服务

一、气道异物梗堵

患者如有进食时或刚进食后出现清醒状态下的呼吸困难或不能呼吸，或是说不出话来，应该怀疑是气道异物阻塞。症状主要是患者面色苍白，然后发紫甚至变黑，显得极度紧张，说不出话来。患者还会有用手抓自己喉部的动作，对其做人工呼吸时，口对口吹气，吹不进患者肺内。乘务员要立即试用手指取出异物，速度最要紧。鼓励患者用力咳嗽。

在检查中发现患者出现剧烈咳嗽、喘气,则为不完全性气道异物梗阻,施救者不宜干扰患者自行排出异物,但应守护在患者身旁继续监护,如果梗阻仍不能解除,应开始施救;如果患者表现为不能说话、不能咳嗽、不能呼吸,双手抓住喉咙,面色灰暗、发绀,则为完全性气道异物梗阻,应立即施救。

1.有意识的成人和大于1岁儿童(除肥胖/怀孕者)

有意识的成人和大于1岁的儿童出现气道异物梗堵时,采用背部叩击法+腹部冲击法。此种方法不适用于肥胖和怀孕者。

1)背部叩击法

(1)施救者站在患者一边,稍靠近患者身后。

(2)用一只手支撑患者胸部,让患者前倾,使异物能从口中吐出来,而不是顺呼吸道下滑。

(3)用另一只手的掌根部在两肩胛骨之间进行5次大力叩击。

背部叩击最多进行5次,但如果通过叩击减轻了梗阻,不一定要做满5次。

2)腹部冲击法

腹部冲击法适用于意识清醒,5次背部叩击法不能解除气道梗阻的患者,操作如图12-1所示。

(1)施救者站在病人后面、双臂环绕抱住病人腰部。

(2)叮嘱病人弯腰,头部前倾;施救者一手捏成空心拳,将大拇指侧面顶住病人腹部正中线、肚脐上方两横指、剑突下方处。

(3)另一手紧握此拳,快速向内、向上冲击5次。

如果梗阻没有解除,继续交替进行背部叩击法和腹部冲击法。

2.有意识的肥胖/怀孕者

有意识的肥胖及怀孕者不宜采用腹部冲击法,而应采用背部叩击法+胸部冲击法,除了改用胸部冲击法外,其余程序不变。

胸部冲击法如图12-2所示。

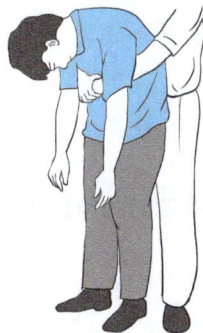

图12-1　腹部冲击法　　　　图12-2　胸部冲击法

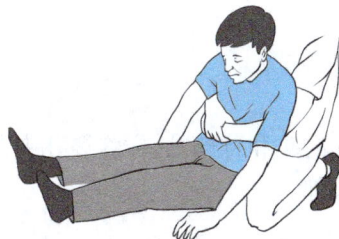

(1)站在病人背后,两臂从患者腋下环绕其胸部。

(2)一手握空心拳,拇指置于患者胸骨中部,注意避开肋骨缘及剑突。

(3)另一手紧握此拳向内、向上有节奏冲击5次。

如果梗阻没有解除,继续交替进行背部叩击法和胸部冲击法。

3.无意识的成人和大于1岁儿童

无意识的成人和大于1岁儿童如有异物梗堵气道,采用胸外按压法:

(1)患者仰卧位,施救者位于患者一侧,双膝着地。

(2)按压部位及方式与心肺复苏相同,直至患者恢复呼吸脉搏。

(3)若患者恢复呼吸脉搏,将患者置于侧卧体位(只要没有头、颈部或背部受伤的情况),继续监测患者生命体征。

4.有意识的婴儿

处置有意识的婴儿气道梗堵采用背部叩击法+胸部冲击法。

1)背部叩击法

具体操作方法如图12-3所示。

(1)一只手放在婴儿的背后,用手把住头和后颈部。

(2)另一只手,抓住婴儿的下巴。

(3)将婴儿翻转、脸朝下放在前臂上。

(4)托稳婴儿的头和颈部,手臂放低,使婴儿的头部低于胸部。

(5)用另一只手的手掌在婴儿的肩胛骨之间拍击5次;尽量使每次叩击有效。

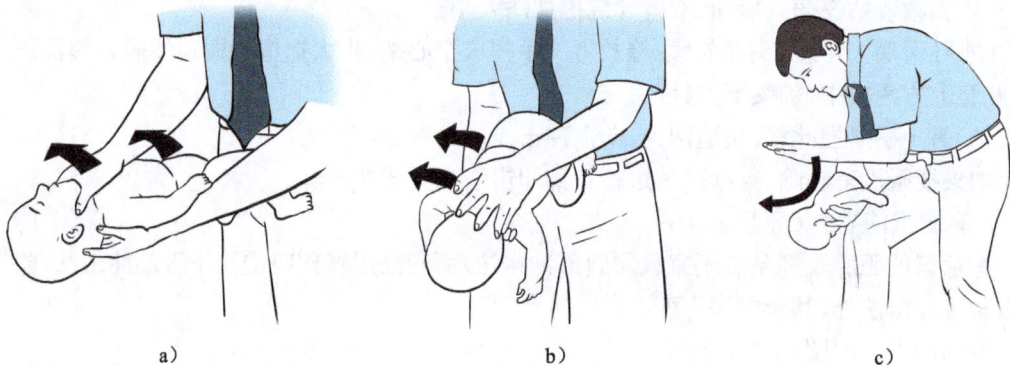

　　　a)　　　　　　　　　　b)　　　　　　　　　　c)

图12-3　婴儿背部叩击法

2)胸部冲击法

如异物未排出,则转换婴儿体位再试。

具体操作方法如图12-4所示。

(1)用于叩击的那只手放在婴儿的头和背部,这样将婴儿夹在施救者的两前臂之间。

(2)用手指托住婴儿的头和后颈部。

(3)将婴儿翻转,脸朝上方。

(4)前臂放在大腿上。

(5)让婴儿的头低于他的胸部。

(6)确定胸部冲击位置在婴儿两乳头连线的中点下一指宽处,进行5次胸部冲击:用两个手指冲击按压胸骨,深度约为胸廓前后径的1/3,连续冲击5次。上下冲击,冲击时手指一直保持在胸部上。

尽量使每次冲击有效。重复背部叩击法和胸部冲击法。

a)　　　　　　b)　　　　　　c)　　　　　　d)

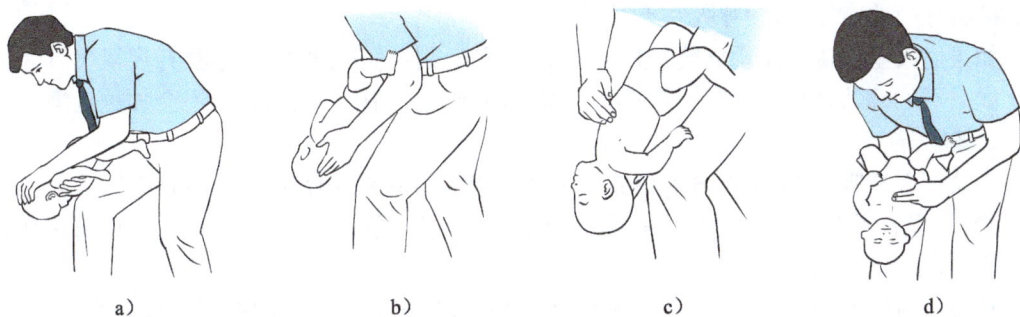

图12-4　婴儿胸部冲击法

5.无意识的婴儿

无意识的婴儿发生气道异物梗堵,实施心肺复苏术。

(1)检查婴儿口中有无异物:让婴儿平躺,打开他的嘴,抬起下巴,检查嘴里有无异物。如果看到异物,小心地拿掉(图12-5)。注意除非施救者看得见,否则别用手指掏婴儿的嘴巴。

(2)压头抬颏法,打开呼吸道。

(3)口对口鼻人工呼吸:连续2次人工呼吸,查看胸部有无起伏。若无起伏,可继续1~3次人工呼吸(图12-6)。

(4)胸部按压,方法同婴儿心肺复苏术。

重复以上程序直到恢复呼吸脉搏。婴儿恢复呼吸,将婴儿置于侧卧体位(只要没有头、颈部或背部受伤的情况),注意观察婴儿的生命体征。

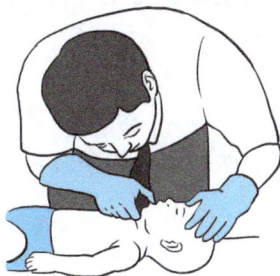

图12-5　检查口中有无异物　　　　图12-6　口对口鼻人工呼吸

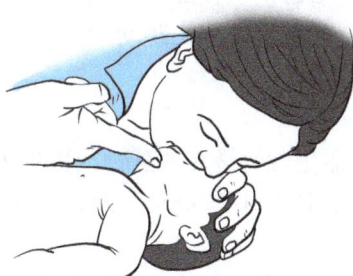

二、呼吸病症

1.过度换气

紧张、焦虑或晕机常会使人不自主地加深、加快呼吸。深和快的呼吸使得体内呼出过多的二氧化碳,可引起呼吸性碱中毒。呼吸病症常见于女性,患者没有器质性病变。

过度换气的表现主要是有明显的呼吸频率过快和深度过深;头晕、视物模糊,手、脚和嘴唇麻木和发抖;手部、腿部肌肉常发生僵硬痉挛,不能保持平衡;甚至会晕厥、丧失意识。

乘务员要向患者指出并解释症状和呼吸过深过快的后果。让患者将清洁袋罩在口鼻处进行缓慢呼吸,或用一个未接通氧气瓶的面罩呼吸。让病人有意识地放慢呼吸的速率,并告诉其控制呼吸的方法：减慢呼吸并不时屏气。

如果病人坚持认为需要氧气并且不能安静下来，则给氧气面罩，但不要开启氧气。

如果不能确认是换气过度还是呼吸系统疾病，则给予氧气，因为氧气不会加重病情。

2. 哮喘

哮喘病人呼吸费力，难以得到足够的供氧。患者的主要表现症状是呼吸困难，尤其是呼出气费劲；患者常常坐直并使身体前靠以帮助呼吸，很焦急、甚至说话困难。可以听到明显的哮鸣音，往往会咳出黏稠的痰。

乘务员对哮喘患者要安慰，并使其保持镇静，告诉患者坐直稍向前倾身体以帮助呼吸；如果患者带有药物应该让其服下以助缓解，可以给病人吸氧以缓解症状。

3. 其他的呼吸病症

呼吸的疾病包括气喘病、支气管炎、肺气肿。通常病人知道自己所患的疾病。病人表现的症状是呼吸困难，经常伴有喘息声。

乘务员帮助病人服用自身携带的药物（医生处方药）；可以提供氧气，但不必长时间连续供氧。安慰病人，因病人的焦虑会加重气喘病的症状。

三、心脑血管疾病

1. 心绞痛

心绞痛表现的症状是突然发作胸口不适或疼痛，常放射到左肩、左上肢内侧。疼痛是一种带有压迫或紧缩感觉的持续性闷痛，常有窒息感，有濒临死亡之感。病人精神异常，焦虑不安，烦躁易怒；伴有出汗、恶心、呕吐；呼吸极为短促、咳嗽。

迅速发现病人心脏病发作症状并进行合理处置，是病人获得生存机会的重要因素，因为心脏病发作可能会导致心脏停止跳动。

处置方法：

（1）广播找医生。

（2）帮助病人服用随身携带的药物或提供机上应急医疗箱内的硝酸甘油片，舌下含服。

（3）松开紧身的衣服，让其卧位休息，注意保暖。

（4）尽快吸氧。

（5）询问病史，让病人保持安静，观察生命体征。

如果患者出现心跳呼吸停止，应立即进行心肺复苏。密切观察、关心和安慰病人，及时寻求医务人员的帮助。

2. 中风

（1）中风的主要症状：患者感觉头痛、头晕、恶心，呕吐、神志迷乱、手足失灵、瘫痪、麻木（通常是在身体的一侧），昏倒，面瘫并且失去语言表达能力（经常是在脸的一侧），讲话模糊不清，双瞳孔不等大，视力障碍，脉搏跳动快、有力，呼吸困难、打鼾，抽搐、昏迷，大小便失禁等。

（2）处置方法：

①将患者安置在一个舒适的位置（半卧或前倾位），要求患者不要活动，如出现呕吐，应将头偏向一侧，防止窒息，注意保暖。

②尽量减少不必要的搬动,如果紧急情况必须搬动,应平稳,尽量避免震动,尤其是脑出血者。

③安慰患者,让其保持情绪平稳。

④如果必要,则给予吸氧。

⑤禁食、禁饮。

⑥保持与病人的眼睛接触,与其缓慢和清晰地对话。

⑦密切监测患者生命体征,如果意识丧失、呼吸停止,立即进行心肺服务。

四、糖尿病急症

糖尿病患者在限制过分饮食和用降糖药超量时容易出现低血糖情况,主要有高血糖高渗状态和低血糖症,具体区别见表12-1。

高血糖高渗状态和低血糖症区别　　　　　　　　　　　　　表12-1

项　目	高血糖高渗状态	低血糖症
饮食	过量	不足
胰岛素量	不足	过量
起病	渐起需数日	突然几分钟
病人表情	重病容	很虚弱
皮肤	发红干燥	苍白湿润
感染	可以有	没有
嘴	干燥	流涎
口渴	严重	没有
饥饿	无	重
呕吐	常见	不常见
腹痛	经常有	没有
呼吸	呼吸有烂苹果味道	正常
脉搏	快	正常
头痛	有	无
神志	由不安进展到昏迷	由淡漠进展到昏迷
震颤	无	有
尿糖	用胰岛素后6~12h内缓慢改善	在口服含糖物(葡萄糖块、橙汁糖等)后较快恢复

处置方法:

(1)置患者于安静平卧位,保持呼吸道通畅,监测意识、呼吸和脉搏。

(2)条件允许,测试患者血糖,对症治疗。

(3)无法判断是高或低血糖症时,有意识者,都鼓励患者进食甜食或糖水;意识丧失者,可用蔗糖颗粒洒在患者舌头上。如果是低血糖休克的病人则给甜饮后几分钟即可恢复,如果是较少见的高糖性糖尿病昏迷,因其已是糖分过高,给喝点甜水也无多大害处。因此在怀疑胰岛素休克或判断不清时应立即给服甜饮。

（4）吸氧。

（5）如果意识没有恢复、生命体征不平稳,尽快转送地面医院进行治疗。

五、内出血

内出血根据出血部分不同可分为:脑出血,吐血。

吐血分来自呼吸道咯血和来自消化道呕血、肝脾破裂出血、宫外孕破裂出血及各种情况引起的其他脏器组织的出血。

1.内出血的症状

（1）脑出血:多见于45岁以上的高血压病人,常有头痛、眩晕、耳鸣,手脚发麻、舌头僵硬（发音不清）、面色潮红、呼吸困难,半身麻木、痉挛、呕吐、尿失禁、打鼾、偏瘫、双侧瞳孔不等大和不等圆、意识逐渐模糊以至昏迷不醒等症状。

（2）吐血:经口腔吐出血液或血丝。可通过伴随症状不同来简单识别:如果伴随咳嗽、有痰液,考虑咯血;如果伴随有呕吐胃内容物、咖啡色样血块及腹痛,或有黑便,考虑消化道出血,患者上腹部疼痛或胸闷不适,面色苍白,唇色淡,表情痛苦。

（3）肝脾破裂出血:早期可有腹痛,面色苍白,脉搏细而无力,曾有肝脾部位外伤史。

（4）宫外孕破裂出血:患者为育龄期的女性,面色苍白,大汗淋漓,表情痛苦,下腹部剧痛。

2.内出血的处置方法

内出血病人均须尽快转送地面医院进行手术治疗,在飞机上,可按以下方式处理。

1）脑出血的处置

（1）维持病人的原有体位,禁止搬动。

（2）维持呼吸道畅通。

（3）吸氧,注意保暖。

（4）头部冷敷以减少出血量。

（5）报告乘务长和机长,实行全航程监护。

2）其他内出血的处置

（1）维持呼吸道畅通:对于咯血病人,尤其注意防止窒息,患者保持坐位,低头,协助其拍背,鼓励其将血咯出,并及时协助其清除口腔或鼻腔内的分泌物、血痂等,保持气道通畅;不能继续保持坐位的患者,予其平卧,头偏向一侧,其余措施同上;咯血量较大患者,取俯卧位,头低足高,其余同上。

（2）禁止服用止痛片。

（3）禁止进食、饮水。

（4）密切观察患者反应,如有胸闷气促、烦躁不安、面色苍白、口唇发紫、出冷汗等窒息先兆,及时给予吸氧,采取高流量,并随时注意患者的呼吸、脉搏,必要时施行C.P.R。

（5）处置休克及其他伤害,如伤口包扎、骨折处理等。

（6）安慰患者,保持其情绪稳定。

（7）如果患者出现昏迷,可将其置于恢复体位。

（8）报告乘务长和机长,实行全航程监护。

六、腹部疼痛

腹痛种类较多,有的较轻,有的很重;有的无任何伴发症,有的有明确的压痛点,有的还有可能有腹肌强直。

1.胃肠胀气引起的腹痛

胃肠胀气引起的腹痛症状是不伴有其他表现的单纯、较轻的腹部绞痛。

处置方法是让病人起来走动;禁止饮用产气的饮料;鼓励患者排气,排空大便。

2.急腹症(严重腹痛)

严重腹痛的症状是持续的严重的腹痛;有固定的压痛点;常有腹肌紧张,手触时有如板状;常伴有发热。

处置方法是让病人处于尽可能的舒适体位,安静休息。禁食,禁饮,禁服止痛药。广播寻找医生旅客,观察病情变化,做好病情记录。及时报告机长,与地面取得联系,有时可能备降。

3.伴有发热、恶心呕吐及腹泻的腹痛

这类情况一般应按可疑胃肠道传染病处理。要将旅客的座椅隔离,单独收集病人接触过的物品密封交给卫生防疫部门检验。乘务员要及时向机长报告情况,以便机长向有关部门汇报。限制病人只使用其用过的洗手间,其他旅客使用另外的洗手间。

七、中毒

1.急性酒精中毒

(1)症状表现:患者呼出的气体中有酒精气味;患者嗜酒,部分或完全的意识丧失,失去判断力,脸红、继而变苍白,脉搏跳动强烈、随后变弱,如同沉睡般的呼吸,神志不清、讲话含糊、运动协调能力下降,伴有恶心、呕吐。

患急症糖尿病的患者与酒精中毒所表现的症状相似,要注意区别。

(2)处置方法:

①不允许再喝酒,为其提供无酒精的饮料,但不要提供含咖啡的饮料。

②鼓励进食,特别是花生仁等高蛋白食品等。

③鼓励睡觉,休息时注意保暖。

④提防呕吐或抽搐。

⑤观察生命体征。

2.毒品中毒

(1)症状表现:患者行为动作失去协调,瞳孔大小异常,出现幻觉,伴有恶心,疼痛的敏感性降低,昏迷,对光、声音、温度等敏感,抽搐,呼吸减弱。

(2)处置方法:

①检查生命体征,必要的话,给予吸氧。

②提防呼吸停止、呕吐、抽搐。

③不诱发呕吐。

④与病人交谈,以得到他的信任并帮助保持意识清醒。

⑤询问病人的病史。

⑥不给予含咖啡因的饮料。

⑦为休克病人提供急救。

八、晕机

晕机是飞机上最常遇见的病情。

1.症状表现

晕机症状表现为：疲乏头晕，面色苍白、出冷汗，恶心较重时会有呕吐。

2.处置方法

（1）帮助旅客把座椅调整到躺卧位，告诉旅客紧靠椅背不动，闭眼休息，同时深呼吸。

（2）给旅客准备一个干净的清洁袋备用，乘务员应主动上前询问他们乘机前后的情况及有无晕机史，并加以安慰。

（3）打开通气孔，开通新鲜空气，尽可能把旅客调整到客舱中部。

（4）及时送上温开水、毛巾，必要时在征求旅客同意的情况下提供晕机药品。对于晕机严重的旅客，可提供氧气。

（5）旅客呕吐时，可用手在旅客的后背自下往上推，及时更换清洁袋。呕吐后，送上漱口的温开水和毛巾。及时擦净被弄脏的衣服、行李和地毯。如果座椅被弄脏，有条件时可为旅客调换座位；没有空座位时，可更换座椅套或在擦干净后铺上毛毯再让旅客就座。

九、失去知觉

1.晕厥

晕厥是由于脑部一时性供血不足而引起的短暂意识丧失状态。

（1）症状表现：头晕、眼前发黑，全身虚弱乏力、皮肤湿冷，突然跌倒，很快失去知觉，脉搏细弱、或快或慢，浅呼吸，出冷汗、手足变凉。

（2）处置方法：

①把病人平卧，置于头低脚高体位，通风。

②松开紧身衣物。

③吸氧。

④当恢复知觉时，给病人提供温糖水或热饮料。不要急于让患者站起来。

⑤观察生命体征，检查有无外伤。

如果失去意识时间较长，则立即通知机长，并考虑其他的严重情况。

2.昏迷

昏迷的原因很多，如脑外伤、脑供血障碍、血液成分改变、癫痫等。

（1）症状表现：患者跌倒，不省人事。

（2）处置方法：

①发现昏迷者要立即开通气道（仰卧位、头后仰、下颌抬起）。

②尽量使病人卧于相对安静通风处。

③尽快查找昏迷原因（询问有无病史）。

④如果是单纯晕厥可以给患者吸氧。

⑤未能很快清醒者又无禁忌时应置于恢复体位：半侧俯卧，松开紧身衣物及腰带，右腿伸直，左腿屈曲，左臂上举内收，头部低于身体偏向左侧并尽量仰伸，如图12-7所示。以保持呼吸道通畅、防止呕吐物或分泌物进入呼吸道内。

⑥及时寻求医务人员帮助，观察记录并报告机长。

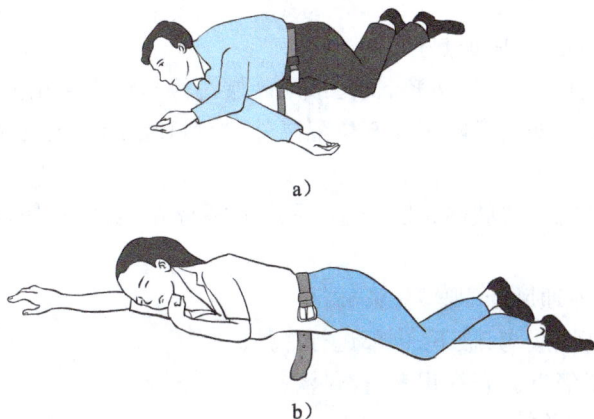

a)

b)

图12-7　恢复体位

3.休克

（1）症状表现：脉搏细、弱，呼吸浅、快，面色苍白、出冷汗，目光呆滞无光、甚至意识丧失，行为混乱。

（2）处置方法：

①把患者置于头低脚高或适合于其病情的体位，如图12-8~图12-11所示。

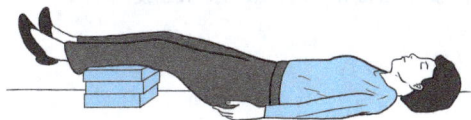

图12-8　休克处置一般体位

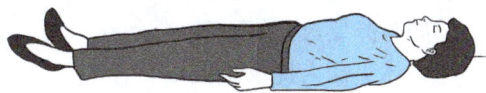

图12-9　怀疑头部或颈部受伤时体位

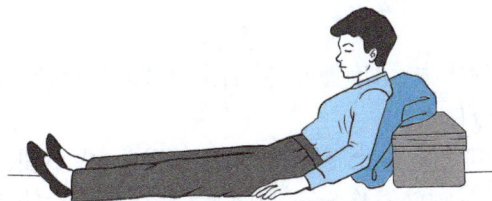

图12-10　呼吸困难时体位

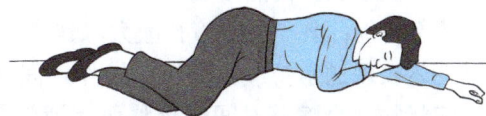

图12-11　休克时的恢复体位

②保持呼吸道通畅，尤其是休克伴昏迷者。应将患者下颌抬起，同时头侧向一侧。

③尽可能使其舒适，保暖。

④吸氧。

⑤报告乘务长和机长，实行全航程监护。

十、与体温有关的病症

1.发热

（1）松开紧身衣物，让旅客安静休息。

（2）体温低于38.5℃的，给予物理降温：冷敷或冰敷额头，温毛巾擦拭脖子、腋下、腹股沟等大血管搏动处，打开通风孔。

（3）体温超过38.5℃，口服退热剂。

（4）检查病人有无伴发咳嗽、皮疹、黄疸或呕吐腹泻等与传染病相关的表现。如有，则应该采取隔离措施，有频繁腹泻者除采取座位隔离外，限制其使用指定的洗手间。

2.中暑

（1）症状表现：体温高，皮肤热、红、干燥，呼吸、脉搏紊乱，可能抽搐，意识丧失。

（2）处置方法：

①将病人置于阴凉通风处，观察生命体征。

②降低体温，如在腹股沟、腋下、颈部进行冷敷。

③如有必要，提供氧气。有意识者，提供淡盐水。

④为休克病人提供急救。

3.体温过低

（1）症状表现：自己不能控制的寒战，感觉麻木、虚弱、头晕，昏昏欲睡和神志迷乱，判断力和视力障碍，呼吸、脉搏迟缓，体温降低，失去知觉。

（2）处置方法：

①撤离冷的环境，防寒、防风、防雨。

②脱掉湿衣物，并换上干燥的衣物和毛毯，让病人休息好。

③通过紧紧地靠着病人或在躯体、腋下和腹股沟处进行热敷来缓慢地温暖身体。

④提供热饮，但不能喝酒。

⑤如有必要，给予氧气。

⑥为休克病人提供急救。

十一、癫痫（羊角风）与癔症

1.癫痫

（1）症状表现：突然出现似羊叫的尖叫声；意识丧失、肌肉僵硬、随后全身抽动，立位时常常会摔倒在地；面色表紫，瞳孔散大，口吐白沫或流口水。

上述表现通常持续数分钟。发作期间，病人可能会停止呼吸，咬自己的舌头，大小便失禁。症状往往会随着时间的推移而逐渐减弱，反复频繁发作5min以上者，是一种危险的急症，应立即送往医院。

（2）处置方法：

①发作开始时，应立即扶病人侧卧，防止病人摔倒、碰伤。

②发作时，不要用力按压病人肢体，不要试图在病人的上下牙齿之间放置任何东西。

③保护好病人使其不受外伤，抽搐时解开安全带，松开病人领带，衣扣等，移走其周围的

锐利物品。

④如果病人呕吐,应将病人头侧向一侧,使唾液和呕吐物尽量流出口外。

⑤在抽搐结束之后,检查生命体征。

⑥让病人保持休息,提供安静环境而保护病人不受困扰。如需要的话,则给予吸氧。

⑦小儿惊厥类癫痫发作,以高热引起的多见,这时应尽快把体温降下来,以免再次发生惊厥。

⑧及时广播寻求医生旅客的帮助,并报告机长。

2.癔症

(1)症状表现:笑或哭,坐立不安,极其激动。

(2)处置方法:

①可以使用清醒剂在其鼻下让其吸入,以刺激神经系统。

②在脸和颈部使用冷毛巾冷敷。

③尽可能快地让其离开飞机。

✈ 十二、机上分娩

大多数情况下,分娩是一种自然的现象,而不是应急事件。客舱乘务员的作用是帮助产妇分娩,做好接生的准备工作,同时报告机长,并广播寻找医生旅客。

1.临产症状

腹痛频繁而逐渐加剧;下体可能有黏液、少量血排出(不是流血);羊水可能先破裂,突然喷流或缓慢地流出。如果阵痛的频率大于10min,则有足够的时间让飞机着陆。如果阵痛频率是2~3 min,则必须准备其分娩。

2.安置产妇

(1)把产妇的座位调换到门附近,用帘子与其他旅客隔开。这样在着陆之后便于医务人员进入。

(2)先铺上一张干净塑料布,让产妇仰面躺下,双腿分开,双膝弯曲,褪去下身衣物。

(3)使用一个或两个枕头垫高她的头部和肩部,在她的臀部底下。

(4)垫上折叠的毛毯,垫高臀部,使得分娩容易一些。用干净吸水的纸巾垫在臀部周围,上半身盖上毛毯保暖,并安慰产妇。不允许产妇使用洗手间,准备便盆让产妇排尿。

(5)记录产妇的姓名与年龄,是否第一胎、第一产、预产期。

3.分娩前的准备

1)接生用品的准备

(1)几壶烧开过的热水。

(2)两三个干净的盆。

(3)消毒敷料数块,消毒手套(在机上急救箱内),剪刀一把。

(4) 25cm 长的绳子2根。

(5)将剪刀和绳子在水中煮沸,消毒。

(6)干净的毛毯、内衣裤、报纸、枕头。

(7)应急医疗箱、温开水、干净的塑料布和清洁袋、卫生巾。

2）客舱乘务员的准备

（1）确定参加助产的客舱乘务员,凡有感冒,手和其他部位感染者均不得参加助产。

（2）剪去过长的指甲,并用肥皂水洗手和前臂。

（3）戴上消毒手套后不再接触未经消毒的东西。

4.协助分娩

1）子宫扩大阶段

对于第一胎产妇来说,这一阶段需12~16h;对于非第一胎的产妇,一般为6~8h,或者更短时间。

2）新生儿出生阶段

（1）对于第一胎,此阶段大约1~2h;对于非第一胎,此阶段更短。

（2）此时腹痛频率加快,每2~3min一次,腹痛时间延长,腹痛程度加重,会阴开始肿胀,每次宫缩时,可看到胎儿头皮。

（3）如果胎儿头部是包裹在羊水囊内,则在胎儿的后部将羊水囊撕开。

（4）当胎儿头部出现在阴道口时,将其用手托住,两次收缩之间,告诉产妇停止用劲,并张口深呼吸。

（5）当新生儿头娩出时,清理新生儿面部及口鼻中的羊水,新生儿出生时可能面部朝下,但会自然翻转。

（6）当新生儿躯体出来时,用手支撑其头部和身体,把其引导出来,但是不要用力拉。

（7）如果脐带绕在新生儿的颈部,则轻柔地把脐带移出。

（8）当新生儿娩出后,将新生儿放在产妇两腿之间,这时新生儿仍有脐带与产妇相连。

（9）再次清理新生儿口腔,让其头部稍低于其身体,这样做可使血、液体和黏液从口、鼻中流出来。

（10）记录出生的具体时间。

（11）轻柔但有力地擦新生儿的背部,用食指按婴儿的脚底。如果新生儿不哭且无呼吸,则应进行急救,立即实施心肺复苏。

3）脐带和胎盘娩出

（1）脐带的处置:胎儿与胎盘是通过脐带连在一起的,在分娩后约10min,脐带停止搏动。新生儿娩出后,用两条准备好的线绳在离新生儿腹部15cm和20cm两处紧紧扎住,用消毒剪刀在结扎的脐带中间剪断,用消毒纱布包扎脐带残端,并在距离胎儿腹部10cm处用脐带夹夹紧脐带。

（2）帮助产妇娩出胎盘:当婴儿出生后大约10~30min,分娩疼痛再次出现时,胎盘开始娩出。让产妇轻柔地在靠近脐部的子宫顶部之上进行按摩,一旦胎盘将出来时,令其用劲,胎盘自动娩出。千万不能用拉脐带的方法来帮助胎盘的剥离。把产出的胎盘放在塑料袋之内,检查是否完整,保存好,落地后交给地面医务人员。

5.产后

（1）控制产后出血:娩出胎盘时伴随着一些子宫流血,因此应在产妇下身放一块卫生巾。帮助产妇放低双腿,将其合拢,垫高脚部。让产妇轻柔地按摩其子宫顶部,以帮助子宫收缩,减少流血。

（2）为产妇提供舒适环境：持续与产妇接触，在整个分娩过程中和产后提供感情上的支持。保持产妇尽可能的舒适和温暖，如果产妇需要的话，给其饮料。

（3）分娩过程中记录各种情况，报告机长与地面联系，到机场后将产妇、新生儿、胎盘和"详细报告单"交机场医务人员。

练习题

选择题

（1）心脏病的处置方法是（　　）。

　　A. 立即让病人安静卧位休息，松开其紧身衣物，并尽快给吸氧

　　B. 让患者舌下含服硝酸甘油

　　C. 及时寻求医务人员帮助

　　D. 以上均正确

（2）急腹症处理不正确的是（　　）。

　　A. 让旅客保持自己认为最舒适的体位安静休息

　　B. 及时报告机长

　　C. 少量进食进水

　　D. 及时寻求医生帮助，观察记录

（3）乘务员处置晕机旅客不正确的方法是（　　）。

　　A. 让患者闭目平卧或侧卧　　　　　　　B. 打开通风器给病人通风

　　C. 服用晕机药片　　　　　　　　　　　D. 提供茶水或糖水

（4）心绞痛的主要症状是（　　）。

　　A. 胸闷、心慌、呼吸困难

　　B. 突发胸骨后疼痛，可持续30min以上

　　C. 突发胸闷、气短、脉搏细弱、出冷汗

　　D. 发胸骨后紧闷感、压榨感，可放射至左背及右肩背

（5）（多选）下列属于高空缺氧旅客的症状是（　　）。

　　A. 头晕呕吐　　　　　B. 口吐泡沫　　　　　C. 心慌脉快　　　　　D. 血压下降

第十三章 应急撤离处置

学习目标

通过本章的学习，了解紧急撤离前各项准备工作的要求，掌握紧急撤离的程序并能实施紧急撤离，了解应急广播及指挥口令的内容，了解野外生存的知识。

重 难 点

重点：紧急撤离前的准备工作，紧急撤离程序。

难点：紧急撤离程序。

当航班出现紧急情况或航班遇险，机组需组织旅客尽快撤离飞机，以等待后续救援。当飞机出现险情时，情况可能会非常危急，机组组织旅客撤离飞机的时间非常紧张，这就要求机组成员特别是乘务员具备扎实的专业知识及应急处置能力，才能最大限度地保障旅客及自身的安全。

第一节 紧急撤离的组织

一、应急处置应遵循的原则

在任何情况下，都应把确保旅客和机组成员的人身安全放在第一位。当发生的情况危及旅客和机组成员人身安全时，应迅速组织人员撤离危险区，尽可能减少人员伤亡，并立即实施机上应急行动措施。实施应急撤离、迫降行动应遵循以下原则：

(1)听从机长的指挥。

(2)迅速做出正确的判断。

(3)准备应急处置的措施。

(4)随机应变。

(5)沉着冷静。

(6)维持秩序。

(7)团结协作。

二、应急撤离、迫降行动的组织工作与责任

1.执行航班任务的机长

(1)对飞行安全负有主要的责任，对飞行安全具有绝对的指挥权，负责下达应急撤离、迫降行动过程中各种行动指令。

(2)在迫降前机组按照规定，用广播系统向客舱发出"飞机即将接地/水！ Prepare for

landing/ditching"和"抱紧,防撞! Brace for impact！"警告指令,如遇广播器故障,飞行机组循环六次操作"系好安全带"信号灯,告知全体人员采取防冲击安全姿势。

(3)最后撤离飞机。

2.主任乘务长/乘务长

(1)根据机长指令,组织客舱乘务员及援助者实施旅客应急撤离、迫降的准备工作。

(2)组织实施应急撤离、迫降行动,负责向机长反馈客舱情况及请示处置指令。

3.客舱乘务员

根据指令实施应急撤离、迫降的准备工作,组织指挥旅客撤离、迫降。

4.全体机组人员

成功处置撤离、迫降事件的关键在于全体机组人员,尤其是客舱乘务员在机长指挥下完成撤离的能力,这需要每个机组人员做到以下几点。

(1)明确职责:在各种撤离、迫降事件中机组的基本职责都是相同的。

①防止撞击,使机组和旅客在撤离、迫降后生存。

②在飞机迫降、中断起飞、冲出跑道的情况下迅速撤离飞机。

③维持生存,让幸存者尽快获得庇护和救助。

(2)密切配合:机组间应尽力密切配合,引导全体旅客撤离飞机。

(3)寻求帮助:信任你的组员,在超出自己能力范围的情况下,寻求组员的帮助。也可以寻求旅客的援助,让援助者协助机组人员完成准备和撤离。

(4)温习程序:在处置时更好地自我控制和发挥能力。

三、撤离出口及区域

按照各机型客舱座位的排数和乘务员数量,各号位负责各自职责区域,并选择最近的出口撤离飞机。撤离出口和区域见表13-1。

B737-800、A320型飞机撤离出口和区域　　　　　　　　　　表13-1

机　　型	撤离方式	乘务员号位	负责区域	撤离出口
B737-800	陆地撤离	PS1	1~10排	L1
		SS3		R1
		SS4	11~19排	R2
		SS6		翼上出口或L2、R2
		SS5	20~最后一排	翼上出口或L2、R2
		SS2		L2
	跨水/延伸跨水撤离	PS1	1~紧急出口前一排	L1
		SS3		R1
		SS4 /SS6/SS5 /SS2	紧急出口~最后一排	翼上出口
A320	陆地/跨水撤离	PS1	1~9排	L1
		SS3		R1
		SS4	10~18排	R2
		SS6		翼上出口或L2、R2
		SS5	19~最后一排	翼上出口或L2、R2
		SS2		L2

机　型	撤离方式	乘务员号位	负责区域	撤离出口
A320	延伸跨水撤离	PS1	1~13排	L1
		SS3		R1
		SS2	14~最后一排	L2
		SS4		R2
		SS5		L2 / R2
		SS6		

如果某一出口/舱门或滑梯失效，出口区域划分应作相应的调整。原在该失效舱门区域的旅客应从其相对的出口或邻近的出口撤离。

配有滑梯/救生船的飞机在水上迫降时，尽量使用滑梯/救生船的出口，让旅客登艇。若某一滑梯/救生船失效，则出口区域划分也要做相应调整。这时可以使用翼上出口，先让旅客及时撤离下沉的机体，使用救生衣漂浮在水面上，等待进一步救援。

撤离飞机时，各号位应按岗位职责要求携带救生物品（表13-2）下机。

B737-800、A320型各号位携带物品 表13-2

乘务员号位	B737-800	A320
PS1	扩音器、应急定位发射机（如在前舱）、应急手电筒、舱单	扩音器、应急手电筒、舱单、SK包（水上迫降如需要）
SS2	扩音器、应急手电筒	扩音器、应急手电筒、SK包（水上迫降如需要）
SS3	急救药箱、应急医疗箱、应急手电筒	急救药箱、应急医疗箱、应急手电筒、SK包（水上迫降如需要）
SS4	急救药箱、应急定位发射机（如在后舱）、应急手电筒	急救药箱、应急定位发射机、应急手电筒、SK包（水上迫降如需要）
SS5	旅客必需品、应急手电筒	旅客必需品、应急手电筒、增补筏（水上迫降如需要）
SS6	旅客必需品、应急手电筒	旅客必需品、应急手电筒、增补筏（水上迫降如需要）

四、乘务员应急撤离职责

各号位乘务员应急撤离职责见表13-3。

B737-800型（窄体客机）乘务员撤离职责 表13-3

乘务员号位	陆地撤离	水上撤离
PS1	(1)负责舱内总指挥； (2)负责L1门指挥； (3)负责广播； (4)检查客舱	(1)负责舱内总指挥； (2)负责L1门指挥； (3)负责广播； (4)船与机体分离
SS2	(1)负责L2门指挥； (2)确认、打开应急灯	(1)负责L2门指挥； (2)船与机体分离； (3)确认、打开应急灯
SS3	(1)负责前厨房； (2)负责R1门指挥	(1)负责前厨房； (2)负责R1门指挥； (3)船与机体分离

续上表

乘务员号位	陆 地 撤 离	水 上 撤 离
SS4	(1)负责后厨房； (2)负责R2门指挥； (3)先下飞机负责地面指挥	(1)负责后厨房； (2)负责R2门指挥； (3)船与机体分离
SS5	(1)负责左右翼上出口指挥； (2)负责舱内旅客	负责左右翼上出口指挥
SS6	(1)负责左右翼上出口指挥； (2)负责舱内旅客	负责左右翼上出口指挥

五、紧急情况客舱准备程序单

1.有限时间准备的陆地迫降、水上迫降、撤离程序

(1)与机长协调。

(2)与乘务员协调。

(3)向旅客广播撤离、迫降决定,安全检查。

(4)示范救生衣的使用方法(水上迫降)。

(5)介绍应急出口位置。

(6)示范安全姿势。

(7)最后确认。

(8)报告。

(9)发出防冲撞口令。

(10)实施撤离。

2.有充分时间准备的陆地迫降、水上迫降、撤离程序

(1)与机长协调。

(2)与乘务员协调。

(3)向旅客广播撤离、迫降决定,安全检查。

(4)示范救生衣的使用方法(水上迫降)。

(5)介绍应急出口位置。

(6)示范安全姿势。

(7)收取尖锐物品。

(8)调整旅客座位,挑选援助者。

(9)最后确认。

(10)报告。

(11)发出防冲撞口令。

(12)实施撤离。

主任乘务长/乘务长可根据机长所给的准备时间、旅客人数、乘务员技能等因素来决定完成哪些程序,如程序进行中时间不允许或机长发布了"飞机即将接地/接水"口令时,主任乘务长/乘务长有权终止程序,并视情况通过广播告知旅客必要的信息或指导。

第二节　有充分准备时间的撤离程序

一、发布准备撤离信息

1.机长通知客舱准备撤离信息

机长采取以下方式通知客舱。

方式一：使用广播系统通知"主任乘务长/乘务长请到驾驶舱，Purser to cockpit please！"主任乘务长/乘务长带好纸、笔、手表立即进入驾驶舱。乘务员停止服务，等待下一步指令。

方式二：通过内话系统通知主任乘务长/乘务长，主任乘务长/乘务长接听电话，或立即带好纸、笔、手表立即进入驾驶舱。乘务员立即停止服务并接听电话。波音飞机操作内话系统，连续按压六次呼叫客舱；空客飞机按压"EMER CALL"。

机长向主任乘务长/乘务长布置准备撤离的工作并相互确认，至少包含以下内容：

（1）迫降、撤离的方式。

（2）准备时间，含对表时间。以机载设备时间为准。

（3）确认撤离指令发出的方式。

（4）机长认为其他有必要的信息。

主任乘务长/乘务长需复述以上信息。

2.乘务长向乘务组传达准备撤离信息

主任乘务长/乘务长使用广播系统"乘务员请到前舱集合"，召集乘务员进行协调。乘务员必须带纸、笔、手表进入前舱，主任乘务长/乘务长传达机长的指示和决定，明确各号位乘务员在撤离时的分工。

3.向旅客传达准备撤离信息

乘务长向旅客广播迫降、撤离的决定。乘务员要求旅客保持镇静，完成以下安全检查：

（1）调亮客舱灯光。

（2）回收餐具和杯子。

（3）检查安全带、座椅靠背、小桌板、电视屏幕、脚踏板。

（4）取下帘子和打开遮光板。

（5）存放好机组人员和旅客的手提行李。

（6）固定厨房的设备，清理出口通道。

（7）关闭娱乐系统。

（8）检查洗手间，确保无人并锁定。

（9）检查所有出口在待用状态。

（10）要求旅客穿好衣服防寒（如适用）。

二、客舱内准备

1.救生衣演示

水上迫降要向旅客演示救生衣的使用方法，特殊旅客要进行个别介绍。检查所有旅客都能够正确穿上救生衣。夜间水上迫降,指导旅客拉下救生衣中央的电池销,以便救生衣上的定位灯入水后能工作。确保旅客了解在离开飞机时,才能对救生衣充气。

2.广播介绍应急出口位置

(1)迫降时撤离出口的指示和区域划分。

(2)提醒旅客注意,并非每一个人都将从登机舱门撤离。

(3)告知旅客两个或以上最近的出口位置。

(4)告知旅客舱门不能开启或滑梯失效时,应改换其他出口。

(5)可能的情况下将旅客集中到靠出口的位置。

3.广播示范安全姿势

乘务员向旅客演示飞机迫降时的安全姿势,对于特殊旅客应进行个别指导。

防冲击安全姿势:

(1)旅客可采取收紧下颚,双手用力抓住扶手,两脚分开用力蹬地,如图13-1所示。

(2)旅客可采取手臂交叉抓住前方椅背,收紧下颚,头放在两臂之间,两脚分开用力蹬地,全身紧迫用力,如图13-2所示。此种方式适用于肥胖、孕妇、患有高血压、身材高大的旅客。

图13-1　防冲击安全姿势(一)　　　　　　　图13-2　防冲击安全姿势(二)

(3)将双手抓住脚踝,低下头,俯下身,全身紧迫用力,如图13-3所示。

(4)对于两脚不能着地的儿童,将双手压在大腿下,手心向上,收紧下颚,低下头,俯下身,全身紧迫用力,如图13-4所示。

图13-3　防冲击安全姿势(三)　　　　　　图13-4　儿童防冲击安全姿势

(5)怀抱婴儿的旅客,将婴儿斜抱在怀里,收紧下颚,低下头,俯下身,一手抓住前方椅背或脚踝,两脚分开用力蹬地,全身紧迫用力,婴儿头部不能朝向过道,如图13-5所示。

a)   b)

图13-5 怀抱婴儿者防冲击安全姿势

乘务员示范后检查旅客的防冲击姿势。使旅客明确采取防冲击安全姿势的口令。说明飞机着陆时可能出现多次撞击,因此要保持防冲击姿势,直到飞机完全停稳。

4.广播通知旅客收取尖锐物品

(1)把取下的尖锐物品(包括贵重物品)存放在手提行李内。

(2)迫降撤离时脱掉可能损害滑梯或救生船的鞋。

(3)旅客必需品(如功能性眼镜、助听器等),取下放在侧边口袋便于取用。

(4)不要将任何物品放在前排座椅背后的口袋内。

5.选择援助者

应急撤离时援助者的任务是帮助那些需要帮助的旅客及协助乘务员做好撤离工作。

(1)选择援助者的标准:每个出口需要 1~3 名援助者以协助乘务员,首选航空公司职员,其次选择军人、警察和消防员,第三是身强力壮的志愿者。

(2)所选援助者的任务。

①维持秩序。

②搬动救生筏。

③打开出口和疏散旅客:使用语言及手势进行指导,指示援助者对出口外的火、水或障碍物状况进行确认;打开可以使用的出口;使用人工充气手柄。

④对特殊旅客的援助。

(3)援助者的分工,见表13-4。

援 助 者 的 分 工

表13-4

出口位置	援助者	陆地迫降	水上迫降
地板高度出口	援助者1	在出口打开时挡住其他旅客,先下飞机,帮助滑下来的旅客	在出口打开时挡住其他旅客
	援助者2	当乘务员不能开门时协助打开舱门;先下飞机,帮助滑下来的旅客	当乘务员不能开门时协助打开舱门
	援助者3	撤离后带领旅客前往安全点集中,远离飞机;将受伤的乘务员带下飞机	将受伤的乘务员带下飞机
	所有援助者	在远离飞机的安全地带大声呼喊旅客向这边靠拢;照顾受伤的旅客,防止其他旅客返回客舱;确认援助者已明确任务	迫降后协助乘务员释放/断开救生船;确认援助者已明确任务

续上表

出口位置	援助者	陆 地 迫 降	水 上 迫 降
非地板高度出口	援助者1	在出口打开时挡住其他旅客、带领旅客前往安全点集合、远离飞机、将受伤的乘务员带下飞机	在出口打开时挡住其他旅客、将受伤的乘务员带下飞机
	援助者2	当出口打开后,挂好逃离绳、先下飞机帮助滑下来的旅客	当出口打开后,挂好逃离绳
	援助者3	打开出口,指挥旅客坐滑下飞机	打开出口,指挥撤离并指导旅客救生衣充气
	所有援助者	当出口不能使用时指挥旅客从其他出口撤离;在远离飞机的安全地带大声呼喊旅客向这边靠拢;照顾受伤的旅客,防止其他旅客返回客舱;确认援助者已明确任务	当出口不能使用时指挥旅客从其他出口撤离;迫降后协助乘务员释放/断开救生船;确认援助者已明确任务

有头等舱/公务舱的机型可选头等舱/公务舱第二排靠过道的旅客履行援助者1的职责,援助者需自愿。向援助者交代任务时,语言要简单、明了,不要使用专业术语,并确认援助者已清楚自己的任务。

6.指示辅助动物撤离

为了防止导盲犬、助听犬撞击,用枕头和毛毯在隔板区或在旅客前面的座位底下铺上垫子;建议旅客卸下导盲犬、助听犬的挽具并套上嘴套;应当由主人来负责牵住动物,由乘务员及援助者协助撤离。

7.调整旅客座位

按强弱互助的原则调整旅客座位,援助者安排在出口处或在需要帮助的旅客旁边就座。

特殊旅客安排在应急出口的前一排或后一排中间的位置。同一排不能有两名需要帮助的旅客。有可能的话,尽量安排一家人坐在一起。

三、准备完成后确认、报告

主任乘务长/乘务长通过广播系统发出最后确认的指令"最后确认! Final check!"

(1)确认安全检查内容:

①所有行李箱关闭。

②所有通道和出口畅通。

③固定好客舱和厨房内的浮动物品。

④检查洗手间,确保无人并锁定。

⑤关断厨房电源。

⑥调暗灯光。

(2)确认出口滑梯处于预位状态。

(3)水上迫降挂好 SK 包(如适用)。

(4)乘务员自身确认内容:

①自身尖锐物品已取下。

②在机场撤离,只需携带舱单。

③在野外迫降撤离,除带上必要的文件、资料和救生设备,尽可能地多带饮料、食品、保暖物品等;所带物品要存放在安全、易拿取的位置。

完成上述检查确认后，乘务员坐在指定的位置，系好安全带，向主任乘务长/乘务长报告：前舱乘务员面对面报告，后舱乘务员使用内话报告。主任乘务长/乘务长坐在指定的位置，系好安全带，向机长报告。

四、发出系好安全带和防撞口令

1.乘务员指令

波音飞机离地（水）约150m（500ft）、空客飞机离地（水）约600m（2000ft）时，驾驶舱通知客舱"飞机即将接地（水）！ Prepare for landing（Ditching）！"客舱乘务员发出系好安全带的指令"系好安全带！ Fasten your seat belts！"

波音飞机离地（水）约15m（50ft）、空客飞机离地（水）约150m（500ft）时，驾驶舱向客舱发出"抱紧，防撞！ Brace for impact！"的指令。如果广播系统失效，驾驶舱循环操作六次"系好安全带"信号灯。乘务员大声命令旅客"抱紧，防撞！ Brace for impact！"

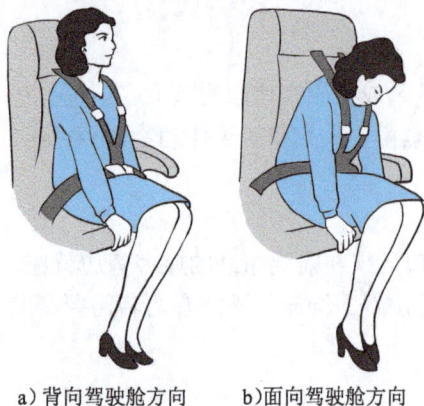

a）背向驾驶舱方向　　b）面向驾驶舱方向

图13-6　乘务员防冲击姿势

2.乘务员做好自身防冲击安全姿势

（1）背向驾驶舱的乘务员：系好安全带，双手抓住座椅或双手手心向上压在大腿下，收紧下颚，头紧靠头枕，两脚分开用力蹬地，全身紧迫用力，如图13-6a）所示。当肩带自动锁紧装置失效时，仍保持上述防冲击安全姿势。

（2）面向驾驶舱的乘务员：系好安全带，双手抓住座椅或双手手心向上压在大腿下，收紧下颚，两脚分开用力蹬地，全身紧迫用力，如图13-6b）所示。当肩带自动锁紧装置失效时，可俯下身，头低下放在两膝之间，两手抓住脚踝，两脚分开用力蹬地。

五、撤离飞机

1.正常撤离

（1）飞机完全停稳，乘务员发出"不要动！ Remain seated！"空客机组同时发出"机组注意！各就各位！ Attention crew！ At stations！"

（2）机长通过广播系统发出"撤离！撤离！ Evacuate！ Evacuate！"的指令。空客飞机先用广播系统发出撤离指令，再使用"EVAC CMD"发布撤离命令。

（3）乘务员打开舱门后发出"解开安全带！不要带行李，脱掉（高跟）鞋！ Open your seat belts！ No baggage，no shoes！"

（4）全体人员实施撤离。如果广播系统失效时，波音飞行机组通过内话系统或当面发布撤离指令，空客飞行机组通过内话系统并使用"EVAC CMD"或当面发布撤离指令。

2.非正常撤离

飞机停稳后约30s，如果飞行机组未能发布指令，主任乘务长/乘务长应立即联络飞行机组。若出现下列任何一种情况，并且飞机停稳后立即联络驾驶舱，联络飞行机组无反应，乘务员可自行组织撤离。

（1）结构性损伤，机体破损。
（2）威胁性起火或烟雾。
（3）水上迫降时客舱进水。
（4）燃油漏出。

六、有充分时间准备的陆地、水上迫降广播词

乘务组依据实际情况做以下广播。

1.向旅客广播迫降撤离的决定

女士们、先生们：

我是本架飞机的主任乘务长/乘务长×××,(如同机长所述)本架飞机由于×××原因,机长决定紧急×××迫降(水上迫降),撤离时不要携带任何物品,保持安静,开始进行下列准备。

Ladies and Gentlemen：

Your attention please：This is your cabin chief. It is necessary for us to make an emergency landing（ditching）. Don't take any baggage. Keep calm and follow the instructions of the crew.

2.示范救生衣（Life vest）

取出您座椅下面的救生衣,经头部穿好,带子扣好,系紧。

Take out your life vest under your seat. Slip it over your head. Fasten the buckles and pull the straps tight around your waist.

离开飞机拉下救生衣两侧的红色把手充气,但在客舱内不要充气。充气不足时,用人工充气管吹气。

To inflate，pull the red handle at both sides before leaving the aircraft. Do not inflate the life vest in the cabin. To further inflate it，blow into the tube by mouth.

（在夜间)最后请拔掉电池销。救生衣充气后,请您拉开救生衣前部的红色插销,遇水后救生衣上的海上照明灯将会自动照明。

（NIGHT）Finally，pull out the battery pin. All passengers are requested to pull out the red seal of the sea-light in front of the inflated life vest. The light will shine automatically in water.

3.出口介绍（Emergency exit）

现在乘务员将告诉您最近的出口位置,请确认至少两个以上的出口。本架飞机的应急出口在乘务员所指的方向。

Now the flight attendants are showing the exits nearest to you. Please locate at least two exits by following flight attendants' direction.

4.示范安全姿势（Brace position）

当您听到"抱紧防撞"的口令请自选一种姿势。跟我做。

When you hear "BRACE FOR IMPACT"，please choice one. Follow me.

第一种:收紧下颌,双手用力抓住扶手,两脚分开用力蹬地。

First，Keep the upper part of your body upright and strained，grasp the arms of your seat with your two hands firmly, step on the floor with your feet firmly.

第二种：手臂伸直交叉抓住椅背，低下头，两脚分开用力蹬地。

Second, Stretch both arms and cross them on the back of the seat in front of you, step on the floor with your feet firmly.

5. 收取尖锐物品（Sharp objects）

取下随身尖锐物品，松开领口、领带和围巾，脱下高跟鞋。

Please loosen your collars, tie and scarf. remove your high-heeled shoes.

6. 援助者（Assistor）

现在我们需要航空公司雇员，军人，消防人员的帮助，请与乘务员联系。

If you work in airlines, military, firehouse, please contact us.

第三节　撤　离　飞　机

一、撤离时的程序

1. 撤离时的判断

（1）需要撤离时，听到撤离口令时，立即执行撤离程序。

（2）不需要撤离时，乘务员发出口令"坐在座位上，保持镇静！ Stay in your seat。Don't panic！"并安抚旅客。

2. 出口的打开

1）确认出口状况

（1）陆地撤离观察出口外的状况（无烟，无火，无障碍）：通过观察窗，观察机外的状况，确认出口是否有效、可用。注意机体结构性损伤、起火、障碍物（如金属残片）、机门外的燃油都会导致出口失效。由于浓烟等因素无法对状况进行评估时，不要冒险打开这个出口。

（2）水上迫降观察出口外的状况（无烟，无火，出口高出水面）：通过观察窗，观察机外的状况，确认出口是否有效、可用；注意机体结构性损伤、起火的地方，观察出口门槛是否低于水面或受到阻碍。对迫降的情况进行判断：如飞机可能会很快下沉时，应迅速将救生船与飞机脱开。

2）选择合适的出口

客舱乘务员根据机长指示和周围环境以及飞机着陆/水的姿态，决定哪些出口可以使用，哪些出口不可以使用。

（1）正常陆地迫降：所有出口均可使用。

（2）前轮和主轮全部折断：机翼出口不能使用，因发动机触地，可能引起火灾。

（3）前轮折断：所有出口均可使用，但要考虑后舱门离地面高度，滑梯长度。

（4）飞机尾部拖地：所有出口均可使用，但要考虑前机门离地面高度，滑梯长度。

（5）飞机侧趴，主轮一侧折断：靠地面一侧的机翼出口不能使用，因发动机触地可能引起火灾。

（6）单滑道滑梯、不能执行延伸跨水的飞机水上迫降时,应先释放滑梯后再指挥旅客撤离。可以执行延伸跨水的飞机水上迫降时翼上出口可以使用,但在地板高度出口救生筏都能使用时,建议尽量使用地板高度出口。

3）打开出口

（1）该出口可以使用时:

①判断飞机完全停稳,确认或打开应急灯,迅速打开出口。

②拉动人工充气手柄,确认滑梯、救生船可以使用。

③抓住辅助手柄,站在指定的位置,指挥旅客撤离。

（2）该出口不能使用时:

①指挥旅客从其他安全出口撤离。

②配有滑梯/救生船的飞机,当某个舱门不能使用时,可将该舱门的滑梯/救生船转移到可用出口进行释放。

3.指挥旅客撤离

（1）撤离口令详见表13-5。

指挥旅客撤离的口令

表13-5

撤离方式	准备情况	地板高度出口口令	非地板高度出口口令
陆地撤离 (B737-800/A320)	有充分时间准备/有限时间准备/无准备	"解开安全带! 不要带行李,脱掉高跟鞋! Open your seat belts ! No baggage, No shoes ! " "到这边来,跳、坐! Come here, jump and sit ! "	"解开安全带! 不要带行李,脱掉高跟鞋! Open your seat belts ! No baggage, No shoes ! " "到这边来,坐滑! Come here, Sit and slide ! "
水上撤离 (B737-800/A320)	有充分时间准备/有限时间准备	"解开安全带! 不要带行李,脱掉鞋! Open your seat belts ! No baggage, No shoes ! " "到这边来,充气、跳! Come here, inflate and jump ! "	"解开安全带! 不要带行李,脱掉鞋! Open your seat belts ! No baggage, No baggage, No shoes ! " "到这边来,充气、跳! Come here, inflate and jump ! "
	无准备	"解开安全带! 不要带行李,脱掉高跟鞋! Open your seat belts ! No baggage, No shoes ! " "穿上座位下面的救生衣,到这边来,充气、跳! Put on your life vest under your seat, Come here, Inflate and jump ! "	
当撤离时,自己负责的门不能使用	所有机型	"此门不通,到那边去! No exit, Go that way ! "	
无须撤离	所有机型	"坐在座位上。保持镇静! Stay in your seat. Don't panic ! "	
旅客在充满烟雾的客舱内撤离	所有机型	"低下身,隔着衣服呼吸! Stay down, breathe through your clothes ! "	

（2）使用充气不足的滑梯撤离。

当滑梯充气不足,又有必要使用该出口撤离时,乘务员派4名援助者先下飞机,在滑梯底部相对站立,抓住滑梯两侧把手;与飞机成45°角,拉紧滑梯;指挥旅客"坐!滑! Sit, Slide！"指挥其他的援助者在滑梯的底部协助旅客撤离。

4.检查客舱、驾驶舱

（1）救助受伤人员撤离飞机。使用以下方法救助受伤人员撤离飞机。

①毛毯法：首选运送法，把1块毛毯放在座椅靠背之上和不能行走的旅客的座椅底部。由2位援助者拉起毛毯的角，把受伤旅客抬到出口处。

②拖行法：把座椅向后倾，并让受伤旅客向前倾，使得援助者能够从其背后靠近。然后，援助者的两臂从背后穿过受伤旅客的腋下，用右手握住受伤旅客的左手腕以及用左手握住受伤旅客的右手腕。在紧握住的情况下，抬起受伤旅客的身体，将受伤旅客拖到出口处。

将受伤旅客拖至出口后，乘务员派2名援助者到滑梯底部；对于具有上肢力量的受伤旅客，让其在双臂伸出的情况下坐在滑梯的顶部；对于没有足够的上肢力量的受伤旅客，把受伤旅客放置在滑梯的顶部，让援助者双腿叉开坐在受伤旅客后面，以随同其一起滑下。

（2）确认客舱无滞留人员。乘务员大声呼喊："还有人吗？请回答！ Anybody else？"

（3）救生船与飞机分离。水上迫降割断系留绳，使救生船与飞机分离。

（4）离开飞机到安全的区域集合。

①陆地撤离：离开飞机至少100 m的风上侧。

②水上撤离：离开飞机至少150 m的风下侧，避开水面油污和飞机下沉的漩涡区。

5.撤离时限要求

（1）陆地撤离时应满足包括机组成员在内的满载量飞机乘员在90s（含）以内撤离飞机。

（2）飞机在水面漂浮的时间最长不会超过60min，一般情况为20min，最少13min，机上人员必须在13min内撤离飞机。

二、撤离后的工作

1.陆地撤离后的工作

（1）指挥旅客远离飞机100 m以上的风上侧躲避。

（2）清点幸存者人数。

（3）留在飞机附近的安全区域，以便等待救援。

2.水上迫降后的工作和在救生船上的注意事项

（1）救生船应撤离到飞机150 m以上的风下侧，且避开油污。

（2）每个船上分别安排有机组成员进行指挥。

（3）援救落水者，清点人数。

（4）抛出海锚。

（5）捞起SK包，清理船内积水，修补漏洞，支好顶篷。

（6）使用求救设备。

（7）将船以7~8m为间隔连在一起。

（8）避免尖锐物品刺破船体。

（9）确保每个人都将救生衣穿在所有衣服外面并充气。

（10）旅客均匀地分布在船内。

（11）在船内移动前，应先告诉周围的旅客，然后再采取爬行的方式移动，不要站立行走。

✈ 三、未做充分准备的应急撤离

有限时间准备的陆地迫降、水上迫降、撤离程序应根据实际情况按照有充分时间准备的陆地迫降、水上迫降、撤离程序实施准备工作，直至飞行机组发布防撞指令停止客舱撤离准备工作，客舱乘务员立即坐在指定位置，系好安全带，发布防撞口令。

无准备的陆地撤离、水上迫降通常发生在飞机起飞或着陆时，这种意料之外的紧急着陆可能发生在地面或水上。

（1）乘务员在出现第一个撞击迹象时应做到以下要求：

①当飞机姿态不正常时，乘务员应观察飞机内外部情况并迅速做出判断。

②发布"紧急情况，低头俯身！ Emergency，bend over heads down ！ "口令。

③做好自身防冲击安全姿势。

④飞机完全停稳，乘务员发出"不要动！ Remain seated ！ "指令。

（2）如需撤离，空客机长用广播系统发出"撤离！ 撤离！ Evacuate ！ Evacuate ！ "指令并使用 EVAC CMD；波音机长通过广播系统发出"撤离！ 撤离！ Evacuate ！ Evacuate ！ "指令。

乘务员打开舱门后发出"解开安全带！ 不要带行李，脱掉（高跟）鞋！ Open your seat belts ！ No baggage，no shoes ！ "指令。空客机组同时发出"机组注意！ 各就各位！ Attention crew ！ At stations ！ "指令。

全体人员实施撤离。水上迫降前，穿好救生衣。

（3）如不需撤离，飞行机组发出"全体人员，原位坐好！ Cabin crew and passengers remain seated ！ "指令。乘务员发布"坐在座位上，解开安全带，保持镇静！ Stay in your seat. Open seat belt，don't panic ！ "指令。

（4）如飞机出现中断起飞，且冲出（偏离）跑道的过程中没有出现撞击现象，在飞机停稳后，乘务员应观察飞机内外部情况，有异常情况及时报告飞行机组。无异常情况，乘务员应等待飞行机组指令。如果飞行机组没有及时联系客舱机组，客舱机组要主动联系飞行机组，维护客舱秩序。主任乘务长/乘务长应做好撤离的预案，原则上需要尽快疏散旅客到安全地点。

✈ 四、预防性客舱落地准备工作

客舱释压后，客舱乘务员要做好预防性落地客舱准备工作。

预防性落地通常指飞机在非正常情况下（如单发飞行、增压系统故障），当机长不确定是否需要实施应急撤离时，客舱乘务员可根据预防性落地程序做好必要的撤离准备工作。

1.信息传达

（1）乘务组从驾驶舱获得关于飞机的状况、降落地点、落地时间、明确预防性落地不通知旅客、机长认为其他必要信息和联络信号等信息。

（2）主任乘务长/乘务长可通过内话或当面传达机长的指示和相关信息，明确各号位分工。

（3）向旅客广播航班返航、改航、备降的决定（如需要）。

2.客舱安全检查

飞机下降时完成客舱安全检查工作。

（1）回收餐具和杯子。

（2）检查安全带、座椅靠背、小桌板、电视屏幕、脚踏板。

（3）打开遮光板。

（4）存放好机组和旅客手提行李。

（5）固定厨房的设备，清理出口通道。

（6）关闭无关电源及娱乐系统。

（7）检查洗手间，确保无人并锁定。

（8）检查所有出口确认在待用状态。

（9）调整特殊旅客的座位（如适用）。

（10）再次评估出口座位旅客。

（11）乘务员取下自身尖锐物品。

主任乘务长/乘务长确认客舱安全检查工作完成，客舱乘务员坐在指定的位置，系好安全带，用内话向机长报告。

第四节 野 外 生 存

一、野外求生的基本原则

将幸存者分组，每组在25人以内，指定领队带领组员行动，领队必须清楚自己的组有多少组员。

（1）留在飞机附近的安全区域。

（2）为受伤的组员提供必要的急救。

（3）把组员组织起来集中管理。

（4）建立临时掩体，不到万不得已，不要回到飞机上。

（5）使用所有可利用的应急设备，如救生包里的物品。

（6）启动应急发报机。

（7）不要饮用未经净化的水，可以收集露水饮用。

（8）记日志。

二、陆地求生

当陆地撤离发生在偏僻和荒凉地区时，在救援人员未赶到之前，幸存者应做陆地求生的准备。

1.建立避难所

可选择山区和岩岸边的山洞、凸出的大岩下边、树和树枝及雪等违天然避难所。也可选择完整的机身、机翼、尾翼、滑梯、机舱内的塑料板及绝缘板等作为飞机避难所。

搭建避难所时要注意:

(1)山洞作为避难所时,要记住里面可能会很潮湿,同时可能会有其他生物存在。

(2)冬季时,不宜依靠机身搭建避难所,因金属散热较快。

(3)避免在低洼潮湿的溪谷处修建避难所,防止被洪水冲走。

(4)枯树不宜修建避难所。

(5)在茂密的草木丛中不宜修建避难所。

(6)尽可能利用天然场所和手边的材料来加固和扩充掩体。

(7)身处空旷地带时,利用装备与飞机残骸,如:挖坑,也可利用天然洼地,用浮土加固加高四周作掩体。

(8)用石块、残骸、树枝、毛毯、滑梯布等制成防风墙。

(9)掩体除可防风、防雨外还应能遮阳。

(10)如有伤势严重不便移动的伤者,就地建简便掩体。

(11)不要将山顶或山腰作为避难之所,地势低的地方更易建掩体设施。

2. 饮水

在应急生存中,水是人生存的必需品,比食物更重要。野外可能选择的水源包括:当从飞机上撤离下来时,应尽可能地带水、饮料;附近的河流、湖泊、池塘、山泉等;沙丘之间凹处进行挖掘可能有水;干枯河床下面常常有水;雨水和露水,热带丛林的植物也富含水分;寒冷地带,融化并净化冰和雪的水;鸟群经常在水坑上飞翔;顺着动物的足迹和粪便等找水源,沙漠和干旱地区也是如此。

饮水时要注意:

(1)不干净的水至少煮沸5min后方可饮用。

(2)河流、湖泊、池塘、山泉等水源,需消毒后饮用。

(3)不要直接食用冰和雪解渴,因为冰和雪会降低体温或造成更严重的脱水。

(4)丛林中植物的乳汁状的汁液不能喝,可能有毒。

(5)沙漠中的湖泊和水坑的水,如含有盐碱味,不要饮用。

(6)减少活动,避免体液损失。

(7)从飞机上带下来的水和应急水应放在最后饮用。

(8)合理分配用水量。

(9)不要饮用尿液,那样会觉得恶心,并且对身体也有害。

3. 食品

在野外生存中,食物与水相比并不是最重要的。一个幸存者不吃东西,光靠水和本身脂肪也能生存一段时间,当需要吃食物时,可以从周围的环境中获取。

在不影响撤离速度的情况下,可从飞机上带下来可用食品,也可从周围环境中获取一些补充食物。如捕捉昆虫、猎捕野兽和鸟类、打捞鱼类、采摘野生藤本植物等;还可食用飞机货舱内的可食用货物。

进食时要注意:

(1)应急食品要放在最迫不得已时再食用。

(2)昆虫除蝗虫外,都可生吃,但烧烤后味道更好,吃时要去掉胸腔,翅膀和腿。但不要食用蚂蚁、蝎子、蜘蛛、苍蝇、红蚁、虱子和蚊子。

（3）食用鸟类及兽肉之前，应先放血，去皮取内脏，然后经烧烤后食用，在取内脏时不要碰破胆囊，并将多余的肉储存。

（4）食用淡水鱼一定要先煮熟。

（5）野生藤本植物作为最后的求生食品时，一定要熟悉其属性。要在食用前要先分辨一下是否有毒，有毒的植物可能会有下列现象：触摸后有刺痒感及红肿，折断的树枝叶上有乳汁样的汁液流出，嚼在嘴中有烧灼感、辛辣苦涩或滑腻味。但不是所有有毒的植物都有怪味，有时是香甜味，如咀嚼8h后无特殊感觉，就可放心食用。

4.取火

火是野外生存的基本需要之一。它可以取暖、做饭、烘干衣服，防止野兽的袭击和用作联络信号。把柴火分开烧，这样可以有足够的氧气支持燃烧。几个小火堆比一个大火堆能提供更多的热量。

1）生火的必备条件

生火的一般顺序是：火花→引火物→燃料。火花源包括：火柴、抽烟用的打火机、火石和小件钢制品、放大镜、电瓶及信号弹，信号弹是最佳火种，但是应作为最后的手段使用；蓄电池不要在飞机附近使用。

作为引火物的材料应细些，保持干燥和高度易燃。可使用棉绒、纸绒、脱脂棉、蘸过汽油的抹布、干枯的草和毛状植物、鸟的羽绒以及鸟巢作为引火物。

凡是可以燃烧的东西都可以作为燃料，并可以混合在一起使用。在准备燃料时一定要尽可能地使之充足够用。包括：干燥的树枝、枯枝、灌木、捆成束的干草、干燥的动物粪便、动物脂肪、地面裸露的煤块、飞机上的汽油和润滑油。

2）火场的设置

火场最好设置在沙土地和坚硬的岩石上。如要在丛林中生火，要尽可能地选择在林中的空地上，同时要清除周围地面上的一切可燃物，如树枝、树叶、枯草等，还要在近处准备好水、沙子或干土，以防引起森林失火。如果是在雪地、湿地或冰面上生火，可先用木头或石块搭一个生火的平台；作为取暖用的火，可利用天然的沟坎，或先用圆木垒成墙。

3）成功取火的条件

（1）经常保持足够的火花源并使其始终干燥。

（2）要为第二天准备足够的引柴和燃料，并用干燥的东西将其盖好。

（3）点火时火种应在引火堆的下风向。

（4）生火取暖，可以利用反光材料，增强热效应。

5.陆地生存要点

（1）充分休息，保存体力，每晚应睡7~8h。

（2）保持避难所的清洁，脏物应存放在离住处较远的地方。

（3）尽可能地保持自身的清洁，以使自身处于良好的精神状态下。

（4）沙漠中生存应尽可能地躲避太阳辐射，以减少体内水分的蒸发，寻找水源和食物的工作最好在傍晚、清晨或夜间进行；在沙漠区域，白天的温度可能高达38℃以上，晚上降至0℃以下。

(5)丛林地带生存应避免蚊虫叮咬,在阴冷的天气里,尽可能地保持身体干燥和温暖。

(6)在身体条件允许的情况下,适当锻炼身体,但不要超量。

(7)除了必须转移到安全干燥地区以外,幸存者应留在遇险地区附近等待救援。

(8)人员要集中,避免走散,随时清点人数。

三、水上求生

海上缺乏参照物,难辨方向,不易发现目标,生存人员很难判断所处的位置。海面上往往风大浪高,平均风力3~4级,大风时可达10级以上。缺乏淡水水源,而且海上水温低,表面平均水温不超过20℃,有13%的水表温度在4℃以下。要特别注意海洋生物(如鲨鱼)对人可能造成的伤害。

1.水中保暖

在冷水中尽量减少活动,保存体力,减少热量的散发。减少冷水与人体的接触面,保持体温,以减少热量的损失。不要在水中脱弃衣服鞋袜。

(1)几人为小组的聚集保暖法:几人组成一个面向中心圆圈,手臂相搭,身体的侧面相接触,紧紧地围成一个圈。

(2)单人保暖休息法:双腿向腹部弯曲,两手交叉抱住双膝于胸前。

身着薄衣的成人在10℃的水温中,不穿救生衣踩水或穿救生衣游泳约生存2h,穿救生衣用保护姿势约生存4h。

2.饮水

淡水是生存中至关重要的必需品,有了水,才能保证身体的正常代谢,没有水,人只能活几天。所以,幸存者感到干渴时应尽量饮水以保证身体的正常需要。

海水是海上生存者面对最大的水源,然而海水是不能直接饮用的,就是加入部分淡水也是不能饮用的。如果饮用就会增加脱水,对人体组织具有破坏作用,会引起许多器官和系统的严重损伤。因此在海上生存时是禁止直接饮用海水的。

1)淡水水源

在船上生存时,如何确保淡水供应是一个大问题,解决这问题的方法有很多种:

(1)离机前,尽量收集机上饮料带到船上。

(2)收集雨水和露水。利用船上的设备储存雨水,收集金属表面的露水。

(3)北半球海域冰山是淡水的来源,但靠近冰山要很小心,因为冰山翻转十分危险。

(4)利用海水淡化剂淡化海水使其成为可饮用淡水。

2)饮水时的注意事项

(1)先使用已有的淡水,再进行海水的淡化。

(2)除非特别渴,否则在救生船上的第一个24h不要喝水(婴儿和重伤员可适当分配用水);以后的日子,如果水量有限,成人每天喝2000~2500mL、儿童每天喝60~80mL。当雨水充足或每天喝上述水量不能满足需要时,每天水量可以适当增加。

(3)当淡水很少时,在下雨前只能用水湿润嘴和含一点水。

(4)为减少渴的欲望,可在嘴中含一个纽扣或口香糖,增加唾液。

(5)不能抽烟,不能饮酒及咖啡因制品,避免体内水分的散发,酒可以留下用于外伤消毒止痛。尽量少活动，多休息，减少体内水分的消耗。

3.食品

离开飞机前应尽可能地收集机上的食品以备带上船用。可以打捞飞机断裂后货舱内散落在外漂在浮水面上的可食用的货物，也可捕获海里的鱼类及海面上飞着的鸟作为食物。

进食时应注意：水量多时，先吃蛋白食物；水量少时，吃碳水化合物。鱼类是海上生存最大的食物来源，但不熟悉的鱼类不要食用。

4.发现陆地

1)确定陆地海岛的位置

在晴朗的天空，远处有积云或其他云集聚在那里，积云下面可能有陆地或岛屿。黎明鸟群飞出的方向，黄昏鸟群飞回的方向，可能是陆地或岛屿。通常情况下，白天风吹向陆地，晚上风吹向海域。在热带海域，天空或云底的淡绿色，通常是由珊瑚礁或暗礁所反射形成的。漂浮的树木或植物意味着附近有陆地。

注意不要被海市蜃楼所迷惑，在船上改变坐位高度时，海市蜃楼不是消失便是改变形状。

2)登陆

登陆是海洋生存的最后环节，要想顺利成功地实施登陆，必须注意以下几点：

(1)选择最佳登陆点，尽力向其靠近。

(2)穿好救生衣并充好气。

(3)穿好所有的衣服鞋帽。

(4)靠岸时，尽量放长海锚绳，降低船向登岸点的接近速度，保证安全。

(5)救生船在海滩上着陆前不能爬出救生船。

(6)救生船一旦登陆，迅速下船并立即设法将船拖上海滩。

3)获救

当救援船驶到救生船旁边时，不要认为可以很容易地登上救援船。切记如果已经在海上等了好几个小时，身体已经很虚弱了，一定要静坐船上等待救援人员来救，不要急于离开救生船。当直升机来救时，一个吊篮只能容纳一个人。

5.水上求生要点

1)如果生存者在水里

让生存者互相靠近，集中身体的热量。尽可能地把身体露出水面。把四肢靠近躯干，保持胎儿的体态。减少在水中的活动。使用救生绳把生存者从水里拉到救生船上。

2)如果生存者在救生船内

(1)尽量降低身体重心，以防救生船倾覆。把救生船连接在一起，防止救生船分散而失去联系。

(2)救生船之间的距离取决于海上的状况，只有在相对平静的海上，才能把救生船直接系在一起；在有浪的海面上，为了防止救生船可能的碰撞，用尽可能长的绳子把救生船连接在一起；当救生船离开了有油污的水面，从第一条或最后一条救生船上抛下海锚。

(3)在救生船内不准吸烟；要支起顶篷。

3)可以使用救生船顶篷收集雨水并遮挡阳光

当救生船顶篷用作收集雨水时,请等到雨水将顶篷上的盐渍冲洗干净后再开始;把中间的支撑杆移去,在取水口下部放一个容器(舀水桶、塑料水瓶或任何盛水的物品)接水;露水也可以通过救生船顶篷来收集到容器中。

当救生船顶篷用作遮挡太阳时,可以把顶篷卷上去,打开两扇窗或打开顶篷的两端通风。

4)检查浮力管的正常充气

确保浮力管牢固但不紧绷,当烈日当空时,需要排放管内的空气,因为,太阳的照射会使浮力管内的空气膨胀,但是,在阴天或日落之后,需要用手动充气泵往里充气。

确保至少一个浮力管处于充气状态,两个浮力管是完全独立开的,如果有一个已损坏到不能修补,则要让另一个完全充气;两个充气管中任何一个都可以承受超载的人数,只是在水中,救生船吃水要深一些;上层浮力管无法充气,则不能撑起顶篷。

5)经常检查救生船是否漏水

根据救生包内的要求修补漏处。尽可能保持救生船内干燥,可以用水桶将水舀出,或用救生包内的海绵将救生船内的水吸干。

四、丛林求生

由于丛林里有丰富的食物和水源,因此丛林求生是最容易的,这里最大的危险是惊慌失措和由昆虫及植物引起的疾病。

为了在任何空地带都能显示出对比色彩,需要带上救生衣。

(1)卸下并带上所有滑梯救生船。

(2)最好在空旷的地方将滑梯/救生船展开,架好帐篷,作为庇护所。

(3)启动应急发报机。

(4)熟悉救生包里的物品:取出发射信号设备,其余物品留在储存袋里到实际需用时再取出。当发现搜救的人员设备(如飞机、直升机、远方车马人员等)时,白天使用烟雾信号和反光镜,夜间使用火炬或信号弹。放烟雾信号和火炬时一定要在下风侧。

五、极地/冬季求生

当处在任何低温强风和冰雪覆盖的地区于不同季节时,都必须应用冬季求生原则。

(1)携带救生衣作御寒之用。

(2)卸下并带上所有滑梯/救生船。

(3)滑梯/救生船应充气、架设好作为掩体,并尽快让旅客进入滑梯/救生船避寒。

(4)启动应急发报机。

(5)在可能的条件下收集飞机上的枕头和毛毯分配给求生者,让求生者尽量靠近坐好以保存体温。

(6)熟悉救生包里的物品:

①取出信号发射设备。

②其余物件留在储存袋里等到实际需用时再取出。

(7)经常地指挥旅客作温和的运动,例如坐着屈伸腿部,运动手指和脚趾等。

(8)避免喝酒类饮料,因有可能促进体温散发的危险。

（9）必须经常放进一些新鲜空气到掩体里面,内部的二氧化碳含量增高会造成危害;松开过紧的衣物,保持良好的空气流通。

（10）不要让旅客们全体同时睡着,日夜都需安排人员轮流值班。

（11）发现搜救者时,白天使用烟雾信号和反光镜,夜间使用火炬和信号弹,放烟雾信号和火炬时要在下风侧。

（12）预防冻伤和低温症,避免散热过度。

六、沙漠求生

在沙漠里,最重要的是避免脱水。

（1）携带救生衣作夜间御寒用。

（2）卸下并带上所有滑梯/救生船。将滑梯/救生船充气,并将帐篷架设好作为掩体,然后尽快让旅客进入。

（3）启动应急发报机,如果缺水可以用容器收集尿液,将应急发报机底部浸泡在尿液中。

（4）熟悉救生包里的物品:取出信号发射设备,其余物件留在贮存袋里,到实际需用时再取出。

（5）将现有的饮水保留给失血、呕吐、严重腹泻等伤患人员。

（6）减少日间的活动,白天睡觉,晚上如果有足够的光线的话,可以干活。

（7）在阴凉处休息,在白天的热气中,待在庇护所里,把救生船的顶篷支起来,在沙漠区域,至少要弄开 15cm（6in）的沙,以取得较低的地面温度,避免阳光直射眼睛。

（8）穿上衣服,减少流汗。不要把头部、躯干和颈部裸露在外面。预防由于酷热引起的疾病。

（9）发现搜救者时,白天使用烟雾信号和反光镜,夜间使用火炬和信号弹,使用烟雾信号和火炬时要在下风侧。

七、信号与联络

1.联络信号

国际通用的山中求救信号是哨声或光照,每分钟六响或闪照六次,停顿一分钟后,重复一次。在救生包有哨子和手电筒。

（1）收集木柴和干草,点起一堆或几堆火,也可在火烧旺时加些湿枝叶或青草,使火堆升起大量的浓烟。

（2）穿着颜色鲜艳的衣服或戴上颜色鲜艳的帽子,如穿上救生衣;看见救援飞机时,不停挥动这些鲜艳的衣物。

（3）用树枝、石块或衣物在空地上堆砌出 SOS 或其他求救字样,每字最少长6m,也可以在雪地上踩出这些字。

（4）看见救援飞机时,引燃烟雾信号弹和使用日光反射信号。

（5）使用应急发报机及救生包内的信号设备。

（6）火在白天和夜间都可作为信号,三堆火组成的三角形信号是国际一种遇难信号。

（7）在晴朗无风的日子里或是白雪覆盖时,可用白色、黑色烟雾作为信号。三个烟柱组成的三角形也是一种国际遇难信号;蓝天为白烟,雪地、阴天为黑烟。

(8)在夜间可以利用手电筒作为信号,很远的地方可以看到国际通用的 SOS 求救信号是三次短闪,三次长闪,三次短闪。

2.空地信号联络

1)地对空求援符号

利用树丛、树叶、石头、雪等天然材料堆成各种求援符号,以吸引来自空中的救援人员的注意。国际公认的求援符号有五种。

(1)"V"字表示求援者需要帮助。

(2)"箭头"表示求援者行进的方向。

(3)"X"表示幸存者需要医疗救护。

(4)"Y"或"N"分别代表"是"或"不是"。

(5)"SOS"表示请求援助我们。

2)空对地反馈信号

航空器使用下列信号,表示已明白地面信号。

(1)昼间:摇摆机翼。

(2)夜间:开关着陆灯2次,如无此设备,则开关航行灯2次。

如果无上述信号,则表示不明白地面信号。

3.发信号时的注意事项

(1)做好发信号的一切准备,并保证其有效性。

(2)应保证铺设的信号在24h内都有效,因为信号在昼间大部分时间内都有阴影,所以铺设方向应为东西方向;其线条宽度为0.9m(3ft),长度不短于5.5m(18ft),并定时检查;所有信号的发出和铺设应在开阔地带,可能的情况下多准备几种信号。

(3)用火作为信号时,应选择离其他树较远的孤立稠密的长青,避免引起森林火灾。

(4)保护好信号材料不受冷、受潮。

(5)烟雾和反光镜是仅次于无线电的最佳联络手段。

(6)任何异常的标志和颜色之间的差异在空中都能发现。

八、辨别方向

在求生过程中,我们需要正确辨别方向以便我们能尽早撤离险境。以下介绍几种实用的辨别方向的方法。

1.影钟法

无论身处北半球或南半球,都可以用树影移动来确定方向,北半球树影以顺时针移动,南半球树影以逆时针移动。

(1)影种法一:在一块平地上,竖直放置1m长的垂直树干,注明树影所在位置,顶端用石块或树棍标出(图中a点)。15min后,再标记出树干顶端在地面上新的投影(图中b点)如图13-7a)所示。两点间的连线会给出你东西方向——首先标出的是西。南北方向与连线垂直。这种方法适用于任何经纬度地区和一天中的任何时间,但必须有阳光。用它可以检测你移动的方向。

（2）影种法二：如果有时间，还可以用另一种更精确的方法。在早晨标出第一个树影顶点，以树干中心为圆心，以树影长的半径作弧，随着午时的来临，树影会逐渐缩短移动，到了下午，树影又会逐渐变长，标记出树影顶点与弧点的交点，弧上这两点间的连线会提供准确的东西方向——早晨树影顶点为西，如图13-7b）所示。

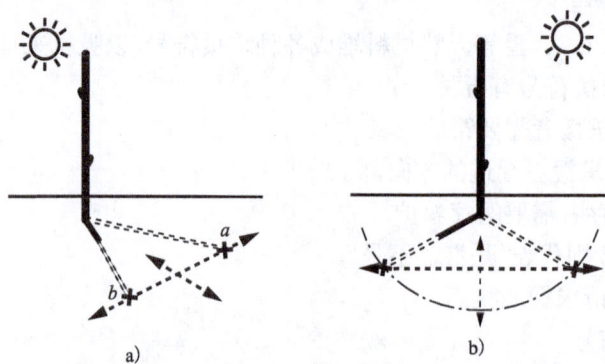

图13-7　影钟法

2.手表法

传统的手表有时钟和分钟，可用来确定方向，前提是它表示的是确切的当地时间，即没有经过夏时制调整，也不是统一的跨时区标准时间。越远离赤道地区，这种方法会越可靠。

（1）北半球：将表水平放置，时针指向太阳，时针与12点刻度之间的夹角平分线所指为南北方向，如图13-8a）所示。

（2）南半球：将表水平放置，将12点刻度指向太阳，12点刻度与时针指向间的夹角平分线所指为南北方向，如图13-8b）所示。

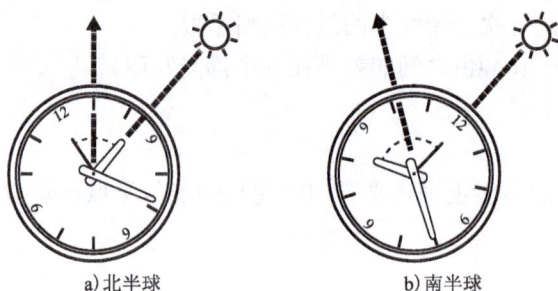

a）北半球　　　　　　　　　b）南半球

图13-8　钟表法

3. 简易指南针

一截铁丝（缝衣针即可）以同一方向反复与丝绸摩擦，会产生磁性，悬挂起来可以指示北极，如图13-9所示。但磁性不会很强，隔段时间需要重新摩擦，增加磁性。

如果有一块磁石，会比用丝绸更有效。注意沿同一方向将铁针不断与磁石摩擦。

用一根绳将磁针悬挂起来，利于平衡。但绳线不要用有扭结或绞缠。

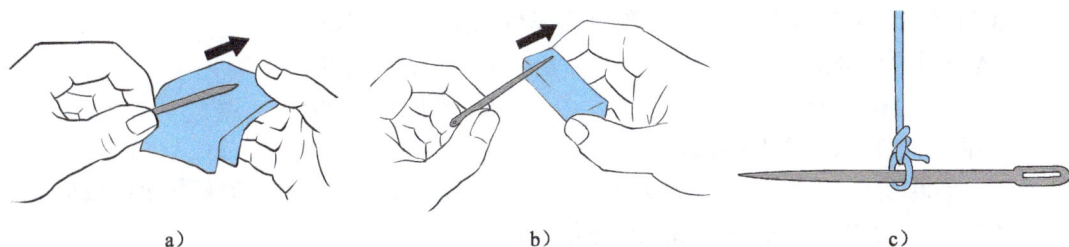

a)   b)   c)

图13-9 简易指南针

4.星座法

利用星星辨出北方:北斗七星的天璇、天枢总与北极星排成一线。北极星显示正北方向,如图13-10所示。

利用星星辨出南方:在南十字座中央画一垂线,延长其长度3倍,在线末梢偏左的一侧就是南方;可利用指极星和波江座来帮助定位(图13-11)。

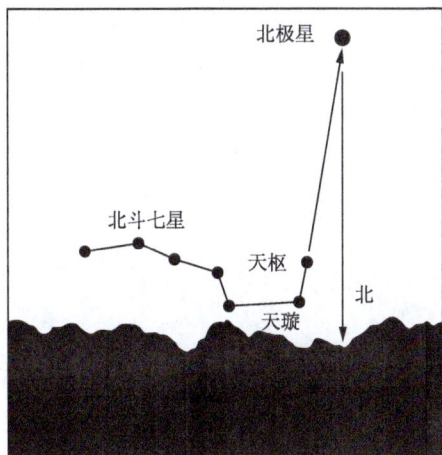

图13-10 利用星座辨出北方

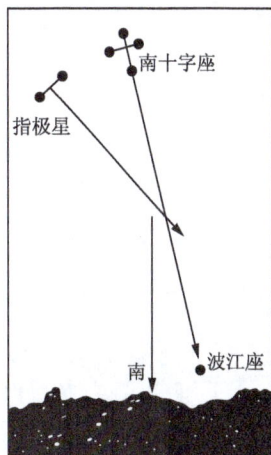

图13-11 利用星座辨出南方

练 习 题

1. 选择题

(1)在紧急撤离的准备工作中,挑选援助者可选择的对象是(   )。

    A. 其他航空公司的雇员   B. 警察消防人员

    C. 乘坐飞机的机组人员   D. 以上均正确

(2)婴儿的防冲撞姿势,不正确的是(   )。

    A. 用衣服或毛毯包好斜抱在怀中   B. 抱婴儿者应俯下身

    C. 头靠近通道内侧   D. 安全带系在婴儿的大腿根部

(3)陆地撤离应选择在(　　)躲避,远离飞机至少(　　)以外。

  A. 风上侧，80m   B. 风上侧，100m

  C. 风下侧，80m   D. 风下侧，100m

(4)机长失能后,接替其指挥权的是(　　)。

  A. 副驾驶   B. 主任乘务长   C. 安全员   D. 任何机组成员

(5)(多选)海上生存时,水中保暖的方法有(　　)。

  A. 尽量减少活动,保存体力   B. 减少冷水与人体的接触面

  C. 几人为小组的聚集保暖法   D. 不要在水中脱弃衣物鞋袜

(6)(多选)陆地撤离时,不允许旅客携带的物品有(　　)。

  A. 贵重首饰   B. 小毛毯   C. 保暖衣物   D. 个人行李

2. 判断题

(1)在发生紧急情况后,机上全体人员必须听从机长指挥。   (　　)

(2)援助者应安排在出口处或障碍性旅客旁边就座。   (　　)

第十四章 机上各类紧急情况处置

学习目标

通过本章的学习,了解机上各类异常紧急情况的预兆及表象、产生因素,掌握飞机发生各种紧急异常情况时乘务员的紧急处置原则与处置程序。

重 难 点

重点:机上火情处置、客舱释压处置。

难点:机上火情处置、机上爆炸物处置。

机上火情、客舱释压及劫炸机事件是民航航班上最为严重、危急的事件,一旦处置不当,将会引发极为恶劣的后果,危及机上人员的生命财产安全。因此机组成员要时刻保持安全警惕,及时发现苗头,采取及时、恰当的处置方式,将事件扼杀在萌芽之中。

第一节 机上火情处置

一、机上防火的要求

当飞机上有下列情况时,有可能引起火灾:烤炉内存有异物或加热时间过长;旅客吸氧时;旅客携带有易燃物品;洗手间内抽水马达故障;洗手间内有人吸烟;主货舱内装有易燃的货物。

为避免机上出现火情,航空公司均制定了严格的防火要求。

(1)起飞前必须对灭火设备进行检查,确保这些设备存放位置正确,符合使用要求。

(2)起飞前必须完成对洗手间内的烟雾探测器、自动灭火装置、垃圾箱和盖板的检查,保证符合使用要求。在飞行中每隔30min必须对洗手间内的防火装置进行一次正常检查。如果垃圾箱中废纸过满,应将部分废纸转移到其他垃圾箱里。

(3)航行中应密切注意客舱情况,及时回应旅客的呼叫,值班乘务员不得离开岗位,白天航班每10 min、夜间航班每15min巡视一趟客舱。

(4)检查厨房里的断电装置,熟悉其控制的范围和操作方法。

(5)正确存储那些可能引起火灾的物品,例如火柴、打火机等,不可将这些物品放置于无人监管的地方,如发现旅客携带易燃、易爆物品,如酒精、汽油、烟火等,要立即向机长报告,并妥善监管这类物品。

(6)在使用烤箱前应检查烤箱内的物品,确认在烤箱工作时不会引起火灾和其他危险情况。

二、火与烟雾

1.机上火的分类

可燃物、燃点、氧化剂并存才能产生火，三者中缺任一都不能产生火。机上的火可分为以下三类，见表14-1。

机 上 火 的 分 类   表14-1

火灾类型		烟 雾	适用的灭火器
A类	可燃烧的物质,如织物、纸、木、塑料、橡胶等	烟雾通常是灰色或褐色,较浓重	(1)水灭火器; (2)海伦灭火器(离火源最近、最方便取用时使用,灭火后要用水浇湿失火区域)
B类	易燃的液体、油脂等	烟雾通常是黑色,非常浓重。具有汽油或润滑油气味	海伦灭火器
C类	电器设备失火	烟雾通常是淡灰色或微蓝色,非常细微,可迅速散开。具有明显的酸性气味	海伦灭火器

2.烟雾

飞机内部由人造化工原料制成,在热源导入、熏烧的情况下可产生大量的毒烟,并会遇热上升。烟雾中含有大量有毒化学成分,如一氧化碳、氢氰酸、氯化氢和丙烯醛等。烟雾具有快速扩散的能力,其有毒化学成分能够迅速破坏人体的判断力与表现力,并且能在较短的时间内导致死亡。

机上较容易出现烟雾的地方是洗手间、厨房及客舱壁板处,在执行航班时应多注意观察这些地方。

机上电子设备,如咖啡机、热水器、烤箱、座椅屏幕、座椅控制开关盒等发生故障时产生的烟雾,通常可以直接观察到。但有时可能看不到烟雾,只能闻到特殊气味,乘务员应该同样警觉,要努力找到气味最浓的地方,以便确定气味源或烟雾源的准确位置。

烟雾通常由燃烧而产生,因此要把机上烟雾当作失火进行处置。

三、机上灭火程序

1.飞机在地面阶段

飞机在地面尚未起飞,包括地面滑行阶段,飞机出现外部火情时,乘务组根据机长指令,组织处置。

（1）飞机客舱内部出现火情时：

①当飞机在滑行时发现客舱火情的乘务员,迅速判断火情,使用防护式呼吸装置和海伦灭火器进行灭火。

②报告机长和通知其他乘务员。

③调整旅客座位和维持客舱秩序。

④当机长发出撤离指令时,乘务员按程序进行撤离。

（2）如果火情发生在货舱或设备舱,或是乘务员无法处置的燃烧位置和程度,应报告机长,确认飞机完全停稳后,听从机长指令,组织旅客撤离。

2.飞机在起飞、下降、进近阶段发现明火火情

（1）发现客舱火情的乘务员迅速报告机长。

（2）尽可能及时控制火情，实施灭火程序。

（3）大声命令旅客、指挥旅客"紧急情况，低下头、俯下身。"

（4）根据机长的指令执行"撤离或不撤离"的程序。

3.灭火的一般程序

（1）第一位发现火情的乘务员，要迅速判断火情，就近取防护式呼吸装置和适用的灭火器进行灭火。如无法判断火的类型，则优先使用海伦灭火器。

（2）立即将火情通知另一位乘务员并报告机长。报告内容包括：火灾位置、火势大小、原因、浓度、颜色、气味，乘务员采取的行动，听取的飞行机组指示。

（3）另外的乘务员取适当的灭火用具回到火区支援第一位乘务员，救火期间要始终与驾驶舱保持联络。

（4）移开火区的易燃、易爆物品。

（5）切断受影响区域的电源。

（6）如果有浓烟，要求旅客"低头，俯身，捂住口鼻，不要动，听从指挥。Bend over，head down，cover your nose and mouth；keep calm and follow the instructions。"乘务员根据实际情况选择口令。

（7）乘务员要控制客舱秩序，及时安抚旅客，避免旅客因恐慌造成客舱混乱。

（8）即使火已灭掉，乘务组也应对着火区域进行彻底检查，并派专人持续关注，保证其无复燃的可能。

4.对旅客的保护

（1）调整火源区旅客座位。

（2）指挥旅客身体放低，用手或其他布类罩住口鼻呼吸（衣服、小毛巾、头片等，如果是湿的更好），避免吸入有毒的气体。

（3）让旅客穿上长袖衣服，防止皮肤暴露。

四、不同区域的火灾处置

1.厨房区域

厨房区域发生火情，首先要关闭该区域的电源，负责灭火的乘务员要使用防护式呼吸装置保护呼吸道。观察判断火情，使用海伦灭火器进行灭火，并报告机长。移走火区的易燃物品。

（1）烤箱失火：切断烤箱电源，断开烤箱跳开关，如果从烤箱四周没有冒出火苗，暂不使用灭火器灭火，等待烤箱内氧气耗尽，烟/火窒息；如果从烤箱四周冒出火苗，将烤箱门关闭，向烤箱周围喷洒灭火剂，以创造惰性气体保护环境，稍微打开一点烤箱门，仅够插进灭火器喷嘴即可，将灭火剂从门缝喷入。

（2）垃圾箱失火：向垃圾箱内释放海伦灭火剂，或倒入饮料、茶水和咖啡，关上垃圾箱门。

（3）服务车和储物柜失火：切断厨房电源，向服务车和储物柜释放海伦灭火剂，并把门关上。

（4）控制面板：报告机长迅速切断厨房电源，释放海伦灭火剂灭火。

（5）烧水杯失火：切断电源，拔下烧水杯，如需要则释放海伦灭火剂进行灭火。

2.洗手间、衣帽间、有门储物柜

（1）洗手间失火在飞机上火灾中占的比例是较大的，约45%左右的火灾都是发生在洗手间。如果烟雾探测器发出警告声,表明洗手间存在着烟雾或有洗手间起火的现象出现。乘务员应及时做出处置,检查是否有人在用洗手间或用手背感觉门的温度。

(2)如果有人在用洗手间,则试着与洗手间使用者联系,如果是香烟的烟雾造成烟雾探测器发生声音,则让旅客熄灭香烟,打开门让烟雾从洗手间内清除掉,则报警解除,婉转与该旅客进行沟通,并且通知机组。

(3)发现洗手间失火要立即通知机长和其他乘务员,取就近的海伦灭火器,戴上防护式呼吸装置执行灭火程序。用手背感触门的温度:

①如果感觉门是冷的,灭火者在蹲下,小心将门打开一小缝,观察是否能够进入洗手间,确认火源的位置,使用海伦灭火器灭火直至确认火源完全熄灭。

②如果感觉门是热的,灭火者应在门旁蹲下,小心将门开一小缝(可插入灭火器喷嘴即可),向洗手间里面释放海伦灭火剂。一瓶使用完后,将门关好,准备另一个海伦灭火器。稍后再用手去触感门的温度,如果门还是热的,重复以上做法。

(4)打开洗手间门时要小心,防止氧气突然进入,加重火情;门上的洞口与喷嘴大小相同,喷完后应封住洞口;当烟雾从门四周溢出时,应用毛毯堵住。

(5)衣帽间和储物柜的灭火处置与洗手间基本相同。如果感觉门是冷的,应将衣帽间和储物柜里未燃烧的衣物和物品移走,切不可移动正燃烧着的衣物和物品。

3.隐藏区域失火的处置

隐藏区域指客舱内压力框架中不准备让机组进入的区域,包括侧壁板、地板、隔板天花板等。

(1)判断火情,戴上防护式呼吸装置,使用海伦灭火器进行灭火。

(2)报告机长,关闭该区域的电源。

(3)将附近旅客调整到安全区域。

(4)取出应急斧头。

(5)用手触感客舱壁最热的区域。

(6)用斧头在最热的区域凿一小孔(可插入海伦灭火器喷嘴即可),释放海伦灭火剂。

(7)准备好另一个海伦灭火器,10min后,再用手触感客舱壁板,如果还是热的,按以上的方法,再释放一瓶海伦灭火剂。

4.空中娱乐设备/座椅中电源冒烟/失火

(1)如果只是冒烟:关闭视频控制盒中的主电源;通知机长;不要再次接通相关区域电源。

(2)如果能看见火焰:关闭视频控制盒中的主电源;通知机长;使用海伦灭火器灭火;扑灭火后,不要再次接通相关区域电源。

5.行李架失火

如果发现行李架冒烟,采取以下措施:

(1)将旅客撤离出此区域,同时通知机长。

(2)用手背感觉行李架表面的温度,找出温度最高的区域,确定烟源/火源位置。

(3)将行李架打开一条小缝,仅够插进灭火器喷嘴即可。

(4)将灭火剂喷入行李架内,然后关闭行李架。

(5)重复上述灭火步骤,直至烟/火被扑灭。

（6）派专人监控该行李架。

6.锂电池失火

锂电池失火后需要重新安置旅客,确保旅客远离设备,使用海伦灭火器或水灭火器灭火,防止电池包装和相关材料附近的火情扩散。

灭火之后,立即从方便的地方快速获取水或其他非酒精饮料,倒在电池上,以起到冷却作用,防止电池再燃或火情扩散。

锂电池失火后需要做好冷却工作,防止火蔓延到电池组中其他电池。不要使用冰来冷却设备,冰或其他材料可隔绝设备,但是却增加了其他电池燃烧的可能性。不要试图拿起,或移走冒烟或燃烧的设备;也不要使用防火袋隔离燃烧着的锂电池,因为将燃烧的物品放到防火袋中是很危险的。

7.主货舱失火的处理

主货舱内集装箱失火,要堵住集装箱的开口,向集装箱内喷射灭火剂,直至火被扑灭;集装箱内外失火,要向火的底部边缘和箱内喷射灭火剂,直到火被扑灭。扑灭后,检查集装箱内的物品,保证余火灭尽。

散包货物失火要隔离周围的货物,用灭火剂喷射火的根部或整个货包,用湿毛毯盖住燃烧物。

进入主货舱灭火前必须得到机长的指示。进入前,要穿戴好防烟面罩、防火衣、石棉手套等,带好手电筒等灭火设备。主货舱的钥匙要留在锁眼内,进入后要先将货网松开。如遇到假火警时,也要有人把守,直至飞机安全落地前回到座位。即使火已灭掉,也应有人把守失火点,直至飞机安全落地前回到座位。

8.荧光灯整流器失火的处理

荧光灯整流器为上和下侧壁客舱灯提供电流,长时间使用整流器可能会过热,造成具有明显气味的烟雾。整流器失火会短暂自我熄灭,相对没有危险,若整流器过热,乘务员应通知驾驶舱,并关闭灯光。

五、机上灭火要点

（1）保持驾驶舱门的关闭。

（2）搬走火源区域的易燃物品（如氧气瓶等）。

（3）不要使用氧气设备（不包括PBE）。

（4）条件允许时,蹲下来降低身高或利用门、隔板作为保护。

（5）开门之前,在门板及门框处喷洒灭火剂,创造惰性气体保护环境。

（6）灭火者利用灭火器挡在面前做保护。

（7）灭火时应将喷嘴对准火源的底部,由远至近,从外向里,水平移动灭火。

（8）喷射灭火剂后,关闭舱门/通风孔等隔绝氧气,控制火情。

（9）经常用手背测试舱门/进口板/隔板温度。

（10）条件允许时,可使用水作为临时降温阻燃物。

第二节　客舱释压处置

大多数的现代飞机飞行于不适合人类生存的高度上，这种高度上没有足够的氧气供人呼吸，所以客舱都必须增压。如果机体破损或是增压系统故障，客舱压力就无法保持，这就是释压。安全高度通常指海拔3000m（10000ft）左右，人类无须额外的氧气，可在没有增压帮助下生存的高度。

一、释压的类型与征兆

缓慢泄漏是客舱有较小的失密处，最明显的特征就是在失密处有尖响声。

缓慢释压指逐渐失去客舱压力，可能是因机门或应急窗的密封泄漏或因增压系统发生故障而引起的。

快速释压指迅速失去客舱压力。快速释压产生的原因是由于增压系统失效、密封破裂的金属疲劳，炸弹爆炸或武器射击而引起的机体严重损坏。快速释压可被称为爆炸性释压。

客舱释压的征兆见表14-2。

客舱释压的征兆　　　　　　　　　　　　　　　　　　　　　表14-2

缓慢释压征兆	快速释压征兆
（1）失密处有漏气的尖响声；	（1）巨大声响；飞机结构突然损坏，并出现强烈振动；
（2）耳部不适；	（2）冷空气涌入客舱，客舱温度下降；
（3）轻细物体被吸向破损处；	（3）出现雾，有很响的气流声及薄雾出现；
（4）失密破损处有外部的光线射入；	（4）可能产生灰尘；
（5）座舱高度为4200m（14000ft）时，氧气面罩自动脱落；	（5）物体或人飞向破损处；
（6）"系好安全带""禁止吸烟"指示灯亮；	（6）人会感到头痛、耳膜压痛、呼吸困难；
（7）机上人员乏困，增压系统故障，空调系统失灵客舱温度发生明显变化；	（7）座舱高度为4200m（14000ft）时，氧气面罩自动脱落；
（8）紧急用氧广播开始（如适用）	（8）"系好安全带""禁止吸烟"指示灯亮；
	（9）紧急用氧广播开始（如适用）

乘务员必须意识到并不是所有的警告信号都会出现，其中的某个警告信号一出现，就可以判断为释压，如氧气面罩脱落。

客舱出现释压时，舱内人员会出现缺氧症状（表14-3）。

客舱缺氧症状　　　　　　　　　　　　　　　　　　　　　　表14-3

释压阶段	缺氧症状
初始阶段	打哈欠、呼吸障碍、脉搏加快
障碍阶段	头疼、瞌睡、呼吸困难、平衡与协调机能失调
危急阶段	失去知觉和死亡

在释压情况下，如果不启动紧急供氧系统，将无法提供足够的氧气给机上人员，由于缺氧和压力的改变，机上人员可能会感到头痛、压耳朵、呼吸困难、指甲和嘴唇发紫，直至丧失意识和死亡。所以机组成员应以最快的途径，指导旅客紧急用氧。缺氧症状见表14-4。

缺氧症状和有效知觉时间   表 14-4

释压阶段	症 状
约3000m（10000ft）	头痛、非常疲劳
约4200m（14000ft）	发困、头痛、视力减弱、指甲发紫、肌肉相互不协调、晕厥
约5500m（18000ft）	记忆力减退，重复同一动作
约6000m（20000ft）	惊厥、虚脱、昏迷、休克，有效知觉时间5~10min
约7600m（25000ft）	昏迷和虚脱，有效知觉时间3~5min
约9000m（30000ft）	有效知觉时间1~2min
约10000m（35000ft）	有效知觉时间30s
约12000m（40000ft）	有效知觉时间15s

对于那些身体较差的人，所出现的反应会更强烈，而在不同的高度，人在静止状态下有效的知觉时间也是非常短暂的。

二、紧急释压的处置程序

1.释压时乘务员的处置

乘务员应立即停止服务、迅速坐在就近的座位上，系好安全带。如果没有空座位，则蹲在地上，抓住就近的结实机构固定住自己；戴上氧气面罩；报告机长客舱状况（如需要）。

用力拍打座椅或用肢体语言指示旅客"拉下面罩吸氧，系好安全带！"观察周围情况，帮助指导旅客用氧。如旁边有需要帮助的旅客，应先戴上自己的面罩，再协助需要帮助的旅客。

有些旅客可能难以戴面罩，乘务员要指示这些旅客摘下他们的眼镜；指示已经戴上面罩的成年人要协助坐在他们旁边的儿童；指示带儿童旅行的父母要先戴上自己的面罩，然后再协助儿童。

2.到达安全高度后乘务员的处置

机组通知飞机已到达安全高度，乘务员此时应携带手提式氧气瓶，进入客舱巡视。

（1）检查旅客用氧情况，对缺氧旅客用手提氧气瓶供氧。

（2）对受伤旅客或机组成员给予急救：首先护理、急救失去知觉的旅客和儿童，然后照顾其他旅客。

（3）检查客舱破损情况，如果在机身上有裂口的话，则要重新安置旅客的座位，让他们离开危险的区域。

（4）检查洗手间内有无旅客。

（5）检查客舱有无烟火，必要时实施灭火程序。

（6）不要把氧气面罩收回原位，让旅客把用过的氧气面罩放入他们的座椅口袋内，乘务员区域的氧气面罩应打结固定，且高于头顶。

（7）向机长报告。

（8）必要时准备紧急迫降和撤离。

3.处置释压病

客舱释压过程中，有的旅客可能会出现释压病症状：在关节和关节周围感到疼痛；胸部产生灼痛，皮肤出疹、刺痛、发痒，对冷、热的感觉敏感，中枢神经系统受影响，出现视力障碍、头痛。

在飞机降低飞行高度之后，上述症状可能缓解。乘务员要告诫旅客避免运动，受影响的身体部位避免活动；为休克病人提供急救。

三、处置客舱释压的注意事项

（1）氧气面罩的佩戴顺序：先乘务员，后成年人旅客，再未成年人旅客，也可同时进行。

（2）在释压状态未被解除之前，任何人都应停止活动。

（3）对有知觉的旅客吸氧，应取直立坐姿，对没有知觉的旅客吸氧取仰靠位。

（4）由于使用氧气，应准备好灭火设备，防止意外明火引燃发生火灾。

（5）是否需要紧急着陆或撤离，取决于飞机的状况和机长的决定。

（6）整个释压过程及旅客和客舱情况要及时向机长通报。

客舱乘务员做好预防性落地客舱准备工作。

第三节　劫机事件处置

为有效处置劫机事件，全体机组成员必须在机长的领导下，沉着机智、勇敢果断、配合默契、安全处置。

一、处置劫机事件的指导原则

（1）安全第一：保证旅客、机组和飞机的安全是最高原则，在处置劫机事件过程中必须遵循这一原则。

（2）机长的权力：机长可根据实际情况灵活果断先行处置，为保证旅客和飞机的安全，飞机可在境内外任何机场着陆。

（3）适时果断处置：在来不及或无法与机长联系时，确有把握制服歹徒的而不致危及旅客和飞机安全的情况下，安全员或机组其他成员有权采取措施制服歹徒。

（4）力争在地面和境内处置。

二、飞行中的防范措施

1.进行客舱巡视

在飞行全过程中，客舱乘务员要不间断地进行客舱巡视，结合服务工作观察旅客有无异常情况，如坐立不安、神态紧张，暗中翻动手提行李，几人互相暗示、私语，男士带包进厕所，异味等。如有异常情况，应及时报告安全员或机长。

2.警惕敏感人员

对自称身体不适并向驾驶舱走动的旅客要特别警惕，特别对年轻男性旅客，客舱乘务员要利用服务工作之条件查问情况，并注意观察其反应。

三、遇劫机时乘务组的处置

1.立即报告

在飞行中，机组成员最先发现飞机被劫持或最先获得信息者，都要立即报告机长和安全员,如果不能用明语,可用事先规定的暗语;如果不能脱身,应设法找一借口向机长报警。报告的内容(如获取)包括:劫机者的座位号、姓名、性别、年龄、特征、职业、身体状况;劫机者所持凶器、危险品种类,爆炸物的类别、起爆装置。

发生劫机事件后,全体机组成员要服从机长的指挥,按照机长的指令、决定或预案中的分工,做好各项准备工作,并做好对旅客的服务工作。

2.调查情况

按照机长的指派或分工,想法接近劫机者,并与其周旋,尽快弄清劫机者的姓名、性别、年龄、特征、身体状况、高度、有无航行知识、劫机原因、目的和要求。

迅速判明或弄清劫机者所携带或所持凶器、危险品种类、品牌、危害效力,弄清所携带武器爆炸物的类别、威力,有无同伙、座位号等情况,及时报告给机长,机长应尽快将情况报告给地面当局。

3.谈判周旋

主动靠近劫机者与其同伙,进行周旋交涉或谈判,在谈判中要采取说服感化或答应其提出的条件要求等各种方法,并从中进一步了解上述报告内容,摸清劫机者有无同伙,座位号以及劫机者的目的要求。尽量减缓和稳定劫机者的激动情绪,避免与其争吵,使其发生过激的行为或直接冲突。

加强对客舱的巡视次数,观察旅客的动态,注意发现其他旅客的可疑迹象或劫机者的同伙。

4.正常服务

继续做好对旅客的服务,包括餐食的供应,但应中断酒类或含酒精饮料的供应,不能使用餐车和饮料车。

关闭不必要的电器设备和电源;降低客舱温度,减少液体发挥。将灭火系统和客舱内的灭火器材放置到准备状态。

发生劫机事件后,一般不要通知飞机上的其他旅客,以免引起旅客的恐慌或混乱。

5.根据情况实施反劫机

保护好驾驶舱,防止劫机者闯入或侵害。要控制到前舱使用洗手间的客人,听从机长指挥,配合安全员,在保证人机安全的条件下,实施反劫机。

做好反劫机或制服劫机者的准备。按规定在具备条件的情况下,应在国内的机场降落或寻机制服劫机者。在飞机上采取实施反劫机处置行动,必须得到机长的同意或认可;由于情况紧急,来不及报告,且确有把握制服劫机者,在保证人机安全的情况下,可以采取断然措施,制服劫机者。当劫机者在空中或落地时被制服,同时要做好飞机落地后的应急处置准备,或旅客应急撤离飞机的工作。

6.落地后配合地面工作

飞机落地后,根据当时实际情况,确定是否对旅客采取应急撤离。一旦采取撤离措施,机组要留有人员看押劫机者,待地面警方上机后由警方将劫机者押走;并主动配合警方的工作,向当局或警方提供情况报告或证词。

机上旅客撤离飞机后,要保护好旅客的安全,并请地面当局给予协助,做好对旅客的服务,对致伤旅客要尽快送往驻地医疗部门进行救治。

7.劫机事件发生后的主要事项

（1）配合有关部门进行调查。

（2）飞机再次起飞前要仔细搜查飞机。

（3）不要与新闻媒体谈及劫机一事。

（4）向公司有关部门提交劫机的详尽事件报告。

四、视情况满足劫机者的要求

1.飞机在空中遭到劫持

遇有下列情形，为保证机上旅客和飞机安全，可以满足劫机者的要求。

（1）已判明劫机者确有爆炸物或同伙。

（2）劫机者携带有爆炸物或武器，并已控制驾驶舱，如不满足其要求，劫机者已严重危及旅客、机组和航空器的安全。

发生上述情况，机长有权决定飞机飞往境内外任何机场降落。乘务员做好飞机在境内外机场着陆中的各项应急处置准备工作。飞机着陆后，立即按照处置程序或国际惯例或机场当局指令要求，实施对旅客及航空器的安全处置工作。

2.飞机降落后的处置

（1）机组人员应协助机长与民航机场当局联络，要求当局为飞机、旅客、机组的安全服务及飞机返回提供一切必要的保障。飞机在境外机场停留期间，必须派人对飞机进行监护，停留机场时间久的要办理飞机铅封交接手续。

（2）机组要维护国家的声誉，声明谴责劫机者的恐怖活动和暴力行为，按照国际民航公约的法律规定，声明将劫机者同机带回。

（3）飞机返回时要做好旅客的服务，稳定旅客的情绪，保护好旅客的利益。

第四节　机上爆炸物/可疑物处置

一、起飞前机上发现爆炸物/可疑物的处置

飞机停留在地面受到爆炸的威胁时，机长、运行控制中心、机场和安全机构一起讨论蓄意破坏的威胁，一旦确定威胁是的确存在的，按以下程序处置：

（1）当机组被警告飞机上有爆炸物/可疑物时，应立即报告机长。由机长将此情况报告空管或公司运行控制中心，要求机场警方或应急部门给予支援，并派专职人员到现场处置。

（2）条件允许的情况下，应对机上旅客和机组人员实施撤离。撤离时任何人不得携带或提取任何物品。在进行机上人员撤离时，现场应保留少数安全检查人员、警察及专职人员，对飞机进行搜查或监控。

（3）如果需要，可将飞机拖至或滑行到安全处置区域（飞机隔离区），必要时通知消防及医疗部门到现场。

（4）如果经过专职人员检查没有发现爆炸物/可疑物，应将机上全部物品卸下，重新经过安全检查后方可装机，险情解除后应按照安全保卫搜查单进行彻底的清舱检查。

（5）对撤离飞机人员和旅客进行技术检查后，未发现任何爆炸物/可疑物，机组应与地面工作人员办理有关手续，机组和旅客可再次登机，飞机继续飞行。

（6）机组返回基地后，机长、空警或安全员、乘务长/主任乘务长，应联合向公司安全质量监察部和保卫部门提交发现和处置爆炸物/可疑物过程的情况报告。

二、起飞后机上发现爆炸物/可疑物的处置

机组人员在接到运行控制中心的通知，得知有可能存在蓄意破坏的威胁之后，应立即报告、快速反应、妥当处置、认真对待。要求高度负责、科学对待、避免蛮干、正确处置。

1. 查明情况

接到飞机上有爆炸物/可疑物或接到爆炸威胁的警告信息时，要尽快查明下列情况：

（1）爆炸物/可疑物放置的位置、形状、大小尺寸、外包装性质，有无导线、绳索相连接。

（2）最初发现的情况或接到警告的内容，是否有人动过，发现时间等。

2. 广播找爆破专家

客舱乘务员使用机上广播寻找旅客中的爆破专家（EOD），为避免引起机上旅客恐慌，应使用缩略语进行广播，即"飞机上有EOD人员吗"（或者"有位旅客需要EOD人员的帮助"），使用缩略语，可以仅使爆破专业技术人员明白有危险情况。

寻找到具有一定爆炸物知识的专业人员后，处置爆炸物/可疑物时要严格按规定程序进行，严禁违反规定盲目采取处置措施。

3. 疏散旅客

客舱乘务员应将爆炸物/可疑物周围的旅客疏散到至少四排以外的座位上并系好安全带（注意配载平衡），有效保护旅客生命安全。并做好将爆炸物/可疑物品转移到最小风险区爆炸物放置处（LRBL）（面向机头方向的飞机右侧最后舱门）的准备。

4. 做好LRBL区域保护

及时切断通向LRBL附近不必要的电源，挪走应急设备，准备好适用的灭火器材，并解除飞机右侧最后舱门滑梯预位，尽量拴紧冲气瓶。

在移动爆炸物之前必须对LRBL做必要的准备工作，在该处客舱地板到LRBL周围用行李堆放起一个平台，平台的上方覆盖至少25cm厚淋湿的物质（软物质：坐垫或毛毯），再将薄的塑料制品（例如垃圾袋）放在上面，用来吸收爆炸时的能量和保护地板下的电子系统设备。

5. 移动爆炸物/可疑物

使用一个硬质的薄型卡片（例如安全须知卡）缓慢放置在爆炸物/可疑物的底下轻轻滑动，如没有阻碍，可确认没有连接到爆炸物/可疑物开关的引线。倘若爆炸物/可疑物底部有连接引爆装置，不得移动。

如果爆炸物/可疑物可移动，应当被移放置在LRBL位置上。在爆炸物/可疑物上方再覆盖一层薄薄的塑料制品，然后小心地用至少25cm厚且用水或其他任何不易燃烧液体淋湿的柔软防爆物质覆盖，并将LRBL使用的其他空余地方（上至客舱顶部，外至走廊）填满柔软防爆物质。当爆炸物/可疑物放好后，可以使用安全带、领带或其他适合的材料固定LRBL的堆放物，使其在剩余的飞行时间内稳固可靠，确保安全（注意不能太用力和捆得太紧）。同时移开附近应急设备。

　　如果爆炸物/可疑物不可移动,最好的处置方法是爆炸物/可疑物保持在原位置,实施一套临时修正位置的 LRBL 包装程序,重新制订适用的应急处置措施,对爆炸物/可疑物进行覆盖(先在爆炸物/可疑物上覆盖一层塑料薄膜,然后覆盖至少25cm厚软湿的防爆炸组织物)。

6.着陆后的处置

　　着陆后,飞机滑行到机场的安全处置区,进行机上人员紧急撤离时,尽量避免使用飞机 LRBL 一侧和靠近 LRBL 的紧急出口。

　　机组返回基地后,机长、空警或安全员、乘务长/主任乘务长,应联合向公司安全质量监察部和保卫部门提交发现和处置爆炸物/可疑物过程的情况报告。

练 习 题

1. 选择题

(1)客舱发生火灾概率最高的的部位是( )。

　　A.卫生间　　　　　　B.厨房　　　　　　C.衣帽间　　　　　　D.行李舱

(2)处理客舱释压时,对没有知觉的旅客吸氧应取( )位。

　　A.直立　　　　　　B.仰靠　　　　　　C.俯靠　　　　　　D.以上均正确

(3)以下叙述不正确的是( )。

　　A.客舱释压,戴眼镜的旅客应摘下眼镜再带上氧气面罩

　　B.带小孩的旅客,应先自己带上氧气面罩,再给小孩带上

　　C.使用氧气面罩期间,禁止吸烟

　　D.客舱释压解除后,氧气面罩应放回服务板以免阻碍旅客的行动

(4)以下叙述不正确的是( )。

　　A.烧水杯失火、立即切断电源

　　B.电器设备失火首先断电,再使用海伦灭火瓶灭火

　　C.乘务员灭火时应将喷嘴对准火源根部

　　D.客舱失火,打开通风口

(5)将爆炸物品移至对飞机危害最小的部位是( )。

　　A.货舱舱门处　　　B.右后舱门处　　　　C.左后舱门处　　　　D.后舱盥洗室

(6)(多选)以下哪些内容是客舱失压应遵循的原则( )。

　　A.在客舱失压状态未解除前,任何人不得在客舱内走动

　　B.灭火设备应处在待用状态

　　C.报告机长旅客情况。

　　D.报告机长客舱情况

2. 判断题

客舱释压时,乘务员要迅速使用距离自己最近的氧气面罩。 ( )

客舱服务常用广播词

1. 登机广播（Boarding）

女士们、先生们：

中国_____航空欢迎您！当您进入客舱后，请留意行李架边缘的座位号码，对号入座。客舱行李架内以及座椅下方均可安放手提行李，安放行李时请您侧一下身，以方便后面的旅客通过。

谢谢您的配合！

Ladies and Gentlemen,

Welcome aboard China _____ Airlines! Your seat number is indicated on the edge of the overhead cabin. please take Your assigned seat. Your carry-on baggage can be placed in the overhead cabin or under the seat in front of you. For the convenience of other passengers, please keep the aisle clear.

Thank you for your cooperation!

2. 等待旅客/文件广播（Waiting for passengers/documents）

女士们、先生们：

我们正在等待部分旅客登机/_____名中转旅客/随机文件，请您在座位上休息等候。

感谢您的理解！

Ladies and Gentlemen,

We are now waiting for additional passengers to join us/several transfer passengers/ the flight documents. We will be closing our cabin doors momentarily, Please remain in your seat.

Thank you for your understanding!

3. 致礼欢迎（Greetings）

女士们、先生们:（早上好/下午好/晚上好）!

欢迎您乘坐_____航空_____航班前往（中途降落）。（本次航班是代码共享航班。)飞行时间为_____。

我们十分高兴与_____会员再次见面。

本次航班的机长、主任/乘务长、安保组长及其他机组成员,向您致以最诚挚的问候。

【动作:乘务员鞠躬】

【若延误】今天由于(飞机晚到/旅客行李未装完/装货等待/临时加餐/等待随机文件/机场天气不符合飞行标准航路交通管制/机场跑道繁忙/等待旅客登机/机械故障)的原因,造成延误,耽误了您的宝贵时间,对此我们深表歉意。

您今天乘坐的飞机共有_____个紧急出口,分别位于客舱的前部、中部和后部。

【动作:乘务员指示前、中、后出口】

请您辨识离您最近的出口。

现在,客舱乘务员进行起飞前的安全确认。

【动作:乘务员开始安全检查】

请您系好安全带、调直座椅靠背、收起小桌板(及脚踏板),打开遮光板,关闭笔记本电脑等大型便携式电子设备的电源。

为确保飞机导航系统的正常工作,请确认移动电话等小型便携式电子设备已设置为飞行模式。

在飞行全程中,严禁使用充电宝等锂电池移动电源为电子设备充电。

根据中国法律规定,损坏机上设备及扰乱客舱秩序等行为将被处以警告、罚款、治安拘留等处罚,对以上行为将进行音视频采集,严重者会被追究刑事责任。本次航班全程禁烟,敬请有吸烟习惯的旅客谅解。

空中服务将在起飞后20min开始,着陆前30min停止。

稍后我们将为您播放安全演示录像,敬请留意观看。如有疑问,请联系乘务员。

祝您旅途愉快。

谢谢!

Ladies and Gentlemen:（Good morning/afternoon/evening!)

Welcome aboard _____ Airlines. Our flight _____ (a code-share flight) is from __ to(via _____). Our flight time will be _____.

It is our great pleasure to greet our _____ Club frequent fliers again.

Captain,(chief) purser, security team leader and the entire cabin crew are pleased to have you onboard with us.

【Action: cabin crew bow to passengers】

【If delay】We apologize for the delay due to _____ (aircraft's late arrival/waiting for cargo or passengers' baggage to be loaded/catering service/waiting for the flight documents/unfavorable weather conditions /air traffic control / airport runway congestion/ passengers' late arrival）, and we thank you for your understanding and cooperation.

Today, we are flying _____（aircraft type）. There are emergency exits on this aircraft. They are located in the front, the middle and the rear of the cabin, respectively.

【Action：cabin crew indicates the exits in the front/middle/rear of the cabin.】

Please note the exit nearest to you.

Our flight attendants will perform a safety check prior to departure.

【Action：cabin crew begin to safety check】

Please fasten your seat belt, stow your tray table in its upright and locked position （return your footrest to its initial position）, adjust your seat back to the upright position. Please help us by opening the sunshades. The large portable electronic devices, such as laptops, should be powered off.

Please ensure that small portable electronic devices, like mobile phones, are switched to the airplane mode.

We kindly ask you not to charge the electronic devices with the lithium mobile power packs throughout the flight.

In accordance with the laws of the People's Republic of China, behaviors such as damaging onboard facilities and equipment or disturbing the cabin order, are subject to Punishment of warning, penalty or security detention. In the meantime, please be aware that the misbehaviors mentioned above will be recorded as video and audio files.

Severe cases will be investigated and offenders will be prosecuted for criminal liabilities. This is a non-smoking flight. Please do not smoke onboard.

Cabin service will begin 20minutes after departure and conclude 30minutes prior to landing.

We will play a safety demonstration video shortly and we appreciate your attention. If you have any questions, please feel free to contact any of our flight attendants.

We hope you enjoy your flight today.

Thank you!

4. 人工安全演示（Safety Demonstration）

女士们、先生们：

现在客舱乘务员为您介绍机上应急设备的使用方法和紧急出口的位置。

救生衣在您座椅下方/座椅下放的口袋里/座椅侧边的储藏位，在客舱内不要充气，仅供水上迫降时使用，在正常情况下请不要取出。

需要时取出，经头部穿好；将带子由后向前扣好、系紧。

离开飞机时，请拉动救生衣下部的红色充气手柄。充气不足时，将救生衣上部的两个充气管拉出，用嘴向里充气。

夜间迫降时，救生衣上的指示灯遇水会自动发亮。

氧气面罩储藏在您座椅上方。发生紧急情况时，面罩会自动脱落。

氧气面罩脱落后，请用力向下拉面罩；将面罩罩在口鼻处，把带子套在头上进行正常呼吸；在帮助别人之前，请自己先戴好。

在您座椅上有两条可以对扣的安全带。当"系好安全带"灯亮时，请系好安全带；解开时，将锁扣打开，拉出连接片。

本架飞机共有＿＿＿个紧急出口，分别位于客舱的前部、中部和后部。请您辨识离您最近的出口。

在紧急情况下，客舱内所有的出口指示灯和通道指示灯会自动亮起，指引您从最近的出口撤离。

在您座椅前方或侧面的口袋里备有"安全须知"，请您尽早阅读。

谢谢！

Ladies and Gentlemen,

We will now explain how to use the emergency equipment and where the emergency exits are located.

Your life vest is located under/beside your seat. Please do not inflate your vest while inside the cabin. It can only be used in case of a water landing. Please do not remove it unless instructed by your flight attendant.

To put your vest on, simply slip it over your head, then fasten the buckles and pull the straps tightly around your waist.

Upon exiting the aircraft, pull the tabs down firmly to inflate your vest. For further inflation, simply blow into the mouthpieces on either side of your vest.

For water landings at night, a sea-light on the vest will be illuminated automatically.

Your oxygen mask is stored above your seat. It will dropdown automatically in case of emergency.

When it does so, pull the mask firmly towards you to start the flow of oxygen. Place the mask over your nose and mouth and slip the elastic band over your head. Please put your own mask on before helping others.

When the "Fasten Seat Belt" sign is illuminated, please fasten your seat belt. Simply place the metal tip into the buckle and tighten the strap. To release, just lift up the top of the buckle.

There are ＿＿＿＿ emergency exits on this aircraft. They are located m the front, the middle and the rear of the cabin, respectively. Please note your nearest exit.

In case of emergency, exit indications and track lighting will illuminate automatically leading you to the nearest exit.

For additional information, please review the safety instruction card in the seat pocket in front of you（or beside you）.

Thank you!

5. 起飞前安全检查广播（适用于人工安全演示后广播）〔Safety check（after manual demonstration）〕

女士们、先生们：

飞机即将推出滑行,乘务员将再次进行安全确认。

请您系好安全带、调直座椅靠背、收起小桌板（及脚踏板）,打开遮光板,关闭笔记本电脑等大型便携式电子设备的电源。

为确保飞机导航系统的正常工作,请确认移动电话等小型便携式电子设备已设置为飞行模式。

谢谢!

Ladies and Gentlemen,

Our aircraft is about to be pulled out for taxiing. Flight attendants will be walking through the cabin to make one final safety check.

Please fasten your seat belt, stow your tray table to its upright and locked position, （return your footrest to its initial position,） adjust your seat back to the upright position. Please help us by opening the sunshades. The large portable electronic devices should be powered off.

Please ensure that small portable electronic devices, like mobile phones, are switched to the airplane mode. Your cooperation will be greatly appreciated.

Thank you!

6. 起飞前安全检查（适用于航班延误后安全检查）〔Safety check（for delay）〕

女士们、先生们：

感谢您的耐心等待,飞机即将推出滑行。我们再次为航班延误向您致歉,感谢您的理解与配合。现在,乘务员进行起飞前的安全确认。

请您系好安全带、调直座椅靠背、收起小桌板（及脚踏板）,打开遮光板,关闭笔记本电脑等大型便携式电子设备的电源。

为确保飞机导航系统的正常工作,请确认移动电话等小型便携式电子设备已设置为飞行模式。

在飞行全程中,严禁使用充电宝等锂电池移动电源为电子设备充电。

谢谢!

Ladies and Gentlemen,

Thank you for your patience. Our aircraft is about to be pulled out for taxiing. Flight attendants will be walking through the cabin to make one final safety check.

Please fasten your seat belt, stow your tray table （return your footrest to its initial position）, and adjust your seat back to the upright position. The large portable electronic devices, such as laptops, should be powered off.

Please ensure that small portable electronic devices, like mobile phones, are switched to the airplane mode.

We kindly ask you not to charge the electronic devices with the lithium mobile power packs throughout the flight. Your cooperation will be greatly appreciated.

Thank you!

7. 地面延误期间（Delay on the ground）

女士们、先生们：

现在是（主任）乘务长广播，刚刚接到机长的通知：由于（航路交通管制/机场跑道繁忙/机场天气不符合飞行标准/机械故障），飞机暂时无法起飞。（目前，滑行道上还有_____架飞机排在我们前面），我们预计在_____分钟后起飞。请大家在座位上休息等候，如有进一步的消息，我们将尽快通知您。（在此期间，我们将为您提供餐饮服务。）

同时我们特别提醒您：在地面等待期间，如未发生紧急情况，请不要触碰客舱内带红色标记的应急出口和飞机舱门手柄。感谢您的理解与配合！

Ladies and Gentlemen,

This is your（chief）purser speaking. The Captain has informed us that there will be a departure delay due to（air traffic control / airport runway congestion / unfavorable weather conditions / mechanical problems）.（There are still _____ aircraft currently waiting ahead of us.）Our aircraft is expected to depart in about _____ minutes. Further information will be provided as soon as it is available.（We will serve meals and beverages during this period.）

We kindly remind you that during delay on the ground, please do not touch the emergency exit doors with red signs on them or cabin door handles. Thank you for your cooperation!

8. 起飞前安全提醒（Safety reminding for take off）

女士们、先生们：

（感谢您的耐心等待！）我们的飞机很快就要起飞了，请您再次确认安全带已经系好，移动电话已设置为飞行模式。

谢谢！

客舱乘务员，各就各位！

Ladies and Gentlemen,

（Thank you for your patience!）As we are about to depart, please make sure that your seat belts are securely fastened and your mobile phones have been switched into airplane mode.

Thank you!

Cabin crew, please prepare for departure!

9. 飞行关键阶段客舱安全广播（飞机爬升阶段旅客按呼唤铃时广播）(Passenger calls during ascending）

女士们、先生们：

现在是客舱安全广播。我们的飞机正处于起飞爬升的关键阶段，很抱歉乘务员暂时不能为您提供客舱服务。（洗手间尚未开启使用。）如果您发现了与飞行安全有关的信息，请您连续按呼唤铃；如果您需要客舱服务请您保留呼唤铃，乘务员将在起飞20min后尽快来到您的身边。感谢您的理解！

Ladies and Gentlemen,

This is a Cabin Safety Announcement. As we are ascending, flight attendant are not allowed to leave their jump seats. (Lavatories can not be used at this time.) If you observe anything about flight safety, please press the call button continuously. If you need cabin service, we will be with you as soon as possible 20 minutes after take off. Thank you for your understanding!

10. 航线服务介绍（远程航线第一餐供餐前对经济舱广播）[On board services introduction（before meal service）]

女士们、先生们：

现在，我们将为您提供正餐/点心餐及饮品服务。本次航班预计在北京时间___（当地时间_____）抵达机场。

【若两餐】在航班到达前2h30min（北京时间_____点_____分），我们还将为您提供一次正餐/点心餐服务。

【若三餐】在整个航程中，我们一共为您提供三次餐饮服务，另外两次餐饮服务分别在_____h后和到达前2h30min。

在此期间，我们还为您准备了三明治/汉堡包/小吃，如您有需要，请联系客舱乘务员或到服务台选取。

祝您用餐愉快！

谢谢！

Ladies and Gentlemen,

We will now serve in-flight meals/snacks and beverages. Our aircraft is expected to arrive at _____ airport at _____ (Beijing time). (The local time _____ in __ will be _____.)

【 If two meals 】 We will serve _____ (dinner/refreshments) 2hours and a half before landing(at _____ Beijing time).

【 If three meals 】 We will serve three meals and beverages throughout the flight. The other two meals will be served in _____ hours and 2hours and a half before landing (at __ Beijing time), respectively.

We will also serve _____ (sandwiches, hamburgers and snacks) between our two meals. Please contact any flight attendant or go to the service counter.

Hope that you enjoy our in-flight meal service!

Thank you!

11. 轻度颠簸广播（经济舱）[Light turbulence（economy class）]

女士们、先生们：

受气流影响，飞机有轻度颠簸，请您回到座位上坐好，并系好安全带，洗手间暂停使用。（正在用餐的旅客，请您小心餐饮烫伤或弄脏衣物）。

谢谢！

Ladies and Gentlemen,

Our aircraft is experiencing moderate turbulence. Please remain seated and fasten your seat belts. Do not use the lavatories.（Please watch out while taking meals）.

Thank you!

12. 中度或中度以上颠簸广播（Moderate or severe turbulence）

女士们、先生们：

受气流影响，飞机现在/将有（持续的）较强烈的颠簸，请您尽快坐好并系好安全带，带小孩的旅客请照顾好您的孩子（使用婴儿摇篮的家长请抱起婴儿并系好安全带。）正在用餐的旅客，请小心餐饮烫伤。在此期间，我们将停止客舱服务，洗手间暂停使用。

谢谢！

Ladies and Gentlemen,

Our aircraft is now experiencing/will experience strong turbulence,（and it will last for some time.）Please be seated and fasten your seat belt. If you are traveling with your children, please take good care of them.（Please take your baby out of the bassinet and fasten the seat belt for your baby.）Please use caution during our meal service. All cabin services will be temporarily suspended. For your safety, please do not use the lavatory at this time.

Thank you!

13. 预计到达信息和中转信息播报（Estimated arriving time and connecting information）

女士们、先生们：

我们的飞机预计在_____抵达_____（当地时间_____）。飞机即将进入下降阶段，洗手间将在_____min后停止使用。

（稍后乘务员将前来收取耳机）。

根据现在收到的天气预报，_____的地面温度为_____摄氏度，_____华氏度。

【如无转机信息】需从_____转机的旅客请注意，下机后，请您前往_____航中转柜台咨询或办理下一个航班的手续。

【有转机信息】现在向您播报中转信息,敬请留意:本次航班抵港后,乘坐_____航班,继续前往的旅客,您的下一个登机口是_____;乘坐_____航班,继续前往_____的旅客,您的下一个登机口是_____;……。如您的转机时间在2h以上,请您前往_____航中转柜台咨询或办理下一个航班的手续。

谢谢!

Ladies and Gentlemen,

Our aircraft is expected to arrive in _____ at _____ (The local time will be _____). We will soon begin our final descent. Lavatories will be suspended in __ minutes.

(and the flight attendants will collect the headsets shortly).

According to the latest weather report, the ground temperature in _____ (destination) is _____ degrees Celsius or _____ degrees Fahrenheit.

【With no transfer information】If you have a connecting flight at _____ airport, after disembarkation, please go to _____ Airlines' transit counter for further information or to check in for your connecting flight.

【With transfer information】Now, we are pleased to announce transit information for passengers who have connecting nights. Upon arrival of this flight, passengers for _____ Airlines' Flight _____ to _____, please proceed to Boarding Gate No. _____; Passengers for _____ Airlines' Flight _____ to _____, please go to Boarding Gate No. _____;... . If your transit time is more than two hours, please go to _____ Airlines' transit counter for further information or to check in for your connecting flight.

Thank you!

14. 下降前安全检查(Safety check before landing)

女士们、先生们:

我们的飞机将于_____min后抵达目的地_____,我们将停止客舱服务。现在飞机已经开始下降,乘务员将进行下降前的安全确认。

请您系好安全带、调直座椅靠背、收起小桌板(及脚踏板),打开遮光板,关闭笔记本电脑等大型便携式电子设备的电源。

洗手间已经停止使用。我们特别提醒您,请妥善保管您的小件物品,以免在降落期间滑落。

(稍后,我们将调暗客舱灯光。需要阅读的旅客,建议您打开阅读灯。)

谢谢!

Ladies and Gentlemen,

Our aircraft is expected to arrive in _____ (destination) in _____ minutes, we will be suspending our cabin services. We are now beginning our final descent, and flight attendants will perform a safety check in the cabin.

Please fasten your seat belt, stow your tray table in its upright and locked position, (return your footrest to its initial position,) adjust your seat back to the upright position. Please help us by opening the sunshades. Please make sure the large portable electronic devices are powered off.

Lavatories have already been suspended. We kindly remind you to take care of your small items especially during landing.

(We will be dimming the cabin lights. If you would like to read, please turn on the reading light.)

Thank you!

15. 下降前服务停止告知（致谢）及安全检查（Thanks before landing and safety check）

女士们、先生们：

我们的飞机将于_____min后抵达目的地_____，我们将停止客舱服务。全体机组成员再次感谢您在航班中给予我们工作的理解和配合，并期待再次与您相逢，祝您在_____一切顺利。

【动作：乘务员鞠躬】

现在飞机已经开始下降，乘务员将进行客舱安全确认。

请您系好安全带、调直座椅靠背、收起小桌板（及脚踏板），打开遮光板，关闭笔记本电脑等大型便携式电子设备的电源。

洗手间已经停止使用。我们特别提醒您，请妥善保管您的小件物品，以免在降落期间滑落。

（稍后，我们将调暗客舱灯光。）

谢谢！

Ladies and Gentlemen,

We are scheduled to arrive at _____ airport in about _____ minutes. For your safety, we will be suspending cabin services. We sincerely appreciate your understanding and cooperation during the flight, and look forward to meeting you again on __ Airlines' flight. We wish you a pleasant stay in _____.

【Action: cabin crew bow to passengers】

Now, we are beginning our final descent and flight attendant swill perform a safety check.

Please fasten your seat belt, stow your tray table in its upright and locked position, (return your footrest to its initial position,) adjust your seat back to the upright. position. Please help us by opening the sunshades. Please make sure the large portable electronic devices are powered off.

Lavatories have already been suspended. We kindly remind you to take care of your small items especially during landing.

（We will be dimming the cabin lights for landing.）

Thank you!

16. 安全告知（Safety notice）

女士们、先生们：

根据中国民用航空法规：为了确保飞行安全，在客舱及洗手间内严禁吸烟/严禁使用充电宝等锂电池移动电源为电子设备充电。请遵照执行。

感谢您的合作！

Ladies and Gentlemen,

According to the CAAC regulations，to ensure flight safety，smoking on-board/lithium mobile power packs are strictly prohibited.

Thank you for your cooperation!

17. 飞行关键阶段客舱安全广播（下降安全检查后旅客按呼唤铃时广播）（Passenger calls during landing）

女士们、先生们：

现在是客舱安全广播。我们的飞机正处于下降的关键阶段，很抱歉不能为您提供客舱服务（洗手间已经停止使用）。如果您发现了与飞行安全有关的信息，请您连续按呼唤铃，乘务员将尽快来到您的身边。感谢您的理解！

Ladies and Gentlemen，

This is a Cabin Safety Announcement. As we are descending，flight attendants are not allowed to leave their seats or to provide cabin services. （Lavatories can not be used at this time.）If you observe anything about flight safety，please press the call button continuously and your flight attendant will be with you as soon as possible. Thank you for your understanding!

18. 着陆前安全确认（Safety reminding for landing）

女士们、先生们：

我们的飞机很快就要着陆，请您再次确认安全带已经系好，移动电话保持在飞行模式。

谢谢！

客舱乘务员各就各位！

Ladies and Gentlemen,

Our aircraft will be landing shortly. Please make sure your seat belts are securely fastened and keep your mobile phones on airplane mode.

Thank you!

Cabin crew, please prepare for landing!

19. 落地滑行时（Taxiing after landing）

女士们、先生们：

我们的飞机还将继续滑行一段时间,为了您和他人的安全,在"系好安全带"指示灯关闭之前,请您在座位上坐好并保持安全带系好,不要站起身或打开头顶上方的行李架。

谢谢您的配合！

Ladies and Gentlemen,

Our aircraft is still taxiing. For your safety and that of others, please remain seated with your seat belts securely fastened until the "Fasten Seat Belt" sign has been turned off. Please do not stand up or open the overhead bins.

Thank you for your cooperation!

20. 终点站落地（国内航班）[Arriving（Domestic flights）]

女士们、先生们：

我们已经抵达_____。（本架飞机将停靠_____区到达厅/_____航站楼。）

现在的时间是_____。机舱外面的温度为_____摄氏度,_____华氏度。

飞机还在滑行中,请您保持安全带系好。在"系好安全带"指示灯关闭后,当您打开行李架时,请特别留心,以免物品滑落。

下机时请您带好您的全部手提物品,您的交运行李请在到达厅(_____号行李转盘)领取。

【若正点】感谢您选乘_____航空公司航班。

【若延误】对于本次航班的延误,我们深表歉意,并感谢您在航班延误时给予的理解与配合。

下次旅途再会！

谢谢！

Ladies and Gentlemen,

Welcome to _____. （we will park at No. _____/Area _____.)

The outside temperature is _____ degrees Celsius, or _____ degrees Fahrenheit. The time is _____.

Our aircraft is still taxiing. please keep your seat belts fastened until the "Fasten seat Belt" sign is turned off. Please be careful when opening the overhead bins, as luggage may have shifted during the flight.

Please take all your belongings with you when disembarking, Your checked baggage may be claimed at the baggage claim area（on Carousel No. _____ ）at the arrival hall/terminal.

【If on-time】Thank you again for flying with _____ Airlines.

【If delay】We sincerely apologize for the delay of this flight and thank you for your understanding and cooperation.

See you next time and have a nice day!

Thank you!

21. 旅客下机广播(Disembark)

女士们、先生们:

　　我们的飞机在前(中、后)登机门对接廊桥/客梯车,请带好您的全部手提物品由前(中、后)登机门下飞机。

　　谢谢!

Ladies and Gentlemen,

　　Our aircraft will be connected to the aerobridge/boarding stairs at the front/middle/rear cabin door. Please take all your belongings and disembark from the front（middle/rear）cabin door.

　　Thank you!

参考
文献

[1] 贾丽娟. 客舱服务技能与训练 [M]. 北京：旅游教育出版社，2015.

[2] 杨桂芹. 民航客舱服务与管理 [M]. 北京：中国民航出版社，2011.

[3] 洪沁. 民航客舱服务 [M]. 北京：中国民航出版社，2015.

[4] 赵鸣，徐振领. 客舱设备与服务 [M]. 北京：国防工业出版社，2013.

[5] 何梅. 民航客舱服务实务 [M]. 北京：国防工业出版社，2017.

[6] 盛美兰，江群. 民航客舱设备操作实务 [M]. 北京：中国民航出版社，2011.

[7] 周为民，苗俊霞. 民用航空客舱设备教程 [M]. 北京：清华大学出版社，2014.